－人口发展与公共政策丛书－

丛书主编：杨云彦

三维人口红利、人口政策与经济增长

田艳平 著

WUHAN UNIVERSITY PRESS
武汉大学出版社

图书在版编目(CIP)数据

三维人口红利、人口政策与经济增长/田艳平著. —武汉:武汉大学出版
社,2016.11

人口发展与公共政策丛书/杨云彦主编

ISBN 978-7-307-18747-4

Ⅰ.三⋯ Ⅱ.田⋯ Ⅲ.人口—问题—研究—中国 Ⅳ.C924.24

中国版本图书馆 CIP 数据核字(2016)第 235286 号

责任编辑:杨晓露 责任校对:李孟潇 版式设计:马 佳

出版发行:**武汉大学出版社** (430072 武昌 珞珈山)
(电子邮件:cbs22@whu.edu.cn 网址:www.wdp.com.cn)
印刷:武汉中科兴业印务有限公司
开本:787×1092 1/16 印张:12 字数:218 千字 插页:1
版次:2016 年 11 月第 1 版 2016 年 11 月第 1 次印刷
ISBN 978-7-307-18747-4 定价:36.00 元

特　别　说　明

本书为国家社科基金重大项目"完善人口与计划生育利益导向政策体系研究"（项目编号：11&ZD038）子课题一"人口和计划生育利益导向政策的总结与评述"的研究成果。

总　序

35 年，在人类发展的历史长河中只是白驹过隙的一瞬间，但在人口发展的历史上，却注定留下浓墨重彩的一笔。1980 年中共中央发表《关于控制我国人口增长问题致全体共产党员、共青团员的公开信》，标志着"独生子女"政策的启动，其主要特征就是通过强大的政策力量，干预大众生育行为，促进人口的转变。随着2015 年十八届五中全会宣布全面实施一对夫妇可生育两个孩子的政策出台，既表明独生子女政策完成其历史性使命，又标志着计划生育政策进入一个新的时期。35年的人口发展和政策实践，给我们留下了大量值得理性思考和科学研究的课题。

从政策层面看，我国的计划生育工作取得的成效值得充分肯定。计划生育工作加快实现了人口再生产类型由传统型到现代型的历史性转变，有效地缓解了人口对资源、环境的压力，有力地推动了经济发展和社会进步。但是，在控制人口增长、实现低生育水平的同时，也带来诸多不利的社会后果和潜在风险，包括家庭抵御风险的能力受到减弱，人口老龄化步伐加快加重等。因此适时调整完善生育政策非常有必要。

中央启动"单独二孩"政策后，激发了学界和社会各方的高度关注，有观点认为政策"遇冷"，有观点认为基本符合预期，在这些不同观点的背后，一个基本的判断是，我国的人口转变已经从外生主导型阶段进入到内生主导型阶段。在这样一个判断之下，怎样看待当前的人口形势和生育行为的走向，怎样完善政策促进人口长期均衡发展，成为新时期非常迫切的研究课题。

着力创新理论和分析框架，阐释人口转变从外生型到内生型的变化机制，对准确定性当前人口生育行为的变化情况以及发展趋势，判定低生育水平地区是否面临低生育水平陷阱的风险，避免人云亦云、就事论事，是非常必要的。关于人口红利的系统、深入研究，将有助于我们更全面、准确地理解人口、劳动力供给、人力资本与经济增长的关系，丰富宏观人口经济学的理论。人口长期均衡发展和提升家庭发展能力，包括当下广泛见诸新媒体的有关二孩生育"生不起"的说法，是简单的抚养成本问题，还是深层的社会行为变化问题，我们是否应该有利益导向机制上的新应对，这既是政策问题，在很大程度上更是理论问题，它为我们超越传统的生育理论提供了新的探索空间。我们需要对既有政策进行系统梳理，科学评估，既要解决"怎么看"的问题，又要解决"怎么办"的问题。

　　计划生育利益导向政策是新形势下实现政策目标的重要政策措施。早在 1980 年《公开信》中就指出，"为了控制人口增长，党和政府已经决定采取一系列具体政策。在入托儿所、入学、就医、招工、招生、城市住房和农村住宅基地分配等方面，要照顾独生子女及其家庭"，明确了对计划生育家庭的优惠帮扶政策。在新形势下，这一政策不断充实完善。在我们承担国家社会科学基金重大项目"完善人口与计划生育利益导向政策体系研究"期间，经历了从"单独二孩"到"全面二孩"的重大政策调整，为我们研究人口转变新阶段的公共政策响应提供了难得的机遇。我们从利益导向政策评价、人口转变和生育行为变化、家庭发展能力、人口长期均衡发展、三维人口红利等专题开展研究，取得了一系列的理论与政策成果，结集出版的六部专著，正是这些成果的展现。希望这些成果的出版，能为我国计划生育利益导向政策体系的进一步完善，为人口科学的理论创新提供一些新的视角和新的积累。

杨云彦

2016 年 5 月 12 日

前　言

改革开放以来，我国经济增长令世界瞩目，不但经济总量跃居世界第二，经济增长速度更是被世界称为"中国奇迹"。随着改革开放的深入推进和世界经济的一体化发展，我国未来的经济增长面临着前所未有的机遇，为再次创造经济增长奇迹创造了条件。然而，当前我国正处在经济和社会转型的重要时期，加之国际形势复杂等一系列问题，使未来发展面临着巨大的挑战。

经济增长是多种因素综合作用的结果，不仅包括劳动力、资本、土地等基本要素，还包括制度、技术进步、对外开放程度等诸多要素。人口因素对经济增长的影响历来是研究者们关注的话题。在我国，一个明显的事实是，自20世纪70年代推行严格的计划生育政策开始，人口出生率大幅度下降，人口年龄结构变化导致的劳动力人口的数量相对较多、劳动力资源相对充足对经济增长起到了非常重要的作用。受计划生育政策的后续影响，我国人口老龄化程度将越来越高，劳动力人口占总人口的比重不断下降，在这样的背景下如何持续保持经济的健康和快速增长？这是新时期理论界和学术界所关注的重要课题。

"人口红利"① 是人口学和经济学中的一个重要的概念，也是近年来社会学界所关注的一个热门话题。国外经济学家在研究东亚经济奇迹时，美国夏威夷大学的人口学家安德鲁·梅森（Andrew Mason）最早提出人口红利的概念。1998年联合国基金会在《世界人口现状报告》中首先使用了这一词汇，使人口红利这一概念逐渐为学界认同和使用。关于"人口红利"的定义有很多，大体上都是指在人口转变的过程中，人口结构呈现出"中间大，两头小"的特殊格局。在这种人口结构下，一个社会中劳动力年龄人口所占比例相对较高，而人口总抚养比较低，因而对经济发展有较大的促进作用。David Bloom 等（1998）学者就把东亚20世纪60年代出现的人均GDP年均增长速度6.1%的"东亚奇迹"归功于该时间段内该区

---

① 人口红利的英语有几种不同的说法：demographic dividend, demographic bonus, population bonus 等。

域的人口红利。

改革开放三十多年来，在社会经济快速发展和严格推行的计划生育政策双重影响下，我国经历了快速的人口转变。学者们普遍认为，这种人口转变所造就的人口红利，对中国经济的发展产生了积极的作用。他们主要从两个角度解释了这种影响，一方面是直接影响：人口红利带来了较高的劳动人口比例，较高的生产要素投入导致较高的产出。如王丰等（2006）就认为1982—2000年之间的中国经济增长，由劳动力增长速度超过总人口增长速度所带来的人口红利，造成的贡献率约为15%。车义士等（2011）也对我国1978—2008年的GDP增长做出核算，指出人口红利解释了劳动力增长的33.6%，每年对经济增长的贡献率约为3%。另一方面是间接影响：人口红利带动了储蓄率的上升，从而推动经济增长。根据宏观经济学的LC-PIH消费模型，年轻人比老年人有更高的储蓄倾向，从而可以促进整个社会储蓄率的提高。王德文等（2004）对此的研究表明，在1982—2002年间，总人口抚养比的变化对储蓄率的贡献率在5%左右。董丽霞等（2011）也指出，我国少儿和老年的抚养比与储蓄率之间呈现负相关关系。

然而人口红利只是人口结构转变过程中的一个特殊时期，并非人口结构的一种常态。随着时间的推移，人口红利中较高的劳动力人口占比将最终演变成为老年人口占比较高，人口红利相应地也可能会变成人口负债。在中国经济因为人口红利而获得一段时间的高速增长之后，不少学者都开始担忧一旦我国人口红利消失对经济所造成的负面影响。如陈友华（2005）指出，人口红利是个相对短暂的历史机遇①，而之后出现的人口负债，将偿还前期所享受的人口红利。根据他的预估，在21世纪30年代，中国将会真正进入人口负债期。任福兵等（2010）的预测也比较悲观，他们把2010年以来在全国范围内爆发的"民工荒"和"加薪潮"等事件看成是人口红利拐点出现的标志。蔡昉（2013）也提出2012年以来中国经济减速的原因就是因为人口红利消失和国际出口需求的减少。面对中国人口红利逐渐消失的现实，学者们也各抒己见，提出自己的观点和看法，以解决人口红利消失后中国经济的发展方向和道路。

蔡昉（2009）把应对之法集中在提高人力资本存量上。他认为传统的人口年龄结构红利在中国逐渐退去之际，通过延长退休年龄来维持人口红利并不可行。而中国长期以来教育事业较为落后，大量的劳动力处于较低的教育水平，存在很大的提高空间。受教育年限的提高对劳动力生产率提高存在显著作用。因此，他提出延

---

　① 即"人口窗口"或"人口机会窗口"。

长人口红利、对抗即将到来的人口年龄结构上的负债，关键在于提高人力资本。同时他也指出劳动密集型制造业向中西部区域转移，是延长人口红利的重要举措之一。穆光宗（2008）则提出了人口红利的三个新角度：即投资红利、转移红利和转型红利。其中投资红利和转移红利与蔡昉（2009）所提出的观点有相似之处，而转型红利则是对老龄人口社会角色的再开发与再利用。

概括而言，学者们的对策大致可归纳为两个角度：第一是进一步挖掘当前人口年龄结构中尚未兑现的红利，第二是对"人口红利"的概念进行再辨析。前者最主要的方法就是通过产业转移，把劳动力密集型产业向人口红利尚未充分兑现的中西部转移，后者最主要的方法则是把传统意义上人口红利中的"人口"由简单的、低技能的劳动力转变为继续受到教育与培训的、有一定专业技能的高级劳动力。

从这些对策建议不难看出，传统"人口红利"的概念存在两个较为明显的缺陷。其一是在传统人口红利的分析框架中，暗含着一个这样的假设：我国劳动力可以在全国范围内完全自由流动，地方壁垒可以被认为不存在，或者至少可以认为对劳动力自由流动的阻碍很小，在分析中可以忽略不计，而这与我国的现实情况存在明显的差异。现阶段，我国存在着对劳动力自由流动的诸多限制，这其中既包括户籍制度、交通成本等显性因素，也包括我国幅员辽阔所造成的跨区域流动文化认同上的孤独感和无归属感等隐性因素，不少学者对此进行过深入研究①，这里就不一一赘述。劳动力自由流动的限制使得中国的部分劳动力人口不能充分就业，进而转化为"人口红利"。事实上有不少学者也已经注意到这个问题，他们指出，如果仅是出现了抚养比较低的人口年龄结构，那只是证明我国存在"人口机会窗口"，而只有充分利用了这些占比例较高的劳动人口，把其转化为经济增长的源泉，才能称之为"人口红利"。②

第二个问题是传统人口红利忽视了人力资本对经济增长的作用。在新古典增长模型的简化分析中，生产函数的形式为：$Q = F(K，L)$，所有劳动力被假设为是无差异的，其对经济增长的促进作用相似。实际上，一旦从长期角度考察，技术进步和人力资本才是经济增长的最主要源泉，新古典增长模型也被修正为加入技术变化参数的形式：$Q = F(K，TL)$。大量实证研究也印证了人力资本在中国经济增长中

---

① 伍艺，刘后平．"两化"互动发展中的劳动力市场分割问题探讨［J］．农村经济．2014（2）．

② 刘元春，孙立．"人口红利说"四大误区［J］．人口研究．2009（1）．

的突出作用。①② 因此，在传统人口红利理论中把所有劳动力视为同质的假设也是存在一定问题的。

综上所述，传统人口红利是一种经济和人口理论上的高度抽象与概括，具有重大的理论价值。但一旦将其运用在实证分析中，因其忽略了诸多现实因素的影响，会存在一定的偏颇，尤其是我国存在着劳动力市场分割、收入分配差异两极化的客观事实，使得理论上与实际上的偏差更为突出。而我们所将讨论的"人口红利"，其用意并不在于为了指出我国人口结构存在着某种特殊的特征，而是希望能够深入分析当前我国人口结构对于经济增长的源动力。因此，我们认为可以对传统的人口红利概念框架做出适当修正。

当前我国也正处于人口转变的关键时期，由人口转变过程中出生率下降和死亡率下降在时间和速度上不一致所形成的人口年龄结构优势正在悄然发生变化，随着人口转变的进一步发展，这种由人口年龄结构优势所带来的人口红利会逐渐削弱，甚至趋于消失。如何吸取西方发达国家在人口转变过程中的经验和教训，更好地利用现有的人口红利来促进我国经济的发展，并在未来如何保持人口红利的这种优势，是摆在我们面前的一个关于我国经济长期增长的至关重要的课题。面对严峻的新形势，有必要在人口转变背景下从"新型人口红利"视角来探讨其对经济增长的作用机理、分析其在经济增长过程中所起的作用，并研究采取怎样的对策才能更好地促进经济增长等问题。

"人口红利"源于"人口转变与经济增长"这一命题。西方国家人口转变是一个自然过程，其人口红利的内涵界定在人口年龄结构转变所带来的经济快速增长方面。而我国采取了世界上最为严格的人口控制措施，使得这一转变过程与西方国家人口转变过程有着本质的不同（刘元春、孙立，2009）。我国人口转变的历史意义，既包含了按传统的人口指标所衡量的人口变化，如死亡、生育和人口增长，也涉及大规模的人口迁移和城市化（王丰、安德鲁·梅森，2006）。因此，我国人口红利存在与否，并不仅仅受年龄结构的影响，还与人口规模、素质、就业模式等因素有关。当所有这些因素共同作用的结局符合经济社会发展的潮流，才能获取人口红利（陈涛、陈功、宋新明、郑晓瑛，2008）。由于计划生育政策的实施，我国的

---

① 杨建芳，龚六堂，张庆华. 人力资本形成及其对经济增长的影响——一个包含教育和健康投入的内生增长模型及其检验［J］. 管理世界. 2006（5）.

② 赖明勇，张新，彭水军，包群. 经济增长的源泉：人力资本、研究开发与技术外溢［J］. 中国社会科学. 2005（2）.

人口转变和劳动力市场有着自身独特的演变路径。如前所述，基于传统人口红利研究的局限性，对传统人口红利的概念内涵、研究框架做出修正时理应考虑我国特殊的人口计划生育政策效应，考虑我国人口转变的特点，在其中加入对劳动力就业产业结构、城乡转移结构和劳动力人力资本存量的衡量，从而希冀得到一个更能针对我国社会经济发展现实的人口红利概念，我们将之称为"新型人口红利"。

我们在借鉴国内外相关研究的基础上，分析和汲取对人口红利问题研究的理论方法和实证结果，综合运用经济学、统计学、计量经济学和人口学等学科知识，结合我国宏观经济的实际情况，通过建立新型人口红利分析框架，从更广的视角研究人口与经济增长的关系。按照"新型人口红利理论构建—人口红利对经济增长的作用机理—人口红利实证测度—计划生育政策与人口红利—结论及建议"的逻辑思路，我们的主要研究内容如下：

首先，结合已有相关研究基础，针对我国人口政策和人口转变特殊的背景，对人口红利内涵进行进一步拓展，构建一个包含三个维度的新型人口红利分析框架：一是人口年龄结构转变导致人口抚养负担下降、劳动人口数量增加而直接影响经济增长，包括儿童进入劳动年龄、计划生育政策导致的生育率下降使得女性劳动参与率提高等而收获的人口红利（David E. Bloom, David Canning, Günther Fink and Jocelyn E. Finlay, 2009），此即为传统的人口红利，或"人口数量红利"；二是由于计划生育政策使得家庭生育孩子数量减少的同时有更多的储蓄和投资（包括对自身健康的投资）（Ronald Lee and Andrew Mason, 2010），以及人口预期寿命增加对人们生活方式产生变革性影响（John Ross, 2009），社会对教育、再培训的投入等使得人力资本投资增加等而收获的人口红利，我们称其为"人口质量红利"；三是伴随户籍制度放松，产业政策、就业政策调整引导劳动力从相对过剩的地区向短缺地区流动、从低劳动生产率产业向高劳动生产率产业或低劳动生产率增长率产业向高劳动生产率增长率产业转移，不仅促进地区经济增长，也优化整个社会劳动力资源配置效率，我们称其为"人口结构红利"。

其次，由于人口红利所导致的经济增长优势首先主要在家庭层面取得，我们可以对人口计划生育政策导致的家庭、社会经济效应进行综合评估。当前社会背景下，人口计划生育政策与个人和家庭生育意愿生育决策的矛盾需要考虑将国家社会利益与个人家庭利益有机结合（于学军，2006）。人口红利对家庭乃至对经济增长的影响可能表现在以下几个方面：第一，低抚养比及人口预期寿命提高所导致的储蓄增加。低抚养比使得家庭有可能实现财富剩余，同时人口预期寿命的延长，养老花费增加，而传统的"养儿防老"观念可能因计划生育政策的实施而发生改变，储蓄可能成为主要的养老方式；第二，妇女劳动参与率提高。计划生育政策的实施降低了生育率，这使得女性减少了生儿育女的时间，从而有更多的时间参加学习和培训，具有较高的劳动能力。此外，随着女性受教育水平的提高，"一心为家"的传统观念也逐渐发生改变，增加了女性的劳动时间，这些因素综合起来也提高了妇女劳动参与率；第三，计划生育政策导致生育意愿与生育行为发生改变，家庭的孩子数量减少，使得家庭有更多的财力和精力投资自身健康，提高家庭生产力，增加经济效益；第四，在宏观社会层面，由于少儿人口数量减少，社会在教育与健康上的支出随之减少，社会储蓄增加使得社会生产性投资增加。如下图所示。

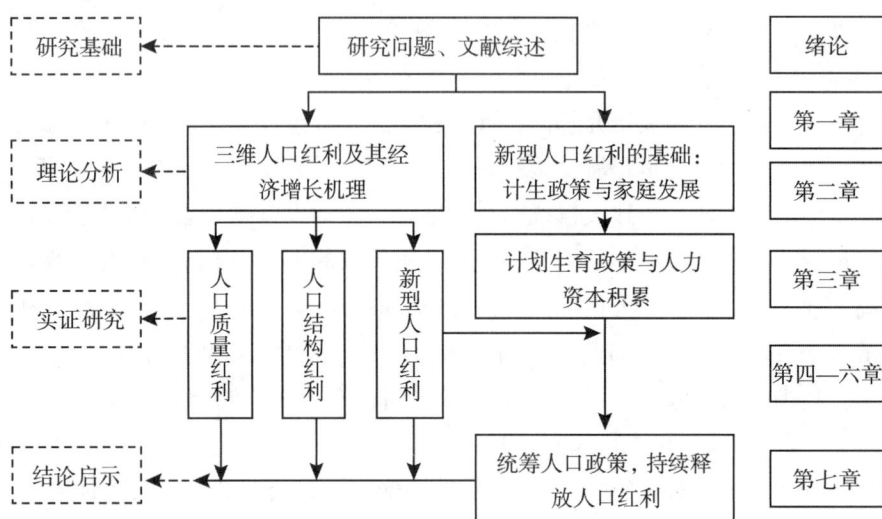

研究思路图

　　再次，基于新型人口红利的研究视角，实证分析人口红利的经济增长效应。我们重点关注其中人口质量红利和人口结构红利的经济增长效应，并结合计划生育政策的发展变化，综合考察不同阶段三维人口红利的经济增长效应。我国人口和计划生育政策起初主要基于国家和社会的利益考虑，牺牲了部分个人与家庭利益，导致了快速的人口转变与经济增长，收获了一定的传统意义上的"人口红利"。计划生育政策加速了人口转变，使得传统人口红利窗口期明显被缩短，相应的人口红利配套诱导机制建设存在滞后，人口红利的经济效应发挥并不充分，需要依赖社保、医疗、养老等其他多项相关制度的配合与完善。

　　最后，总结归纳计划生育政策、新型人口红利的经济增长效应，并提出建议。

在不同计划生育政策阶段，人口红利三个维度对经济增长的影响不同，第一阶段主要是人口数量红利的影响。第二阶段是人口数量红利和人口结构红利起到较大的作用。第三阶段对经济起到更大作用的则是人口结构红利和人口质量红利。因此，新的政策选择一方面应重点关注人口素质及其能力的提升，另一方面也应考虑人口城乡结构及就业结构的转变。

目　　录

第一章　三维人口红利：一个分析框架

正如前言中所指出的，传统的人口红利概念过于简单抽象，其对我国劳动力流动的种种限制和劳动力人力资本积累所带来的经济推动作用并没有深入考虑。对于经历了一段较长时间经济高速增长、处于"刘易斯拐点"和产业结构转型阶段的中国而言，其理论意义值得商榷。我国的劳动力经济增长效应已不能简单以"人头数"来计量，相反，劳动力与就业是否相匹配，劳动力中的人力资本存量的多寡等，对于当前中国的经济发展具有更为重大的意义，需要我们对人口红利概念内涵进行修正，其目的也不仅限于理论上的创新，更希望通过对人口红利的概念进行拓展，能够重新审视我国人口的经济增长效应，为人口政策的完善提供理论参考。

第一节　文　献　综　述

"人口红利"最初来源于人口转变过程中出生率和死亡率下降的时间和速度不一致所形成的人口年龄结构优势，这一时期劳动年龄人口比重持续增加，形成了整个社会劳动力资源相对丰富、抚养负担相对较轻的局面，从而有利于经济的增长。因此，国内外研究者们对于人口红利的研究，也主要把劳动力人口数量、人口的劳动参与率、劳动年龄人口占的比重及社会抚养比（包括老年抚养比和少儿抚养比）等因素作为衡量人口红利的基础指标，来考察劳动力数量增加、劳动参与率提高及社会抚养负担减轻对经济增长的贡献。由于衡量人口红利的指标存在着差异，所采用的测算方法又不尽相同，加之不同国家和地区在收获人口红利的制度背景上的不同，导致人口红利对经济增长贡献的研究结论并不相同，人口红利究竟对经济增长起到了多大的作用并没能达成一致的意见。以下我们从人口转变、人口红利的内涵、人口红利期的判断、不同国家和地区人口红利的验证，以及如何实现人口红利等角度对前期的相关研究进行概述。

一、人口转变的相关研究

关于人口转变阶段，各国学者有着不同的看法，比较有代表性的主要有由兰德里（Adolphe Landry）、汤普森（Warren Thompson）、诺特斯坦（Frank Wallace Notestein）等学者支持的"三阶段"论、金德尔伯格（Charles P. Kindleberger）和赫里克（Brace Herrick）提出的"四阶段"论、布莱克（Charles Blacker）、寇尔（Ansley J. Coale）所倡导的"五阶段"论。兰德里（1996）根据人类发展过程中出生率和死亡率的不同变化，把人口发展划分为三个阶段，即原始阶段、中级阶段和当代阶段。他把死亡率的下降归结于医疗技术的进步、战争和暴力事件的减少以及生活条件的改善等多方面的原因，而把出生率的下降归因于对于节育技术的更多使用和为了削减子女成本给父母带来的巨大压力而人为控制出生。布莱克（1947）认为一个正处于工业化和城市化的国家会经历人口周期的五个阶段，分别是高位静止阶段、早期扩张阶段、后期扩张阶段、低位静止阶段和削弱阶段。虽然学者们对于人口转变的阶段有着不同的划分，各国的发展历程也不尽相同，但人口再生产类型的转变有着自身的规律性，即都会经历由最初的"高出生率、高死亡率、低增长率"的高位均衡，经过"高出生率、低死亡率、高增长率"的过渡性阶段，最终处于"低出生率、低死亡率、低增长率"的低位均衡状态。在这个过程中，死亡率和出生率的下降并不同步，由于医疗条件的改善而延长了人类预期寿命等原因，死亡率会先于出生率开始下降，而出生率的下降则要比死亡率延后一段时间。由于死亡率和出生率下降在时间上和速度上存在着不一致性，导致各国在人类再生产类型的转变过程中呈现非均衡的状态，中间会有一段出生率高、死亡率低的过渡状态。这一过渡阶段中人口自然增长率极大地得到了提升，当这部分新出生的人口进入到劳动年龄时，便会成为潜在的劳动力资源，这就为一个国家或地区获取人口红利提供了源泉。随着人口转变的继续进行，出生率的下降在时间和速度上会快于死亡率，老年人口大量增加，整个社会趋于进入老龄化状态。

二、人口红利的内涵

日本人口学家黑田俊夫（1993）指出，在生育率下降的最初阶段，由于孩子数量的减少会形成平滑的"年轻型"人口，而且达到老龄化还需要一定的时间。要特别重视这个对发展社会经济十分有利的抚养比下降的"黄金时代"。杨云彦（1994）对我国人口转变的结果进行了预测，并认为人口出生率的下降使整个社会的抚养负担下降，劳动适龄人口比重上升。如果社会人力资源得到充分利用，将是经济发展和城市化的一个黄金时期，而如果错过这一黄金区间，人口老龄化问题将重新制约经济的发展。这是国内外学者有关人口红利的较早阐述，虽然没有明确地提出"人口红利"的概念，但已经把能够带来人口红利的人口转变阶段呈现得十分清晰明了。之后人口红利的研究者们正是基于这样一个特定的人口转变时期从不同视角对人口红利进行了界定和研究。1997 年，安德鲁·梅森（Andrew Mason）首先使用了"demographic bonus"一词来描述人口红利，认为劳动年龄人口的快速增长会使人口总收入增长的可能性大大增加，从而带来整体人均收入的增长。1998年，联合国人口基金会（United Nations Population Fund，UNPF）的报告指出，未来二十年一些欠发达国家劳动年龄人口相对于少儿人口和老年人口的暂时性的大量增长给这些国家提供了一个人力资本积累和促进长期发展的机会。同年，布卢姆（David E. Bloom）和威廉姆森（Jeffrey G. Williamson）认为人口转变使得高少儿抚养负担下降，相应地会产生来源于"demographic gift"的经济增长。2002 年，安德鲁·梅森（Andrew Mason）正式使用了"demographic dividend"一词用来指代人口转变的一个阶段特征，在这一时期中生育率的下降导致劳动年龄人口的增长大大快于少年儿童的增长，因此总人口中的很大一部分人口处于具有极高生产性的劳动年龄上。虽然安德鲁·梅森用"demographic dividend"对人口红利进行了界定，但他同时认为"红利"一词在字面意义上具有误导性。因为"红利"意味着经济收益是确定的，即便事实上有一部分发展中国家的确抓住了这个人口发展机会，但也有不少国家却浪费了这样一个可以加速经济发展的机会。布卢姆（David E. Bloom）、坎宁（David Canning）和塞维利亚（Jaypee Sevilla）2003 年的研究则认为如果一个国家总人口中的大部分都处于劳动力年龄阶段，那么这一劳动年龄人口增加，生产力就能产生促进经济增长的人口红利，但前提条件是能够利用这一劳动年龄人口优势的政策到位。蔡昉（2004）认为人口转变会经历以高少儿抚养比、高劳动年龄人口比重和高老年抚养比为特征的三个阶段，劳动年龄人口比重提高的阶段通过劳动力的充足供给和高储蓄率，为经济增长提供了一个"人口红利"。陈友华（2005）指出"人口红利"只是一个相对短暂的历史机遇，只有在人口变迁的中期，当青壮年人口快速增长的时候人口红利才会出现。彭希哲（2005）则认为，人口红利是将人口转变过程所形成的人口年龄结构优势转变为经济增长的源泉，并由此获得超出稳态经济增长之外的额外经济成果。杨云彦（2007）强调出生率下降使得整个社会的人口抚养负担下降，而劳动适龄人口比重上升是经济社会发展重要的"人口窗口"。叶文振（2007）把人口红利看作是由人口机遇延伸而来的一个概念，指的是由于生育率下降，人口年龄结构成"橄榄型"带来经济加快增长的一种人口与经济的正面关系。

虽然国内外学者对于人口红利的界定并不一致，也存在着"黄金时代"、"人口窗口"、"人口红利"等不同概念的理解。但是，综合诸多文献研究的观点，我们认为人口红利至少具有以下两个特点：其一，人口转变阶段劳动年龄人口比重增加所带来的人口年龄结构优势使得一个国家或地区处于人口窗口期，为经济增长提供了潜在的源泉；其二，一个国家处于人口窗口期是人口红利获取的必要而非充分条件。人口窗口期是获取人口红利的前提，但人口红利的取得还需要其他条件的配合才能产生，并不是所有处于人口窗口期的国家和地区都一定能获取人口红利。

随着学者们对人口红利研究的进一步深入，人口红利的概念也开始逐渐拓展。梅森（Andrew Mason）和李（Ronald Lee）2004 年首次提出了"第一人口红利"（first dividend）和"第二人口红利"（second dividend）的概念。他们认为"第一人口红利"产生于生产人口相对于消费人口的快速增长，而"第二人口红利"则产生于人们对于老龄化的预期而产生强烈的储蓄和资本积累的动机。他们的研究进一步发现，由于人口年龄优势只能存在于一段特定的时期，之后劳动年龄人口数量相对于消费人口数量会缩减，阻碍人均收入的增加，从而不可避免地进入到人口老龄化阶段，所以"第一人口红利"是暂时性的。而"第二人口红利"来源于资产所有者和劳动者数量平衡上的变化，以初期消费增长减缓作为代价，老龄人口的增加刺激了劳动生产率和资产性收入的提升。与"第一人口红利"不同的是，"第二人口红利"是老龄人口呈现出的一个永久性特征。穆光宗（2008）认为除了人口转变红利之外，当前还存在着三种人口红利：即通过教育、培训和流动等基本形式的人口投资红利、以劳动力为主体的人口转移所创造的人口转移红利和老年人口再社会化转变自身社会角色所形成的人口转型红利。胡鞍钢、才利民（2011）认为人口红利包含了人力资本红利、就业总量红利和就业结构红利三部分。杨云彦等（2014）则认为人口红利是由人口数量红利、人口结构红利和人口素质红利所组成的一个三维框架。

人口负担是衡量人口红利与人口负债的重要标准。人口红利会出现于人口转变的中期阶段，而在人口转变的早期和晚期，由于少儿人口和老年人口的快速增长，将出现人口负债，经济发展将受其累（陈友华，2005）。人口红利的收获在一定程度上可以被认为是前一代人的努力给当代人的回报，而人口负债则是当代人透支了未来时代人口的利益（彭希哲，2006）。一些国家和地区能够充分利用人口红利，是因为他们实施了合理的社会制度、政治制度与经济政策，具体包括与劳动年龄结构和能力结构相适应的就业岗位的提供、企业对劳动力资源的充分利用、家庭通过在教育和健康方面的投入来提高劳动力素质、劳动力能够自由流动、经济社会环境稳定和宏观政策的合理引导等（李魁，2010）。在良好的政策制度配合下，人口红利通过供求两个方面促进经济增长：一是为经济增长提供比非人口红利期更丰富和相对廉价的劳动力要素供给；二是通过数量相对丰富的劳动人口对储蓄和投资的影响，即高储蓄和高投资来扩大需求，实现高增长；三是由于未成年人口和老年人口比重较低，社会抚养和老年人赡养等民生负担较轻，更多的社会资源可用于经济建设（杨云彦，2012）。但是，迅速增长的劳动力人口可以是一种财富，也可能成为一种负担。由于产业结构的调整和社会转型的展开，部分劳动适龄人口并没有实现充分就业而成为社会被抚养人口。当失业成为阻碍社会经济发展的问题时，人口机会窗口的开启并不能保证人口红利的收获，不能就业的劳动年龄人口同未成年人口和老年人口一样会成为需要社会抚养的人口，从而使得抚养负担系数的降低失去现实的意义（彭希哲，2005）。

另一方面，随着老年人口的进一步增加，一个国家或地区在进入老龄化阶段的过程中有可能产生"第二人口红利"。"第二人口红利"来自于在人口结构的改变过程中，提高的收入水平、对未来收入不确定的预期等因素使得社会财富积累不断增加，而老龄化使得社会中的有效劳动力数量下降，因此社会中资本-劳动比率是不断增加的，并且这种增加的趋势是持久的，可以推动经济的持续增长。但同样，"第二人口红利"的实现不是自动的，需要政策制定者根据人口结构的改变作出相应的调整（巩勋洲、尹振涛，2008）。无论是哪种类型的人口红利，储蓄的增加可以带来投资的增加，更多投资与更加健康、更高教育水准、充分供给的劳动力相结合又带来更高的经济增长和更高水平的储蓄。这些因素的合力，最终推动经济的快速增长（漆莉莉，2006）。

三、人口红利期的判断

如前所述，人口转变过程中存在着出生率的下降使得整个社会负担较轻、劳动年龄人口比重上升，有助于经济发展的黄金时期，称之为人口机会窗口或人口红利期。大部分学者把少儿人口和老年人口之和与劳动年龄人口的比值，即总抚养比在0.5以下的阶段看成人口机会窗口或人口红利期。当然，也有学者持不同的观点。如陈友华（2005）认为人口负担的轻重是相对的，是相对于标准人口而言的。他以1957年瑞典生命表人口作为标准人口，当抚养比低于标准人口抚养比的5%时，即认为该人口处在人口红利期。车士义（2009）则认为，以总抚养比50%为基础条件，以老龄化率10%为分界线，当总抚养比在50%以下，且老龄化率低于10%

时，这样的阶段才能收获真正的人口红利，也即是真正的人口红利期。而当老龄化率超过10%，即使总抚养比在50%及以下，其人口红利也是虚假的红利，所处的阶段也是虚假的人口红利期。而李（Ronald Lee）和梅森（Andrew Mason）（2006）的观点则不同，他们认为虽然"第一人口红利"不可避免地最后趋于消失，但是随着老年工作人口的增加和退休年龄的延长，这些人具有较强的资产积累动机。而当这些多积累的资产在国内或国外进行投资时，国民收入就会增加。因此，"第一人口红利"和"第二人口红利"之间是连续的，"第一人口红利"首先出现并最终会消失，而"第二人口红利"出现得相对较晚但是可能是无限的。虽然学者们有关人口红利期或人口机会窗口的判断不尽一致，但是有一点是共同的，即由劳动年龄优势带来的人口数量红利不可避免地趋于消失，而老龄化时代不可避免地会到来。因此，面对劳动年龄结构优势的逐渐消失，如何在老龄社会里一方面尽可能地延长这种劳动力数量优势，更重要的是如何采取有效的措施，调整相关制度，使得人口红利的存续不仅仅依赖于劳动力数量，而且能够在有限的劳动力资源的前提下通过更有效的劳动资本配比、提升劳动力素质和提高劳动力生产效率等方面来实现。

学者们对于我国人口红利期的判断，主要集中在由劳动年龄结构优势带来的人口红利持续阶段的判断上，并且由于对人口红利期或人口机会窗口的判断标准不一样，导致得出的结果各不一致。一种观点认为，以总抚养比低于50%作为人口红利测量的基准年龄，1990年我国总抚养比达50%，开始进入人口红利时期，从2005年到2015年，我国总抚养比基本在40%以下，到2030年我国总抚养比为49.7%，人口红利期基本结束（刘家强、唐代盛，2007）。另一种观点认为，1980年我国劳动年龄人口达5.86亿人，占总人口的比重为59.8%，此后该比重不断上升，中国的人口红利窗口逐步打开。2000年之后中国进入人口红利高峰期，2010—2015年劳动年龄人口占总人口比重达到最高点（为71.9%—71.5%），随后开始下降，2020年中国劳动年龄人口将达到最高峰，为9.96亿人，2020年之后，我国的人口红利窗口逐渐关闭（于宁，2013）。也有学者把中国人口红利期进行了进一步的细分，即开启期是20世纪80年代初到1999年期间，丰裕期是2000年至2010年期间，后红利期是2010年到2030年期间，负债期则是在2030年以后，人口红利已基本消失（任福兵、郭强，2010）。还有学者建议用动态人口红利来取代静态人口红利。他们认为可以依靠人的全面发展、充分利用延长的预期寿命，提高人口素质、提高劳动生产率、发展高科技、提高劳动年龄上限，开发老年资源，健全和完善老年保障制度，不断提高国家、社会和家庭对老龄化的承受力，动态人口红利之窗就可以长开不闭。按照他们的预测，把劳动年龄上限从 2015 年起每 3 年提高 1 岁，到 2030 年提高到 64 岁，届时劳动年龄人口比重就将从 60.0% 上升到 67.8%，增加 7.8 个百分点；总抚养比也会从 66.6% 下降到 47.4%，从而使人口红利期延长到 2030 年以后（熊必俊，2011）。由此看来，现有对人口红利期或人口机会窗口的判断主要还是基于人口数量所带来的人口红利所处阶段的判断。虽然也有学者用动态人口红利的概念对 2030 年之后人口红利期的延长作了展望，预测由劳动年龄结构优势带来的人口红利消失之后，中国可能还存在收获人口红利的阶段，但对于人口红利还能延长多久缺乏有效的判断和检验。

四、各国人口红利的验证

人口红利期或人口机会窗口是每个国家和地区在人口转变的过程中都会遇到的一个特定阶段，但如前所述，最后能否在这一时期收获人口红利，需要取决于各国的政策制度安排。从世界范围来看，既有有效利用人口红利期，采取各种积极的政策制度安排收获人口红利，极大促进本国经济发展的例子，也有虽然处在人口红利的机会窗口，但其糟糕的制度安排却错失了这个能够提升本国经济大好时机的例子。从收获人口红利的国家和地区看，较为典型的例子有东亚奇迹中的日本、韩国、新加坡、中国的台湾和香港地区。其中，韩国政府从自身基础条件、发展水平和国际比较优势出发，在人口红利期选择具有比较优势的产业予以资源和资金支持，创造了令人羡慕的"汉江奇迹"（何天谷，2006）。日本经济在 1955—1973 年期间年均 GDP 增长率也高达 9.22%。Jones（2002）认为始于 1970 年的东亚人口转变不仅仅在于它带来了传统人口衡量指标的变化，如死亡率、出生率及自然增长率下降，更重要的是人口转变这一过程引起了人口年龄结构的变动，劳动力的少儿抚养负担和老年赡养负担发生了显著变化，这对东亚经济增长产生了影响。David Bloom 在 1998 年世界银行的世界发展报告中研究发现东亚的人口红利对经济增长的解释力度达到了四分之一，并认为人口转变是东亚经济起飞的现实背景和客观要素。相反，拉美一些国家也曾出现过非常有利的人口优势，但却没有因此受益，其人均收入在 1975 年到 1995 年期间仅保持了年均 0.7% 的增长速度，与东亚 6.8% 的增长速度相差甚远。其产生差距的主要原因是政策的作用不力。有学者研究表明，如果该地区采取积极的财政政策，其平均增长速度将翻番（漆莉莉，2004）。法国和芬兰等国家由于工业革命开始相对较早，人口转变的完成基本是随着经济发展经历了一个漫长的过程，因而社会总抚养比降低，人口红利却并不十分明显。同样，由于经济发展而造成的预期寿命延长，使得人口红利期后，人口负债在一个较高基础上平稳上升，人口红利和人口负债的变动都比较平稳（梁同贵，2009）。

五、我国特殊人口转变背景下的人口红利

人口红利与经济增长之间的关系研究离不开对人口结构转变的探讨。我国的人口转变始于新中国成立初期。自新中国成立以来，我国的人口转变经历了高出生率、高死亡率和高增长率的人口快速增长时期，到计划生育政策作为基本国策实施之后严格控制人口增长的阶段。自 2000 年以来，为了更好地引导人们的生育行为及提高人口素质，计划生育政策更多地向综合治理阶段转变。伴随着人口数量变化的是人口结构的变化。统计数据显示，1953 年我国的人口总抚养比为 68.61%。由于这一阶段人口的快速增长，到 1964 年增加到了 79.40%。随着计划生育政策的实施，1982 年人口总抚养比和少儿抚养比分别为 62.60% 和 54.60%，而 2010 年则分别降低至 34.20% 和 22.30%。人口出生率的下降使整个社会的抚养负担下降，劳动适龄人口比重上升。如果社会人力资源得到充分利用，将是经济发展的一个黄金时期。

目前及未来相当长一段历史时期，是稳定低生育水平与低生育水平得以稳定的时期，也是人口红利从主要来自量的变化向来自量中求质的变化转变时期（马瀛通，2007）。中国经济发展由于生育率下降带来的人口红利不久即将耗竭，而由于人口老龄化所可能带来的人口红利的实现还取决于人们积累的财富在多大程度上能作为资本投入市场，进而提高人均劳动生产率，而不是用于转移支付或消费。换句话说，人口红利不可能是源源不断、取之不尽、用之不竭的（王丰，2007）。一方面，要完善调整现有的生育政策。生育政策调整的时间，既不能过早，以免导致人口规模超出资源环境承载力，造成严重的经济社会问题；也不能错过调整政策的最佳时机，使人口老龄化更趋严重。而生育政策微调的口径，应"由现行政策逐步过渡到二孩政策"（姚引妹，2010）。当然，人口政策不能独自解决，需要多种政策相配套综合治理，包括劳动政策、教育政策、健康政策等（林毅夫、蔡昉、胡鞍钢，2006）。在人口优势逐渐丧失的同时，保持这些有利于利用人口红利、促进经济增长的因素，进一步改善政策环境，有助于使人口因素促进经济增长的效果最大限度地发挥出来。这包括实施积极的就业促进政策，建立和完善一个具有可持续性的社会保障体系，消除农村劳动力向城镇转移的制度障碍等（沈君丽，2005）。劳动参与率提高，使得中国继续收获传统意义的数量型人口红利的可能性大大增加。在当前中国人口生育政策适时调整的背景下，随着教育制度的完善、就业环境的持续改善，劳动力参与工作的意愿不断提高，退休年龄也将出现推迟的可能，这

在一定程度上可以抵消中国人口老龄化的负面影响，从表征上体现出数量型人口红利的收割。就业从农业部门向非农部门转移，我们将收获就业结构调整型人口红利。我国目前正在经历快速的工业化和新城镇化过程，但农村就业人员和农业劳动力的规模仍然庞大，伴随农业劳动力持续从第一产业向第二、三产业转移，从低生产效率部门向高生产效率部门转移，这一过程必然会形成转移就业红利，就业结构调整型人口红利成为提高全要素生产率的重要来源（唐代盛，2013）。未来我们必须从投资拉动型经济走上人才拉动型经济之路，让"人口红利"提升为"人才红利"。概括地说，就是从依靠人口数量、依靠低成本劳动力的"红利"，转向依靠人口质量、依靠科技创新能力的"红利"（夏新颜，2012）。人口健康素质和受教育程度的提高形成的人力资本可以补偿逐渐消失的人口数量红利，为未来经济增长提供持久动力（尹银、周俊山，2012）。同时，素质提高型人口红利还会为数量型人口红利和就业结构调整型人口红利的释放创造条件（唐代盛、邓力源，2012）。

综上所述，已有文献对于人口红利在不同国家和地区的实现状况的分析主要集中在劳动人口年龄结构优势所带来的劳动年龄人口数量相对较多的经济增长贡献上。当前，对于人口红利的内涵已经有了一定程度的拓展，进一步的探讨则需要结合我国特殊的人口政策所导致的特殊的人口转变过程，跳出原来单纯关注劳动力人口数量优势所带来的人口红利分析框架，从结构优化、劳动力素质提升等方面来综合研究对人口红利的获取。

第二节　人口红利内涵的拓展：三维人口红利

国内学者从不同视角对人口红利的大量研究都认同人口红利主要包含两大基本要素：劳动力数量和比例相对较大、抚养负担相对较轻（王颖、佟健、蒋正华，2010），因此，传统人口红利理论着重于人口年龄结构转变与经济增长关系的研究。人口年龄结构主要反映了一个国家（地区）在某一段时期内各年龄组的人口的比重。而人口年龄结构的划分历经诸多讨论，较为公认的划分方法是将人口年龄以 15 岁和 65 岁为两个临界点，划分为三组。其对人口红利概念的讨论，根据人口结构转变如何影响经济增长，主要有"因素论"、"结构论"以及"期限论"三种观点（王叶涛，2013）。

（1）"因素论"。以蔡昉、王德文、贺菊煌等为代表，他们认为人口红利是一个经济概念，是指人口转变过程中社会形成了比较丰富的劳动力资源。在这一时期中，少儿比重下降，老年人口比重较低，进而劳动力占比增加，储蓄和投资增长、人力资本投资加大以及妇女就业机会增多等，这些有利于经济增长的人口因素为"人口红利"。

（2）"结构论"。以田雪原、彭希哲为代表的学者从人口转变结构的角度进行界定。田雪原（1983）认为由于生育率和出生率下降，少儿人口和老年人口的比重在较长一段时间内处于下降过程，当总抚养人口比重小于50%时，标志着人口年龄结构进入真正的人口红利时期。

（3）"期限论"。期限论是基于有利于经济增长人口转变时期来界定的。由于生育率和死亡率存在一定的滞后性，致使人口在从"高生育率、低死亡率"向"低生育率、低死亡率"发展过程中，会呈现"中间大、两头小"的人口年龄结构，处于这个阶段的社会生产性人口占比较大，这段时期也被称为"人口机会窗口"。

虽然以前对人口红利的认识仍处于人口数量阶段，但已有学者将更多其他因素也纳入研究。如车士义（2011）考虑已有的关于中国和东亚人口红利研究，是基于结构和制度相对稳定的隐含假设下进行的，通过在模型中纳入三产结构、城市化率等结构变量和产权制度变迁、市场化程度提高、分配格局变化、对外开放等综合适度变量，在剥离结构和制度的影响后发现，经济增长主要受固定资产投资、技术进步以及制度变迁的影响，人口红利对经济增长的贡献较小。

从如何能够收获人口红利的角度来看，"人口红利"只是一个潜在的有利于经济增长的要素，"人口红利"要素得到有效利用是有条件要求的：首先，经济需要发展到一定阶段，对"人口红利"这一要素有需求，并且有与能够充分发挥"人口红利"要素作用相互匹配的产业结构和经济发展模式（杨云彦，2012）。在这些条件中，劳动力资源能否被充分利用是实现人口红利的关键。第二，有效的劳动力配置制度则是利用人口红利的保障，其中最重要的是提供劳动力自由流动的制度保障。第三，劳动力本身要有参与劳动的意愿，劳动参与率要求保持在较高的水平也是获取人口红利的前提。第四，人口红利的大小受制于劳动人口素质，而当前我国劳动力普遍呈现出低质性的特点。第五，人口红利还取决于各个国家和地区的资源禀赋（王颖、佟健、蒋正华，2010）。而要在人口老龄化阶段获取第二人口红利或者衍生的人口红利，同样是有条件的：只有制定合适的政策，人口老龄化才能带来第二人口红利。这是一个重要的前提条件，因为人口老龄化也可能带来其他问题，比如随着老年人口越来越多，社会抚养负担会加重，人均收入和消费也可能降低。另一种情况是两代人之间的代际转移支付会加强。这既可以通过像美国、日本、欧洲那些国家一样发起或扩大公共养老金计划来实现，也可以通过加强家庭支持系统，加大子女对老年人的养老支持来实现。这两种方式都可以实现家庭的生命周期目标和社会的分配目标。但是，能够产生第二人口红利的储蓄动机则会受到严重损害（Andrew Mason, et al., 2004）。而倘若储蓄不增加，则第二人口红利难以产生。其次，随人口老化新增的储蓄必须以资本的形式进入市场才能提高劳动者的人均产出，从而产生人口红利（姚引妹，2010）。

基于以上分析，我们可以了解到，不论是什么形式的人口红利，都并不会自动取得，而是需要与一定的外界条件相配合才能实现真正的人口红利，促进经济增长。结合对人口红利已有的概念总结，针对我国的社会经济现实，我们在考虑人口红利概念人口学属性的基础上，突出人口红利的经济属性，以对人口红利概念进一步修正完善。据此，我们对新型人口红利概念进行如下界定：人口红利是指在人口转变过程中，人口抚养比下降，由劳动年龄人口充分供给带来的生产性人口数量相对较多（人口数量红利），以及由于人口年龄结构变化带来的人力资本提升（人口质量红利）、人口就业产业结构及城乡结构转换（人口结构红利），所获得的超出常规经济增长之外的超额经济增长。

给出这样的解释主要基于以下考虑：国际经验表明，几乎所有已经经历人口转变的国家在其发展过程中一定程度上都受益于"人口红利"。随着人口转变的完成，人口老龄化也随之而来，传统理论则认为人口红利这种额外的经济效应会逐渐消失。然而，人口红利更多地作为一种经济概念出现，其经济效应的发挥势必会受宏观作用机制的影响，我国的社会转变、人口转变、经济增长都呈现出强烈的"中国特色"，在这种复杂多变的宏观经济背景下，人口红利可能会以多种形式存在（王叶涛，2013）。

我们可以结合近五次人口普查的相关数据，考察近50年间经济增长、人口结构变动、人口质量变动、城乡二元就业结构变动情况，来寻找相关事实线索。自1964—2010年间，我国国内生产总值实现了年均11.96%的高速增长。与此同时，人口中具有生产性的劳动年龄人口比重增长了18.78%；大学受教育程度人数增长了三倍多，文盲率由33.58%下降到4.08%；城镇就业人数提高了近两倍，农村就业人数提高了60%。随着特殊人口政策等综合因素的影响，我国的人口转变速度非常迅速，传统人口红利理论仅仅关注了这种生产性人口比重上升、抚养负担减轻所产生的红利，很少将伴随这种转变的人口质量提升以及城乡就业结构优化纳入人口红利的考虑范畴。因此，我们认为如此考虑有两个显而易见的优势：一是由于生产性人口比重上升带来的宏观经济增长以及人口抚养负担减轻提高了微观家庭的教育投入，使得人力资本得到大幅度深化，这种人口质量红利反过来也会促进经济增长（Finley，2005；Joshi and Schultz，2007），而单一利用抚养比进行度量不仅假定了微观个体在生产能力上无差异，而且还忽略了人力资本对经济增长的反向作用机制，因此，纳入人口质量红利是必要的（胡鞍钢、才利民，2011）；二是我国城市就业人员增长率远远超过了农村，但从增长率看，城市每年新增的就业人数远远超过了正常人口新增比例，这说明有相当一部分就业劳动力来自农村。蔡昉（2010）认为农村进城从事非农职业的劳动力已超过 2.3 亿，同时非农业户籍人口占比却不足 40%，这说明未来仍将有大规模潜在的劳动力人口流入城市。陈友华（2008）认为城乡人口流动的主要目的是务工经商，对城市化进程做出了巨大贡献。教育投入的加大以及户籍制度的逐步放松，大量潜在的农村劳动人口流入城市，会使得劳动力配置不断优化，并作用于经济增长。因此，将中国城乡二元劳动力就业结构上的红利纳入人口红利的范畴也是必要的。

至此，我们在传统人口红利（即"人口数量红利"）的基础上引入了"人口结构红利"和"人口质量红利"，重新构建了一个包含"三维人口红利"的新型人口红利理论框架。所谓"人口结构红利"是指由于劳动力从农业部门向非农产业部门转移、从低劳动生产率的部门向高劳动生产率的部门转移的过程中所带来的对经济增长显著的拉动作用。所谓"人口质量红利"主要是指由于教育投入使得劳动力平均受教育年限不断延长，劳动力质量不断得到提升，劳动层次以及劳动效率得到充分拓展和发挥，进而对经济增长带来显著拉动作用。

此外，基于已有对人口红利的研究结论，我们对新型人口红利的相关特征作如下阐述。

首先，人口红利只是加快经济增长的一个有利因素，并非必要条件，更非充分条件。早期学术界对于此说法存在一定的分歧：认为人口红利是经济增长的充分条件的学者更倾向于认为人口红利就是一种经济红利；认为人口红利只是经济增长的必要条件的学者强调了人口红利向经济红利转化需要满足一定的外在条件；而认为人口红利仅仅是经济增长的一个有利因素的学者往往认为人口年龄结构对经济增长的影响方向是不确定的，并且其作用也不是独立的，需要综合考虑其与其他变量对经济产生或正向、或负向的影响。对于"人口红利是经济增长的一个有利因素"的论断最近趋向了主流，不过国内学者不仅认为人口红利是一个有利因素，而且是一个极其重要的因素。目前普遍认为人口红利的出现并非自发的，这种重要的有利因素能否充分发挥作用离不开良好政策的配合。

第二，我国的计划生育政策加速了人口转变，医疗水平的提高也进一步加速了老龄化，这使得传统人口红利窗口期明显被缩短。在人口由"高出生率、低死亡率"（第二阶段）向"低出生率、低死亡率"（第三阶段）转变过程中实施了严格的计划生育政策，使得人口转变之快，程度之深实属罕见，然而人口转变如此迅猛地进入"人口机会窗口"期，相应的人口红利配套诱导机制建设存在较强的滞后性，使得人口红利的经济效应还发挥得不够充分。同时，随着人均收入、医疗水平的不断提高，预期寿命不断延长，加之总和生育率不断下降，老龄化不断加速。学术界探讨的"第二人口红利"是否能真正发挥潜力，还依赖社保、医疗、养老等多项制度的完善程度。然而，人口红利又具有很强的时效性，一旦把握不住收获人口红利的黄金时期，随之而来的将会是长久的人口负债期，人口红利虽然衍化出不同形态，但还是需要一定的劳动力数量基础，劳动力绝对数量的下降必然制约着人口红利的延续。

第三，人口红利与经济增长的因果关系是相互交替变动的。人口红利是基于一定的人口年龄结构出现的，一般人口转变过程中都会出现这种有利于人口红利出现的"中间大、两头小"的人口年龄结构。而我国自20世纪80年代实行人口严格的计划生育政策以来，总和生育率不断下降到1.5左右，使得在很短时间内迅速形成"中间大、两头小"的人口年龄结构。社会家庭随着少年抚养比的下降由追求数量逐渐转变为追求质量，提高子女的人力资本。整个社会会随着财富积累的增加逐渐增大对教育、医疗等方面的投入。人力资本提高以及医疗进步引致的预期寿命增加反过来进一步对经济增长产生影响。未来人口红利受经济增长影响会继续衍化出更多的形态，而人口红利作用经济增长的路径也不仅仅限于储蓄、经常项目，未来人口红利与经济增长的内在因果关系会更加复杂（王叶涛，2013）。

第三节　三维人口红利对经济增长的作用机理

影响经济增长的因素有很多，人口因素是诸多要素之一。人口的转变过程所产生的最为直接的影响是出生率的变化，进而影响到人口总量和劳动年龄结构的变化。前期的国内外学者们正是基于此来研究具有生产性的劳动力数量的增加是如何影响经济增长的。随着研究的进一步深入，人们受教育程度的提升和平均预期寿命延长所带来的人力资本的增加如何对经济增长起作用以及劳动力在城乡之间流动、不同产业之间转换对经济增长的影响机理研究也逐渐得到学者们的关注和重视。由此，人口红利对经济增长的作用机制可以从劳动力数量的增加、人力资本的提升及劳动力在城乡、不同产业间的变化三个方面进行分析。

虽然从传统的人口红利角度来看，中国的人口红利有枯竭之虞。但如果我们能够转换观念，以新型人口红利角度来衡量，中国的人口红利还有很大的兑现空间，在相当长一段时间内可以支撑中国经济快速发展。但这些在现行体制下，还处于未开发状态的潜在人口红利，要转化为支撑中国经济增长的源泉，政策和制度的引导不可或缺。

一、人口数量红利对经济增长的作用

人口数量红利简单地说就是在具有优势的劳动年龄结构下，劳动力数量增加对经济增长所起的作用。一般在某一国家或地区的 0—14 岁人口与 65 岁以上人口之和与 15—64 岁人口的比值小于 50% 时，该国家和地区拥有大量的劳动力资源，且整个国家负担较低，成为经济增长的动力源泉，所创造出的财富中可以把更高的比例用于再生产投入，形成经济增长的良性循环。人口数量红利为一个国家或地区实现经济超速发展提供了基础条件，但并不是充分条件。一个国家或地区能否真正实现经济超速发展，还要看该国是否充分利用了所存在的丰富的劳动力资源。

一般认为，人口数量红利通过以下途径对经济增长起作用：一是劳动力数量的增加为实现较高的劳动力参与率提供了可能，从而促进经济的增长。汪小勤等（2007）引用柯布-道格拉斯生产函数并通过对其求导证明了高劳动力比重意味着人口对经济增长的参与率高，从而实现人口红利对中国经济增长的推动作用。都阳（2007）还认为随着家庭规模的缩小，妇女参与到劳动力市场的可能性增加，这同样可以提高劳动力参与率来实现经济增长。二是人口转变所带来的整个社会劳动年龄人口比重大，使得社会总抚养比较低，社会负担相对较轻，储蓄率因此会相应提高，这为实现经济增长起到了重要作用。陈友华（2008）基于个人生命周期视角对此进行了分析，他认为进入劳动年龄的个人储蓄变化是先上升后下降的趋势，因此劳动年龄人口比重的提升有助于整个社会储蓄率的增加，最终带来经济增长。正如钟水映等（2009）所认为的抚养负担低的人口年龄结构会通过提高储蓄率来促进经济增长。据中国人民银行课题组 1999 年的测算，中国 1978 年以来国民储蓄率较发达国家的储蓄率高出十多个百分点，储蓄倾向明显高于工业化国家的平均水平，这也是人口数量红利的扩大效应。

劳动力供给数量的增加高于总人口数量的增加，社会整体的劳动力供给充裕，如果社会总体就业充分，就会降低社会劳动力成本，使社会生产的物质财富大为增加。自 1978 年以来，我国的劳动人口大规模增长，劳动参与率始终保持相对稳定、较高的水平，使得我国在经济发展中具有较大的劳动力资源优势。同时，我国经济发展处于快速增长时期，劳动密集型产业发展迅速，产品附加值低，主要靠资源消

耗和廉价劳动力增速。随着家庭规模的缩小，妇女从传统的家庭观念和模式中解放出来，有更多的机会接受培训和学习技术，参与劳动力市场的可能性增加，提高了劳动力参与率，实现了经济增长。社会总抚养比是社会人口数量红利的表现形式。总抚养比越低，人口数量红利越高。因为当抚养比下降时，由于全社会用来抚养的压力减轻，GDP 构成中消费率降低，储蓄率增高，投资高速增长，进而推动经济以超常规的速度发展。从我国自身情况来看，人口数量红利期与人口政策变动时间大致同步。人口政策使我国在未满足一定经济发展水平的条件下尽早进入人口红利期，渐进的人口政策调整又使得人口红利期在一定程度上得到了延长。

新中国成立以来，我国人口数量变化分几个阶段，不同阶段人口数量的增加对经济增长的贡献不同：在新中国成立初期，我国经济发展水平低，人口数量迅速增长导致社会负担加重而对经济发展不利；随着经济的发展，我国人口数量优势逐渐发挥出来，劳动适龄人口的增加促进了经济的发展；进入新世纪，我国人口增长步伐逐渐放缓，人口结构发生较大变化，抚养比的上升，使人口数量对经济增长的影响趋于中性。在过去的很长一段时间内，学术研究集中于人口总量增长和劳动力数量增加对经济的影响，普遍认为中国的经济增长奇迹应归功于劳动力充裕导致的制造业成本低廉。随后的研究逐渐扩展到人口年龄结构转变对经济增长的带动效应上，即学术界所界定的第一人口红利——人口转变过程中形成的"中间大，两头小"结构对经济增长的推动作用，这时劳动力占总人口比重相对较高，劳动力供给充裕，而劳动力人均负担比较低，从而有利于社会经济的快速发展，主要分析的是人口年龄结构变化对经济增长的影响效应；而在比重较大的劳动力人口队列进入老龄化阶段后，还会形成高水平的国民储蓄率和资本供给，对经济增长也有明显的推动作用。从本质上看，后者是人口数量红利的延伸。此外，由于计划生育的实施，这一时期少儿人口逐渐进入劳动年龄，低生育率使得更多女性从家庭中解放出来进入社会工作，这些都有利于社会经济的快速发展。

二、人口质量红利对经济增长的作用

如前所述，人口数量红利是通过劳动力大量参与经济活动实现较为充分的就业来促进经济增长的。数量和质量是构成劳动力的两个方面，人口质量红利指的是人口受教育程度提高和综合素质提升对经济增长所起的作用（杨云彦等，2014）。即使一个国家或地区内的适龄劳动人口都已实现了充分就业，其劳动生产率也不可能完全相同，造成其创造财富能力差别的最主要因素是其受教育程度。劳动人口随着其受教育程度、健康程度即人力资本存量的提高，创造财富的能力也会显著提高，这在提倡"知识经济"的当代社会尤为突出。

人口转变下生产性年龄阶段的人口份额增加，能够增加整个社会吸收新知识和新观念的速度（李蕾、郑长德，2008）。一方面，教育和培训是人力资本积累的最主要渠道之一，劳动力受教育程度的提高和劳动技能的增加能够有效解决当前长期存在于我国社会中的结构性失业问题，如自 2004 年以来的民工荒，从而实现劳动力与就业岗位的有效匹配。这不但能够提高要素的配置效率，而且还能够弥补劳动力数量不足，增加有效劳动的供给，从而促进经济增长。另一方面，劳动力受教育程度的提升还能够提升劳动生产率，促进技术进步，从而获取到比物力投资更多的利润、更长期的社会和经济效益（高书国，2014）。同时不可忽视的是，已有的研究表明健康作为一种人力资本对教育和储蓄有明显的影响作用，而这两者又是推动和维持经济增长的重要因素之一（吕娜，2009）。

中国人口数量的减少、家庭规模的缩小给人口发展带来了一系列变化，其中最为明显的是受教育人数的增加和受教育程度的提高。每个家庭孩子的数量减少使得家庭发展出现新的变化：父母有更多的精力和金钱提高自身的素质和健康，同时也有更高的意愿和资本投资孩子的教育。这就使得家庭中每个人的整体素质得到提升。扩展到整个社会，社会劳动力人口的整体素质提高，这有利于提高劳动生产率，弥补某些岗位劳动力数量的不足，从而促进经济发展。因此，"人口数量红利"的消失可能伴随着"人口质量红利"的产生，中国的廉价研发人才（理工科毕业生）供给充裕（候延坤，2015）。中国高校从 1999 年扩招之后，大中专毕业生以每年 15% 的速度递增，由每年的 100 万人增加到 700 多万人，导致大学生供过于求，找工作难，平均工资不高且增速慢。根据国家统计局的数字，2013 年本科毕业后接着攻读硕士研究生的人数占毕业生总数的 20%，而且有增加的趋势，其中 60% 都是理工科类研究生，这就表明我国进入劳动力市场的人会有更多的研究者。中国每万名员工中研发人员的数量从 2000 年的 10 名增加到 2011 年的 38 名，到 2011 年底研发人员总数达到 190 万，从绝对数量上看排在世界第一。根据国家统计局公布的数字，2013 年城镇单位科研人员平均工资为 7.7 万元人民币，其他单位为 8.8 万元，远远低于发达国家（一名工程师的年薪约为 15 万美元），这意味着我国未来研发成本远低于发达国家，在一些高科技行业的全球竞争力大大增强。

我国的计划生育工作使得出生率下降、妇女更健康、家庭经济压力减轻，再加上人们思想观念的转变，父母有更多的资源投资给孩子，孩子能得到更好的教育，拥有更好的健康状况，更高的综合素质。这些孩子正在进入或已进入社会，成为国家的栋梁，他们具有比前几代人更优越的综合素质，正成为我国人口质量红利的源泉。同时，随着时代的发展进步，父母一代也有更多的资源投资自身健康，使得社会平均寿命增加，引起了人们生活方式的变革。在人口数量红利逐渐消退的今天，要继续有效实现和收获人口质量红利，必须尽快实现全民公共服务均等化以及对现有劳动力进行人力资源的二次开发。这不仅是经济发展的动力，也是人口发展的基本要求。

三、人口结构红利对经济增长的作用

人口结构红利主要是指城镇化和农业劳动力非农化过程中所实现的对经济增长的促进作用（杨云彦等，2014）。一般而言，结构红利作用于经济增长的载体应该包括劳动力的转移、资本要素的转移和土地要素的转移（张辽，2012），而我们所指的人口结构红利则主要关注劳动力的转移对经济增长所起的促进作用。城镇居民与进城农民工及其家属之间在生产生活条件上存在差异，加快城镇化、促进城乡协调发展是扩大内需的一大源泉。农村劳动力从农村进入城市，不仅仅提高了劳动生产率，而且还会深化劳动力分工，提高劳动力与物质资本的配置效率。城市和农村在人口转变的过程中存在着时间上的不一致性。已有研究表明，农村大约滞后于城镇 8 年时间进入人口转变的第二阶段，与城镇人口相比，农村人口有着更为年轻的人口年龄结构（沈君丽，2005）。一方面，农村由于存在大量的年轻劳动力，农业生产部门并不能完全消耗这些年轻劳动力，因此农业部门存在着劳动力的大量闲置现象，劳动力资源并未得到充分利用，劳动生产率非常低。这在一定程度上妨碍了农村地区人口红利的获取，并不利于促进农村经济增长。另一方面，城市需要大量的年轻劳动力参与经济活动来促进经济发展。由此，劳动力从农村向城市转移、从第一产业向第二、三产业转移，既有利于解决农村劳动力过剩的问题，又有利于进一步促进城市的发展。劳动力从低效率的农业部门转向高效率的非农业部门，从而导致了全社会总体劳动生产率的提高，带动国民经济的高速增长（朱洪，2007），这本身也是人口结构红利的一种释放。

此外，农业劳动力在转移过程中，由于第二、三产业部门的技术含量和资本含量远远高于第一产业，当农业劳动力转入这些部门时，对其劳动力素质有一定的要求（张学辉，2005），因此人口质量红利在一定程度上能够促进人口结构红利的获取。

在长期的计划生育体制下，中国的人口年龄结构呈现"中间大，两头小"的特点，未年成人和老年人比重较低，劳动年龄人口比重较高。较高的劳动年龄人口意味着劳动力再生产成本相对较低，加之劳动力资源丰富，使得我国劳动力在国际

上具有相对优势，从而吸引了大批制造业在国内的投资，同时促进了加工制造业出口的增长，在国际贸易中长期处于顺差。伴随着改革开放和现代化的发展，农民从土地的束缚中解放了出来，农村出现的大量剩余劳动力涌向城市，产业集聚和城镇集聚导致城市化的大范围出现，即城乡结构转变。人口的城乡结构转变会改变固有数量人口的生产效率，从而改变经济增长的水平和表现。人口城市化进程通过促进资源的优化配置，刺激消费增长和结构优化，拉动城市边缘和农村地区的发展，促进经济的发展。钱纳里提出了著名的"结构红利假说"，即由于不同产业部门具有不同的生产率和增长率，因此当基础要素投入从低生产率水平或低生产率增长的部门向高生产率水平或高生产率增长的部门流动时，就会促进总生产率增长，提高经济增长的速度，这种由于要素流动而形成的产业结构变化对经济增长的贡献就形成了"结构红利"。在我国经济发展的过程中，大量劳动力从生产率增长低的第一产业向第二、三产业转移，促进了社会整体生产率水平的提高，促进了产业结构的优化升级，从而促进了经济的快速发展。

农业现代化的发展使得农民从土地的束缚中解脱出来，户籍制度的改革使得劳动力自由流动更加便利，产业政策和就业政策的改革，区域经济发展的不平衡等因素在市场机制的作用下引导劳动资源从过剩地区转移到短缺地区。劳动力资源的流动为流入区域的经济发展提供了充足的人力资本，同时流入的劳动力也带动了当地的消费，促进了区域经济的快速发展。

如前所述，我国的劳动力剩余，主要体现在两个方面。第一是由于城乡间壁垒造成的农村剩余劳动力。以户籍制度为首的一系列行政管理制度，使得许多农村劳动力即使进城务工，也很难获得身份上的认同，这种归属感的缺失阻碍了农村劳动力的继续进入。而最近几年政府政策已经有所松动，很多城市都相应出台了针对农民工群体的特殊政策，旨在给他们一个公平的劳动机会。然而现实的反馈是城乡间的壁垒并没有因此而消失，农民工依旧游离于城市社会群体之外，呈现出自身的"孤岛化"和"内卷化"（王春光，2006）。由此可见制度和政策不是造成城乡壁垒的最主要原因，或者至少可以说不是唯一原因。很多城市人口对农村的务工人员排斥和不认同，使得农村务工人员很难产生归属感和安定感，这些务工人员往往在回家务农和在外地打工之间不断摇摆，形成"往复式流动"。"半城市化"是王春光提出的对中国农村迁移劳动力现状的一个描述性概念（王春光，2006），他认为只有在系统层面、社会层面、心理层面完全的嵌入，才能算是农村劳动力完全融入城市，即城乡市场分割壁垒消失。因此，要想完全利用中国的农村剩余劳动力，除了进一步放宽制度限制，我们还需要对进城务工的农村劳动人口以人文关怀，在心理层面和社会层面打破壁垒坚冰。第二是中西部的劳动力剩余,随着东部沿海经济的迅猛发展,劳动力成本的相对上升,一些劳动密集型产业在东部沿海地区遭遇了严重的发展瓶颈,这些产业有向劳动力存在比较优势的中西部迁移的动因。如何更好地承接这些转移产业?我们认为以下三点是关键所在。首先是在中西部做好基础设施建设,为产业的落地和发展打下基础;其次是选择性接受产业,尽量与自身区位特点相结合;最后是加强自身劳动者素质的培养,以适应承接产业生产需求。

新型人口红利的三个维度除了分别通过劳动力年龄结构、劳动力自身素质提高以及劳动力在不同产业间和乡城之间转移等方式各自对经济增长产生影响外,三个维度之间同时还存在着相互影响和相互作用,共同促进经济增长。人口数量红利的实现主要通过劳动力年龄结构优势增加潜在劳动力数量,但由于劳动力年龄结构优势具有阶段性,其存续期相对短暂,劳动力产业和乡城转换可以带来劳动力要素的配置结构的优化进而提高劳动生产率,获得人口结构红利;人口质量红利则通过技术进步和劳动力人力资本积累等多种渠道实现经济增长。虽然人口质量红利和人口结构红利的实现并未真正改变人口年龄结构,增加劳动力年龄人口数量,但是,其分别从要素配置结构优化及人力资本积累途径提高了劳动生产率,弥补了人口数量红利存续期短所导致的经济增长不可持续性的缺陷,一定程度上拓展了人口红利的延续期。

第四节　我国传统人口红利的经济增长贡献

对于人口红利在经济增长中所起的作用,现有文献已有大量的研究结果。由于不同学者研究的出发点不同,对人口红利含义的理解不尽一致,所采取的研究方法存在较大差异,导致他们对于人口红利在经济增长中所起到的作用存在各不相同的结论。具体可以从人口红利对经济增长贡献的测算方法、人口红利对经济增长的贡献率两个方面来考察。

一、人口红利对经济增长贡献的测算方法

对测算人口红利对经济增长贡献的已有文献进行梳理后可以发现,国内外学者在分析方法上主要采取了以下几种方式:第一种也是最为常见的一种,一般以柯布-道格拉斯生产函数为基础或原型,对其两边分别取对数形成对数差分模型或者是在原始的生产函数中通过多种变化加入人口抚养比变量,利用统计年鉴上已有的宏观经济数据建立计量模型来分析并以此为依据来计算劳动力对经济增长的贡献率

的大小。现有的人口红利文献中，蔡昉（1999）、施娜柯（2005）、王文举和范合君（2007）、王承强（2008）、王金营和杨磊（2010）、周志梁（2014）等人使用的均是第一种人口红利贡献率的测算方法。第二种是对影响经济增长率的因素进行分析，并对这些因素进行分解，从而测算出人口增长过程中代表人口红利的抚养比增长率对经济增长率的贡献程度。王丰（2007）把人均产出增长率分为有效生产者人均产出增长率和抚养比增长率两部分，并在假设前者不变的前提下，抚养比增长率的变化可等同于人均产出增长率的变化。王德文、蔡昉、张学辉（2004）把人口抚养比作为人口转变的因素纳入到稳态经济条件下人均收入增长率的模型中，分析抚养比变化对人均收入增长的影响。毛新雅、彭希哲（2012）在 Barro 和 Sala-i-Martin 研究的基础上建立了包含期初人均 GDP、期初劳动年龄人口比例、劳动年龄人口增长率和可能影响生产率的其他因素的人均 GDP 增长模型用于测算人口红利对经济增长率的影响。涂舒和周宇（2013）从增长核算的视角把经济增长划分为资本和劳动等要素投入的增长和技术及效率的增长两部分，并使用调整后的索罗增长模型分析了剔除掉标准人口结构下的增长后，人口红利所带来的经济增长。如前文所述，人口转变过程中所带来的劳动年龄结构优势会降低整个社会的抚养负担，从而增加储蓄率，而储蓄率的增加又会对经济增长起促进作用。正是考虑到了这一点，除了直接研究劳动年龄结构所导致的抚养比变化对经济增长的影响之外，学者们研究人口红利对经济增长作用过程中所使用的第三种方法是把储蓄率作为经济增长的替代变量，考察人口年龄结构变动对储蓄率的影响，从而间接得出人口红利在经济增长过程中贡献率大小的结论。

吕品、林芳（2011）在对中国人口红利的经济增长效应研究中，把人口红利对经济增长的影响分为人口红利通过储蓄途径对经济产生影响和人口红利通过劳动力供给途径对经济产生影响两类。在研究人口红利通过储蓄对经济增长的影响时，借鉴 Leff（1969）模型，以城乡居民人民币储蓄存款为因变量，各类抚养比为自变量分别建立回归模型测算人口红利的影响效应。唐代盛等（2014）则认为高储蓄是经济飞速发展的主要原因之一，他首先通过建立回归方程测算抚养比对中国储蓄率的弹性系数，并计算出各类抚养比对储蓄率的贡献率，再建立计量模型分析储蓄率对经济增长的贡献，从而间接地得出了人口年龄结构变化所带来的人口红利对经济增长的贡献。

二、人口红利对经济增长的贡献率

人口红利对经济增长的影响研究大致可以分为以下三类：

第一类是对人口因素对经济增长的影响不作任何区分，直接分析劳动力数量增加或劳动参与率提升对经济增长所起的作用。Bloom 和 Finlay（2008）通过对亚洲各国 1965 年至 2005 年的数据分析发现，这一期间劳动年龄人口和总人口的增加对日本、中国、韩国、东南亚经济增长的解释能力分别是 9%、26%、29%、40% 左右，南亚的经济增长中至少也有 40% 是由人口增加和劳动年龄人口增长所带来。田雪原（2007）在其研究人口盈利与人口亏损的文中曾提到，中国改革开放以来劳动年龄人口供给持续增长和人口素质提高对经济增长的贡献率在 30% 左右，与 20 世纪六七十年代日本、韩国、新加坡、中国台湾等经济起飞相类似。世界银行（1997）的报告显示中国 1978 年至 1995 年间经济增长中劳动力数量增长的贡献率为 17%，劳动力转移的贡献率为 16%，物质资本投入增长的贡献率为 37%，其余未解释部分是 30%。类似地，蔡昉和王德文（1999）对中国 1978 年至 1998 年促进经济增长的因素进行了分解，发现劳动力数量增加的贡献率是 24%，人力资本因素的贡献率是 24%，劳动力部门转移的贡献率是 21%，物质资本投入增加的贡献率是 28%，未解释部分是 3%。李善同等人（2005）把 1978 年以来中国经济增长的源泉主要归结于资本、劳动力和全要素生产率（TFP）增长率。他们通过核算发现 1978 年至 2003 年间，这三个因素对经济增长的贡献率分别是 63.2%、10.6% 和 26.2%。王文举和范文君（2007）的研究结果则是对我国经济增长的贡献率有 72.44% 来源于资本增加，约有 7.80% 来源于劳动投入增加，约有 14.22% 来源于市场化改革，约有 5.55% 来源于技术进步。这些学者们的研究结果中，劳动力数量增加对经济增长的贡献率是各不相同的，高的如 Bloom 和 Finlay 的研究有 30% 左右，而低的如王文举和范文君的测算大概只有 7.80%。这一方面是因为研究者们对经济增长的期间选择不一致所导致的，另一方面可能是因为采用了不同的分析模型和计算方法。

第二类是把人口抚养比作为衡量人口红利的指标，考察人口转变过程中抚养比的变化对经济增长的贡献。王德文、蔡昉、张学辉（2004）的研究发现总抚养比下降一个单位会导致经济增长速度加快 0.115 个百分点，1982 年至 2000 年中国总抚养比的下降带来了 2.3% 的经济增长速度，即对人均 GDP 增长的贡献率为 26.8%。与此结果差异较大的是，Wang Feng 和 Andrew Mason（2004）认为中国 1982 年至 2000 年间的经济增长中 15% 是由第一人口红利引致的。王金营和杨磊（2010）的研究结果则是，中国的劳动负担比每下降 1 个百分点，经济增长将提高 1.06 个百分点。过去三十年里劳动负担比降低累计带来的经济增长占总增长的 27.23%。这个结论比较有意思，其每单位劳动负担比下降对经济增长的影响是

1.06 个百分点，与王德文等人 0.115 个百分点相差较大，但最后其认为近 30 年来人口抚养比的累积贡献率为 27.23%，而王德文等人的研究结果是，近 20 年来的总抚养比所带来的经济增长贡献率为 26.8%。

第三类是把人口因素对经济增长的影响区分为自然人口增长对经济的影响和人口红利对经济增长的影响两部分内容，单独考察人口红利对经济增长的贡献率。比较典型的如陈友华（2008）建立的人口红利对经济增长的确定性模型：

$$GDP_t^S = \frac{GDP_t}{L_t} * \frac{L_S}{P_S} * P_t \qquad\qquad 式(1\text{-}1)$$

其中，GDP 为国内生产总值，L 和 P 分别表示 15—59 岁组人口数与总人口数，GDP、L 和 P 右下角的 t 表示年份。L_S 与 P_S 分别代表标准人口（或参照人口）中 15—59 岁组人口数与总人口数，L_S / P_S 为标准人口中 15—59 岁人口比例，则 GDP_t 为含有人口红利因素影响情形下的 t 年的实际 GDP，而 GDP_t^S 为不含有人口红利因素影响情形下的 t 年的理论 GDP。因此人口红利对 GDP 的贡献率计算公式如下：

$$人口红利因素对 GDP 的贡献率 = \frac{GDP_t - GDP_t^S}{GDP_t} * 100\% \qquad 式(1\text{-}2)$$

其利用 1978—2006 年数据进行研究的结果表明：改革开放之初的 1978 年，处于人口负债阶段，此时人口年龄结构因素或人口红利对中国经济增长是不利的。人口红利因素对 GDP 的贡献为负。然而，伴随着人口转变的持续进行，中国的人口年龄结构也随之发生了相应的变化，突出地表现为 15—59 岁人口比例持续上升，总抚养比持续下降，人口年龄结构因素或人口红利对经济增长逐渐由阻碍作用转变为促进作用，且人口红利因素对 GDP 的贡献量与在 GDP 中所占份额均持续增加。特别是进入 21 世纪以来，中国 GDP 中有超过十分之一是由"人口红利"因素所创造的，到 2006 年时人口红利因素贡献率达 13.36%。

第二章　计划生育政策与家庭发展：
新型人口红利的基础

　　家庭是人类婚姻制度形成以后出现的社会组织，是基于婚姻、血缘和收养关系而形成的人类最基本、最重要的社会组成和基本单元。家庭的发展与变迁一般都是与社会经济发展相适应的结果，不可能有孤立于社会变化之外的存在。从 20 世纪初开始，中国社会就一直处于变化与改革之中，逐步从自给自足的小农经济社会走向市场经济全球开放的社会，从农业社会走向工业社会、城镇化社会。中国传统家庭正经受着科技革命带来的经济浪潮，社会的急剧转型，观念的巨大转换，导致中国传统的家庭结构、家庭规模、家庭关系和家庭功能全方位的变化，其中计划生育政策是影响家庭发展最为直接，也是最为重要的因素。由于人口红利所导致的经济增长优势首先在家庭层面取得，包括低抚养比及人口预期寿命提高导致家庭储蓄增加、妇女劳动参与率提高、家庭成员健康投资增加而提高家庭生产力等。因此，要更全面地理解和解释我国计划生育政策的社会经济效应，应首先了解我国计划生育政策的家庭经济效应，如家庭生育意愿、生育行为、家庭结构和规模变化等，在此基础上考察我国的劳动力市场结构、社会人力资本及储蓄状况，并为计划生育政策的完善提供理论和经验指导。

第一节　计划生育政策与生育意愿

　　由于改革开放以前国民经济发展的长期停滞和人口的不断增长使中国处于马尔萨斯的"均衡陷阱"中，人口总量也一度被指责为束缚中国经济发展的羁绊（蔡昉，2001）。自 20 世纪 70 年代开始，我国实行严格的计划生育政策，以控制人口数量为主要目标。进入新世纪后，除了继续稳定低生育率水平以外，计划生育政策还致力于提高人口素质，调整人口性别比例，帮扶计划生育困难家庭，逐步确立了以提高家庭发展能力的政策目标。生育政策的每次调整，都是基于当时人口与经济、社会、资源环境相适应的要求。

一、计划生育政策与家庭生育意愿

生育行为本质是一种家庭行为和社会行为。在具备避孕节育知识和没有政府干预的情况下，夫妻双方是否生育和生育多少、生男还是生女主要取决于经济发展水平、社会文化因素。夫妻双方生育的行为同样是自身理性判断的结果，是追求自身利益最大化的选择，这里的利益既包括经济方面的，比如增加家庭收入或者减轻家庭负担，也包括社会文化方面的，比如传宗接代、养儿防老等。只有在生育孩子的数量、性别达到自身期望值后才会放弃再生育。我国出生人口性别比之所以长期偏高（尤其在农村），就是对男孩效用价值高于女孩而认知和选择的结果。选择少生优生的夫妻，得到的是家庭负担轻、孩子教育质量高、时间和精力多等，放弃的是家庭劳动力减少、养老负担轻、多子女带来的快乐等；选择多生育的夫妻，得到的是人丁旺盛、家庭劳动力多、缴纳社会抚养费等，放弃的是抚养负担轻、空闲时间少、家庭生活质量高等。转变人们的生育意愿的关键在于改变人们对生育行为的机会成本和心理收益的评价，特别是要改变生育行为的机会成本和心理收益预期。必须承认，我国在短时期内实现人口再生产类型历史性转变的主因，靠的是政策的强制性。

新中国成立伊始主要实行鼓励生育的政策导致 20 世纪 50 年代和 60 年代人口高速增长。70 年代以来，中国逐步实行计划生育政策，生育水平大幅度下降，至 90 年代，育龄妇女的生育水平已基本降到更替水平以下，中国成功地控制住了人口的迅猛增长。

二、生育意愿与总和生育率

生育意愿是指个人在生育子女方面的愿望和要求，体现在对生育孩子数量、时间、性别、素质等方面的期望。通俗地说，也就是什么时间生、生什么、生多少。顾宝昌（1992）在分析"生育的三维性"中指出，任何一次生育行为都包括数量、时间和性别三个方面。因此，本部分将从意愿生育数量、意愿生育时间和意愿生育性别三个方面描述家庭生育意愿的变迁。

由于生育意愿带有较大的主观性，没有确切的统计指标进行核算。Bongaarts 提出在生育转变过程中，生育意愿与生育行为的变化规律相一致，即在生育率处于高水平时，实际生育水平往往高于理想子女数，而生育率较低时，实际生育水平往往低于理想子女数。总和生育率，指一定时期（通常是一年）各年龄组妇女生育率的合计数。它是研究平均每个妇女一生中生育了多少孩子数的指标。我们将结合总和生育率水平来推算生育意愿水平。

家庭是社会的细胞，家庭的生育意愿影响着社会的生育水平。我国传统的生育观，就是几千年逐渐形成的占统治地位的生育观。其内容主要是：传宗接代、重男轻女、多子多福和早婚早生。然而，自20世纪70年代在全面推行"晚、稀、少"的政策以来，人们的生育观念发生了较大变化。

（一）生育数量由"多生"转变为"少生"

1949年在新中国成立初期，中央政府并不知道我国有多少人口，仅仅是沿用了国民政府时期4.75亿的统计资料。抗美援朝战争也使人们更容易看到人口增长的正面影响而忽视了负面影响。同时，经历了战争的重创，生产力亟待恢复，劳动力短缺这一问题尤为明显。此时期中国处在一个鼓励生育的阶段，不仅鼓励，还严格限制了绝育手术和人工流产。如1950年4月20日发布的《机关部队妇女干部打胎限制的办法》，规定除了严重影响母体和胎儿生命安全的6种情况之外，禁止打胎。这个时间段，人们的生育意愿保持着较高的水平。随后一段时期，虽然国家提倡男女平等，并逐渐在城市和部分农村地区开展节育宣传活动，但由于经济发展水平低、宣传力度、执行强度不够等原因，中国传统的"多子多福"、"重男轻女"、"传宗接代"等观念仍然很强，几乎是无节制生育。如图2-1所示，在1962—1967年女性人均生育数都在6个以上，其中在1965年总和生育率最高为6.161。如表2-1所示，1960—1978年，女性人均生育数量为5个以上。该阶段，生育意愿数应该不低于该时期总和生育率。

1978年之后，全国严格实施计划生育政策，强制控制当前的生育数量，经过30余年的计划生育的强制实施，长期低生育率已经对人们的生育意愿产生了巨大影响。图2-1显示，总和生育率经过急速的下降阶段后，到90年代，女性人均生育数维持在较低的水平，为2.33个。从妇女生育水平下降的轨迹可以看出，人们的生育意愿已经由希望多生转变为少生，生育意愿得到严格的控制。

步入新世纪后，计划生育政策适时的松动，倾向于四位一体的综合治理时期，但是，生育观念已经发生转变，生育意愿也没有随着增加，而是稳定在更低的水平。此时总和生育率仅为1.06，远低于更替水平。

如图2-1所示，总和生育率呈现出明显的阶段性，1968—1978年以及1990—2000年分别为总和生育率急速下降的两个阶段，1960—1968年、1978—1988年以及2000年以后至今这三个阶段处于不同水平的平稳期。同时，有研究表明我国生育意愿也呈现出明显的阶段性特征，理想子女数经历了20世纪80年代的较高水平、90年代快速下降、2000年至今稳定在较低水平的三个阶段。20世纪80年代

平均理想子女数为 2.13 人，90 年代降至更替水平 2.1 以下，2000—2011 年下降为
1.67 人（侯佳伟、黄四林、辛自强等，2014）。

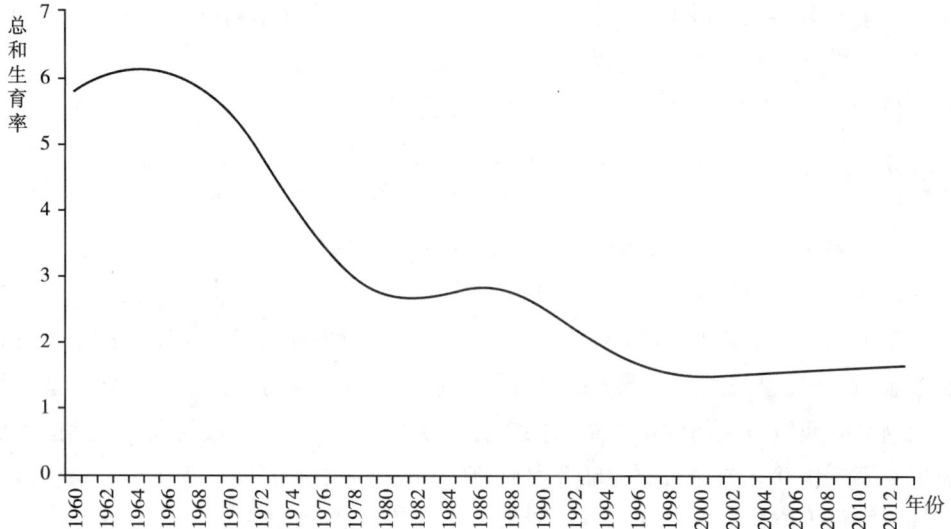

图 2-1　1960—2013 年总和生育率

表 2-1 显示，1978 年以前，总和生育率为 5.25；1978—2000 年之间，总和生
育率降为 2.33；2000 年之后总和生育率为 1.06，远远低于更替水平。三个历史阶
段总和生育率呈现出依次降低的层次阶梯。

表 2-1　　　　　　　　　　　　　不同阶段的总和生育率

阶　　段	总和生育率（女性人均生育数）
1960—1978 年	5.254056
1978—2000 年	2.332304
2000—2013 年	1.065154

资料来源：世界银行

目前，中国人理想子女数已经较少，如果中国人按照平均理想子女数 1.67 人
的水平生育子女，中国的生育水平将继续处于低于更替水平的状况。中国已经进入
生育水平低于生育意愿的阶段，实际生育子女数将少于理想子女数。

（二）生育时间由"早婚、早育"转向"晚婚、晚育"

在生育领域，我国传统社会一直以来以生育男孩和多胎生育需求为生育文化的基本特征。计划生育以前，早婚早育现象很普遍，尤其是在农村地区。早婚就很有可能早育，早育就有可能多育。这也是人口迅速增长的原因之一。计划生育政策规定晚婚晚育，这既控制了人口数量，也提高了人口质量。随着经济的发展，广大妇女走出家庭参加社会劳动，推迟了结婚时间，同时也推迟了生育时间。经过三十来年的努力，人们逐渐养成了晚婚晚育的习惯和风气。从初婚年龄看，1970 年全国女性早婚比例高达 47.89%，1979 年降到 12.53%。与此同时，改革开放三十多年间，人们的初婚年龄也发生了很大变化。如图 2-2 所示，20 世纪 80 年代我国初婚年龄曾一度逐年下降，但自 90 年代以来初婚年龄开始逐步上升。1980 年我国人口初婚年龄为 23.78 岁，1990 年我国人口初婚年龄下降至 22.79 岁，十年间累计下降 1 岁。而 1998 年高峰拐点之后初婚年龄基本呈现"稳中有升"的局面，至 2010 年人口初婚年龄为 24.85 岁，累计上升 2.06 岁。

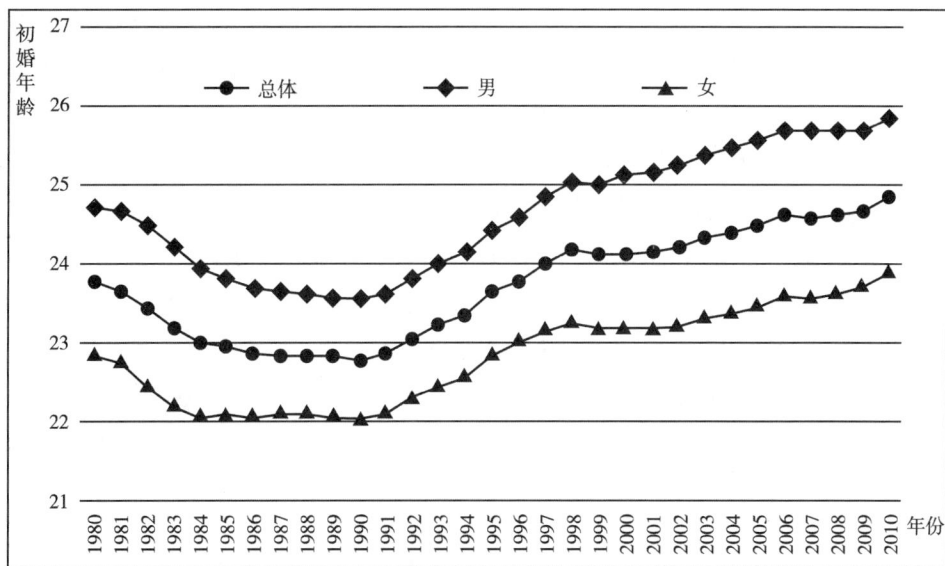

图 2-2　初婚年龄趋势图

数据来源：国家统计局 2010 年第六次全国人口普查

1980—2010 年，分性别考察可以发现男女两性初婚年龄呈现相同的"V"形态势。其中男性初婚年龄由 1980 年的 24.72 岁，下降至 1990 年的 23.57 岁，2010

年上升至 25.86 岁，累计上升 2.29 岁；女性初婚年龄由 1980 年的 22.88 岁，下降至 1990 年的 22.02 岁，2010 年时上升至 23.89 岁，20 年间累计上升 1.87 岁。总体上，男性初婚年龄高于女性，同时上升幅度也高于女性。

（三）性别上对男孩的偏好有所减弱

中国"传宗接代"的思想非常严重，再加上对劳动力的渴求、男尊女卑思想的影响，对男孩非常偏爱。新中国成立以后致力于推进男女平等，保障妇女的合法权益，妇女地位有了明显提高。与此同时，生育性别选择发生了重大变化。城市生育中重男轻女现象大大减弱；在农村，实行了以生产队为基本生产单位的人民公社制度，一度取消了家庭的生产功能，客观上起到了抑制生男偏好的作用，农民的男性生育偏好也有所减弱。改革开放以来，计划生育政策限制了生育孩子的数量，生育性别偏好在"生男生女一样好"的宣传下逐渐淡化，无论是在城市地区，还是在较发达的农村地区，出现了一些独女户。但是，一部分群众仍存有较强的生育性别偏好，形成了微观生育性别偏好加重与社会性别偏好趋于弱化之间的矛盾，体现出转型期的特点。然而，中国统计学家提供的人口统计数据却使我们得到这样一个事实：我国 1953 年、1964 年、1982 年、1990 年、2000 年和 2010 年六次人口普查出生性别比分别是 104.9、103.8、108.5、111.14 和 116.86 和 117.94。从 1982 年以来逐渐升高，并有进一步上升的趋势。

由上文可知在生育意愿方面，呈现出生育意愿数量阶段性下降的趋势。与数量偏好的变化相比，性别偏好的变化则显得较为缓慢和滞后。

一直以来，计划生育工作的主要矛盾是群众的生育意愿与国家生育政策之间存在差距。我国从 20 世纪 70 年代开始实行计划生育，经过几十年的努力，加之改革开放以来社会经济的发展以及人民生活水平的提高，群众的生育意愿和生育行为发生了很大变化，生育意愿与国家现行生育政策之间的差距日益缩小。生育政策的调整与生育意愿之间密切相关。意愿生育水平高，则限制生育的政策还有实际意义，否则，生育政策很难再作用于生育意愿。

第二节　计划生育政策与家庭规模

在近一个世纪中，中国的家庭在经历了社会深刻的变革的同时也打上了鲜明的时代烙印。家庭变迁内嵌于社会转型和变迁之中，家庭的规模、结构、功能等都发生了巨大的改变。但是在以往的研究中，显然忽视了人口要素对家庭发展影响的重要性。计划生育政策的实施对家庭的直接影响是家庭子女数量的减少，从长期来看还会影响家庭人力资本状况、家庭社会网络等，继而对家庭的发展能力产生影响。

一、家庭规模小型化

本部分的研究对象是家庭户。它是指具有婚姻、血缘或收养关系，且居住在一起的人，以及极少数非亲属成员组成的社会基本单元。家庭户成员数量的多少被称为家庭户规模。家庭规模可以从家庭成员的数量和不同规模家庭的构成比例两个方面进行分析。

（一）家庭成员数量减少

在《中国乡村人口问题之分析》一书中，言心哲（1935）认为，中国农村家庭，大都是大家庭，所谓大家庭制度者，纵的方面，上有祖父母、伯叔祖父母、父母，下有子女侄孙等；横的方面，有兄弟姊妹、堂兄弟姊妹、妯娌等。传统的中国式大家庭在计划生育强有力的实施下，家庭户均人口规模不断缩小，已由1982年的户均4.41人缩小到2012年的3.02人。独生子女已非常普遍，"4+2+1"三代直系亲属结构家庭不断涌现。在1953年新中国第一次人口普查中，家庭户规模为4.33人。

表2-2　　　　　　　　**不同年份家庭成员数量情况（单位：人）**

年　　份	1953	1964	1982	1990	2000	2010
家庭成员数量	4.33	4.43	4.41	3.96	3.44	3.10

资料来源：国家统计局人口普查

1964年第二次人口普查时，正是鼓励生育的时期，家庭平均户规模有所回升，是新中国成立以来最大的，达到4.43人，但亦未逾5人；1990年经历了十几年严格的计划生育政策执行，家庭平均人口首次降至4人以下。2000年之后计划生育政策得到放宽，2000年家庭户均人口规模略超过3.4人，但是经过计划生育几十年的有效实施，生育观念的改变，生育率的降低，家庭户均人口规模水平2000年之后保持稳定下降趋势，2010年仅为3.1人（图2-3）。

从时间段的角度分析，1953—1982年中国家庭规模略有上升，增长率为1.85%，1982—2000年严格实施计划生育期间，家庭成员数急剧减少，下降率为22%，2000—2012年下降率仅为12.2%。可见，随着时间的推移，家庭规模缩小

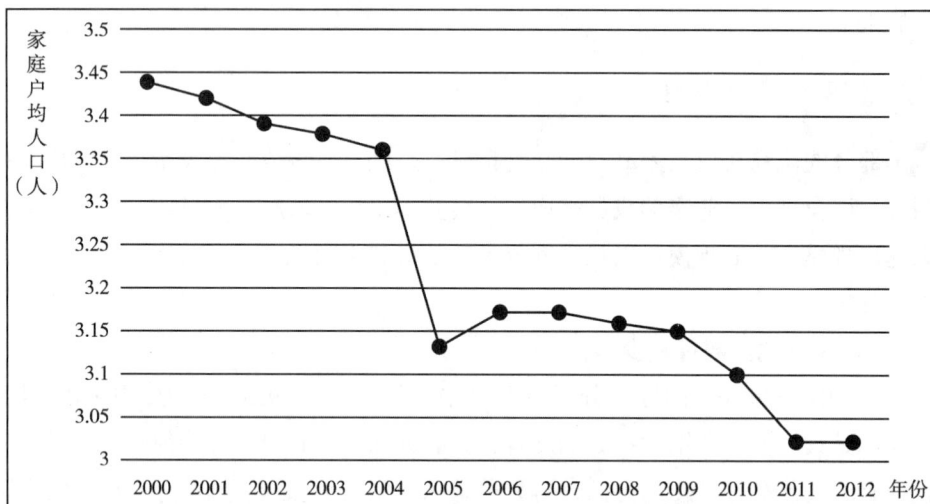

图 2-3 2000—2012 年中国家庭户规模的动态变动趋势

资料来源：人口统计年鉴

幅度有增大的趋势。

（二）不同规模家庭的构成比例趋向小型化

纵观中国数千年的文明历史，长期以农业和家庭手工业为主的经济结构和自给自足的生产方式使家庭人口具有人多优于人少的特性，故中国历来崇尚多子女的大家庭。但是，在 20 世纪早期缓慢的现代化进程中，特别是 80 年代初计划生育项目和政策实施以来，家庭户规模日趋缩小。在统计的全部家庭中，一、二、三人家庭户所占比例均出现了上升，而四、五、六人以上家庭户所占比例则相应都下降。

如表 2-3 所示，1982 年一人户家庭户数占比 8.00%；二人户家庭户数占比 10.06%；三人户家庭户数占比 16.05%；四人户家庭户数占比 19.56%，；五人户家庭户数占比 18.36%，六人户及以上家庭户数占比最高为 28.03%。此时，大型规模家庭在总体家庭中的构成比例较高。

1990 年一人户家庭户数占比 6.03%；二人户家庭户数占比 11%；三人户家庭户数占比 23.70%；四人户家庭户数占比 25.80%；五人户家庭户数占比 17.80%，六人户及以上家庭户数占比最高为 15.40%。三、四人家庭户所占比例逐步上升，而五、六人以上家庭户所占比例减小。

表 2-3 不同年份不同规模家庭户户数占比情况（单位:%）

	1982 年	1990 年	2000 年	2010 年
一人户家庭户户数	8.00	6.03	8.30	14.53
二人户家庭户户数	10.06	11.00	17.00	24.37
三人户家庭户户数	16.05	23.70	30.00	26.86
四人户家庭户户数	19.56	25.80	22.00	17.56
五人户家庭户户数	18.36	17.80	11.79	10.03
六人户及以上家庭户户数	28.03	15.40	7.35	6.65

资料来源：国家统计局网站 1982 年、1990 年和 2000 年全国人口普查抽样数据。

2000 年一人户家庭户数占比 8.30%，有上升趋势；二人户家庭户数占比 17%；三人户家庭户数占比 30%；四人户家庭户数占比 22%；五人户家庭户数占比 11.79%，六人及以上户家庭户数占比 7.35%。其中，三人户家庭户数取代了部分四人户家庭户数，其所占比例最高，二人户家庭户数占比稳步上升，然而六人户及以上家庭户数占比跌破 10%。

2010 年一人户家庭户数占比 14.53%，较 1990 年翻了一倍多；二人户家庭户数占比 24.37%；三人户家庭户数占比 26.86%；四人户家庭户数占比 17.56%；五人户家庭户数占比 10.03%；六人户及以上家庭户数占比 6.65%。其中，三人户家庭户数占比最高，与二人户家庭户数占比相差不大，一人户家庭户数占比在稳步上升，相反，四人户家庭户数占比呈下降趋势。

二、家庭户结构简化

一个社会的人口可以分为不同的世代，社会是在世代更替中发展的。世代的划分可以基于年龄，或基于赡养与抚养关系，也可以基于共同经历，即把经历了某一共同事件、在社会特征上具有同质性并且在心理上产生认同感的一批人划分为一个世代。

由于历史上的生育率波动和 20 世纪 70 年代以来实行计划生育政策，尽管人们的寿命不断延长，但人们观念的改变、生活水平的提高、住房条件的改善和生育水平的下降，使家庭的世代数减少，结构简化，多代同堂的现象越来越少。

一代户（包括单身户）的比例在 1982—2010 年期间大幅提高，由 1982 年的 13.69% 上升到 2000 年的 21.97%，2010 年进一步上升到 34.18%（见表 2-4）。相反二代户在 2000 年之前稳中有降，尤其是 2000 年之后，到 2010 年下降为 47.83%。三代及以上家庭户的比例在 18% 左右波动。尽管核心家庭是中国社会的主流，但三代及以上扩展家庭户仍占较大的比例，三代家庭在中国家庭户中占据重要位置的基础。

可见，若从世纪的角度考察家庭代数，一代户和单身户的显著增加，是 20 世纪 90 年代中国家庭结构的重大变化，将对家庭关系产生深远影响。中国传统家庭以亲子关系为核心，而在一代户中，不论是尚未生育，还是子女已成年离家，夫妇关系将成为核心。

表 2-4　　　　**1982—2010 年中国家庭户不同类型占比情况**（单位:%）

	1982 年	1990 年	2000 年	2010 年
一代户	13.69	13.36	21.97	34.18
二代户	67.28	68.34	68.03	47.83
三代及以上户	18.80	18.30	19.00	17.99

资料来源：1982 年、1990 年、2000 年和 2010 年全国人口普查资料

三、家庭类型多元化

由于计划生育的强制实施，家庭趋向于小型化、简单化，导致家庭的不稳定性。目前中国的家庭类型已经出现多元化的趋势，单亲家庭、隔代家庭和空巢家庭都出现了较快的增长。

近些年来，随着经济的发展以及人口流动频率的增加，隔代家庭户作为一种特殊的家庭形态，在中国的城乡日趋增多。1982 年、1990 年和 2000 年祖父母与孙子女同住没有中间一代的隔代家庭户占全部家庭户的比例分别为 0.71%、0.67% 和 1.89%，2000 年是 1990 年的 3 倍。我国隔代家庭绝大多数是中青年夫妇（父母）在外地工作，其子女与祖父母留守在农村的家庭户，这些在外地工作的中青年夫妇与他们的子女生活于其中的隔代户密切相关，在感情和经济方面，并不亚于三代直系家庭之间的代际关系，因此可以将隔代户看成是介于核心家庭与三代直系

家庭之间，而更接近于后者的一种家庭类型。

实施计划生育政策带来了家庭规模、结构和类型的变化，例如家庭日趋小型化，家庭代际关系简化，两代户成为主体，家庭的养老职能日益减弱。这种变化既是社会和经济发展的结果，也会给社会发展带来影响，主要体现在对家庭功能替代品社会需求的迅速增长，以及养老、子女教育等方面的问题。单亲家庭、隔代家庭和空巢家庭面临着一些特殊问题，也会给其家庭成员及社会造成负面影响。

第三节　计划生育政策与劳动力市场结构

计划生育政策直接影响人口年龄结构变动，对劳动力的影响体现在两个方面：一是对劳动力供给数量和劳动力市场参与的影响；二是对全社会人力资本积累的影响。本节内容将探讨计划生育政策对劳动力市场的影响。

年龄结构与劳动力供给之间呈现出"倒 U 形"关系，人口年龄结构的变化必然引起劳动力供给总量的变化，较高的劳动年龄人口比例往往带来较高的劳动参与率。例如，在高生育率年份出生的孩子进入劳动年龄阶段后，劳动供给大大增加。

中国正在同时经历着人口结构的快速变迁和经济快速发展的过程，劳动力市场的变化将决定未来我国经济的发展变化。

一、人口年龄结构的阶段性变化

（一）劳动年龄人口比例上升

中国的人口转变并非一个自然发生的过程，而是计划生育政策推动的直接结果。由于生育政策调整对生育意愿的影响，直接导致我国生育行为的变化，以及人口结构的阶段性变化。中国的计划生育政策控制的主要是出生率，通过严格的法律和行政手段促使出生率大幅下降。在长期维持低出生率的情况下，出生率会低于人口替代率，最终引起人口分布呈现倒钟形，因此引起未成年人（0—14 岁）在整个人口中所占的比例下降。

如图 2-4 所示，人口年龄结构呈现出明显的阶段性变化。15—64 岁的人口数占总人口的比例在 1978 年之前稳定在 50%—60% 之间，而在 1978 年之后，上升超过60%，2000 年之后又上升至 70% 以上，但是 2010 年之后该年龄段的人口占比稍有下降趋势。处于 0—14 岁以上的人口数所占比例与 15—64 岁该年龄段的人口数所占比例呈现反向趋势，1978 年之前，0—14 岁人口比例稳定在 40%，与 15—64 岁年龄段人口所占比例相差约 15 个百分点，1978—2000 年，该年龄段所占比例呈下降趋势，2000 年之后下降速度更快，占比低于 20%。2003 年之后 15—64 岁人口占比与 0—14 岁人口占比相差 50 个百分点。而处于 65 岁及以上年龄段的人口比例稳步上升。

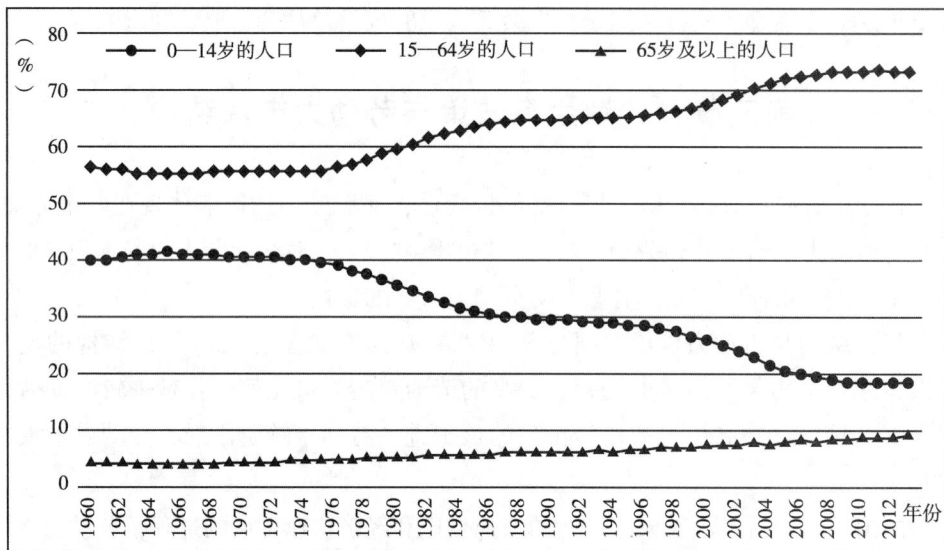

图 2-4　人口年龄结构趋势图

数据来源：世界银行网站

（二）各年龄段占比阶段性变化

如表 2-5 所示，我国 0—14 岁人口数在各阶段所占比例呈下降趋势，1960—1977 年 0—14 岁人口所占比例为 40.58%，1978—2000 年所占比例为 30.29%，2001—2014 年所占比例仅为 19.34%，后期相比前期均下降约 10 个百分点。然而，15—64 岁人口数在各阶段所占比例呈上升趋势，1960—1977 年 15—59 岁人口所占比例为 55.72%，1978—2000 年所占比例为 64.35%，较前期上升 8 个百分点，2001—2014 年所占比例为 72.76%，较前期同样上升超 8 个百分点。同样，65 岁及以上的人口数所占比例逐步提高，1960—1977 年 65 岁及以上人口所占比例为 3.70%，1978—2000 年所占比例为 5.37%，上升 1.67%，2001—2014 年所占比例为 7.90%，上升幅度高于前一阶段，为 2.53%。

从国际角度对比亚洲相关国家之间分阶段各年龄段人口所占百分比情况（见表 2-5），可以发现中国、韩国与新加坡人口发展情况相似，0—14 岁年龄段人口随着时间的推移，其占比稳步下降；相反 15—64 岁年龄段人口呈现上升趋势，在 2001—2014 年间均达到 70% 以上，劳动力人口充沛；65 岁及以上人口所占比例均稳步上升，其中韩国在 2000 年之后老年人所占比例上升速度快于中国与新加坡。同时，印度每个年龄段在各阶段所呈现的趋势与上述三个国家相同，但是速度偏缓，老龄化速度较低。日本的人口情况相对特殊，15—64 岁劳动力人口百分比相对比较稳定，略有下浮；65 岁及以上老年人人口数量大幅上升，2000 年以后占比达到 20% 以上。

表 2-5　　　　　　　各国分阶段各年龄段所占百分比（单位:%）

国　家	0—14 岁			15—64 岁			65+岁		
	阶段一	阶段二	阶段三	阶段一	阶段二	阶段三	阶段一	阶段二	阶段三
中国	40.58	30.29	19.34	55.72	64.35	72.76	3.70	5.37	7.90
韩国	40.85	27.26	17.49	55.66	67.66	72.35	3.49	5.08	10.16
印度	40.77	37.77	31.84	55.91	58.33	63.20	3.32	3.90	4.96
日本	25.56	19.22	13.59	67.56	68.69	64.95	6.88	12.09	21.46
新加坡	39.28	23.58	18.30	57.57	70.73	72.85	3.15	5.70	8.85

＊阶段一为 1960—1977 年，阶段二为 1978—2000 年，阶段三为 2001—2014 年
资料来源：世界银行网站

（三）各年龄段占比增长率变化

图 2-5 是各年龄段所占百分比增长率的变化。65 岁及以上年龄所占比例在 1963 年之后虽有小幅波动，但增长率始终保持为正。1978—1988 年这十年增长率有所减缓，但是近几年，2012 年之后增长率又上升至 2% 以上。0—14 岁年龄段占比增长率与 15—64 岁年龄段人口占比增长率呈反向波动。1960—1978 年这一时期 15—64 岁年龄段占比增长虽有小幅波动，但是整体呈上升趋势，1978—2000 年 15—64 岁年龄段占比增长率呈 "U 形" 趋势，波动范围高于 1%。2000 年之后，15—64 岁年龄段占比增长率呈下降趋势。

总体而言，各个年龄段所占百分比反映了不同历史阶段的人口调整。虽然老年人口的比重保持着稳步上升的趋势，但是，14 岁以下以及 15—64 岁这两个年龄段的人口比重有较大的变化，与计划生育政策的调整较为吻合。

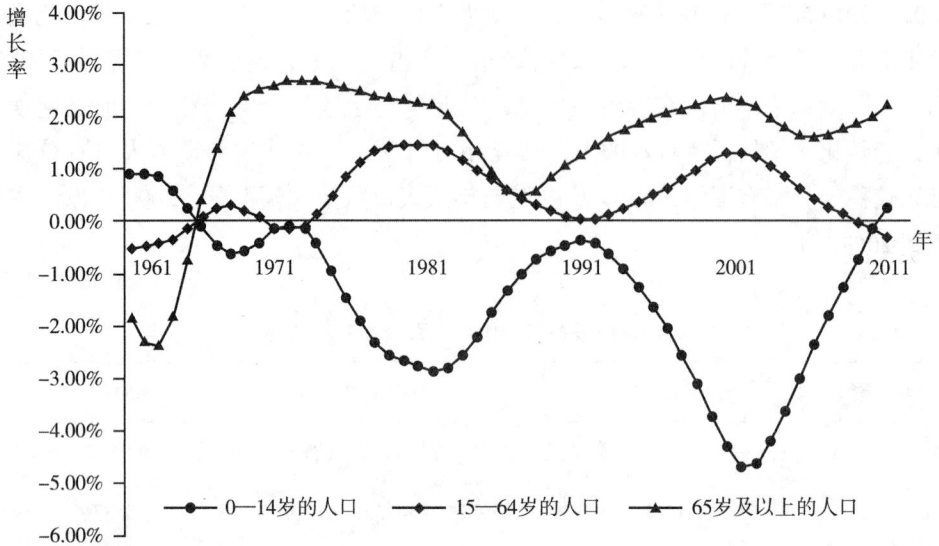

图 2-5　不同年龄段人口占比增长率趋势图

资料来源：世界银行网站

（四）少儿抚养比阶段性降低

人口抚养比也称抚养系数、人口负担系数，是指人口总体中非劳动年龄人口数与劳动年龄人口数之比，通常用百分比表示。这是指从整个社会来看，每 100 名劳动年龄人口大致要负担的非劳动年龄人口。

劳动力负担是劳动力市场参与的重要约束条件，劳动力负担的下降会带来劳动力供给的增加。一般而言，少儿抚养负担加重将损耗劳动力的劳动时间、劳动能量，甚至牵制劳动力的市场参与。在养育子女比较多的情况下，劳动力不得不消耗劳动时间，花费精力在子女抚养培育上面。

在一定时期内，少儿抚养负担的减轻可以为劳动力的市场参与"松绑"，但长期来看，少儿抚养负担的下降意味着未来具备生产性的劳动力人口减少，即劳动力规模缩小。因此，有学者认为，少儿抚养负担与劳动力供给之间存在"倒 U 形"关系，即在一定时期内市场上的劳动力供给因少儿抚养负担的下降而增加，但长期来看，劳动力供给会趋于下降。

如图 2-6 所示，我国的少儿抚养比在近几十年来整体上呈现下降趋势。1960—1977 年一直保持在 70% 以上；自 20 世纪 60 年代末及 70 年代实施计划生育政策以来，较好地控制了人口数量，少儿抚养比快速下降，2005 年少儿抚养比已经跌至 30%以下，2008 年以后至今，少儿抚养比又稳定在 25%左右。

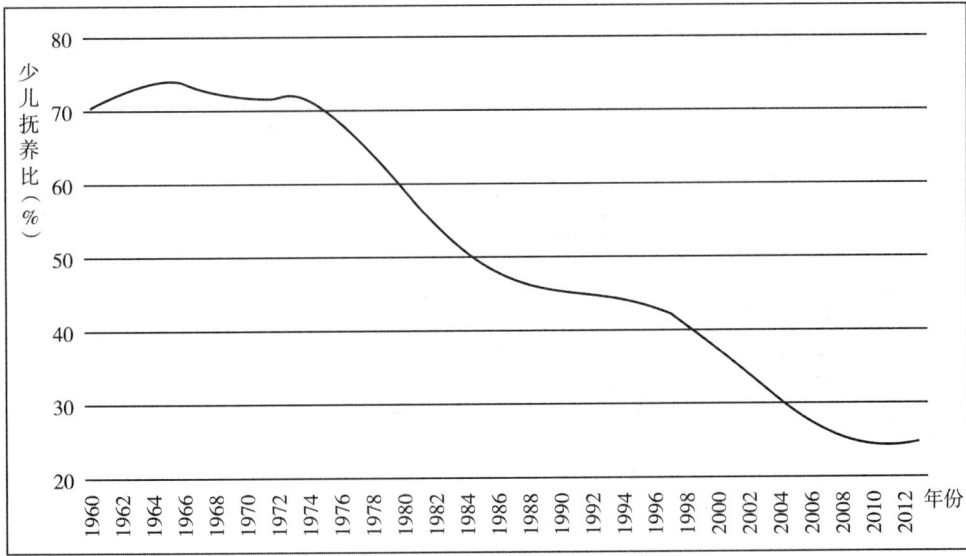

图 2-6　少儿抚养比趋势图

数据来源：世界银行网站

从 1960 年开始，劳动年龄人口的比重呈逐渐增加的趋势，少儿抚养比逐渐下降，尽管老年抚养比逐步上升（图 2-7），但是到目前为止，总抚养比仍然在下降。抚养比的下降，家庭中拥有的剩余劳动力走进市场，增加了劳动力的供给。老年人口抚养比则随着老年人口的增多呈现缓慢上升的反向动态变化趋势。

国际上一般把人口抚养比小于等于 50%称为"人口机会窗口"期，而我国正好处于这一时期。在此阶段，劳动力市场有以下三点优势：一是劳动力人口供给充分，劳动力价格比较便宜，如果就业充分，会创造出较多的社会财富；二是由于劳动力人口年龄结构较轻，使得储蓄率较高，如果资本市场健全，能将储蓄转化为投资，会加速经济增长；三是由于人口老龄化高峰尚未到来，社会保障支出负担轻，利于财富积累。

二、女性劳动参与率相对提高

Lindh and Malmberg（1999）研究表明，劳动力负担降低可以促使更多的劳动

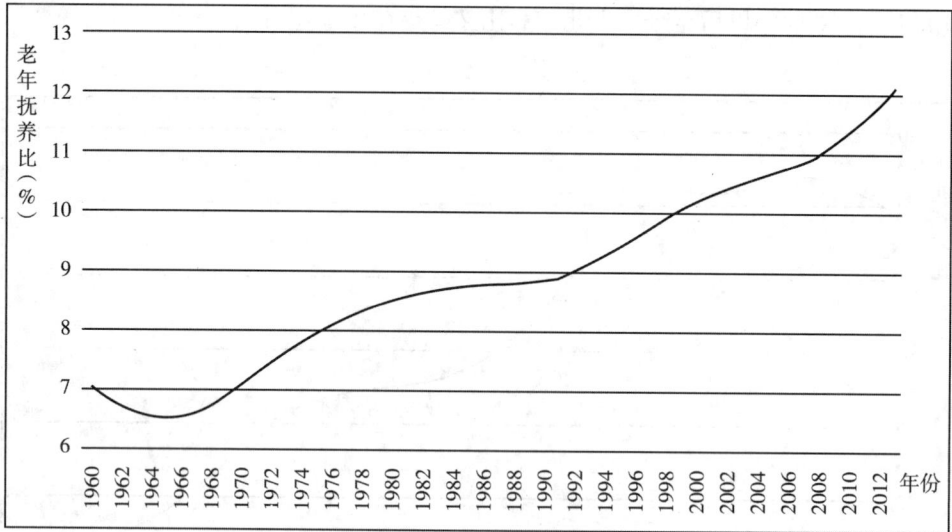

图 2-7 老年人口抚养比趋势图

数据来源：世界银行网站

力从家庭非生产性活动转移到市场上的生产性经济活动之中。Bailey（2006）的研究发现，低生育率往往与较高的女性劳动力市场参与联系在一起。因此，降低生育率，能够缩小家庭规模，减轻少儿抚养负担，可以增加劳动力的市场参与率，尤其是女性劳动力的参与率（Canning，2007）。

20 世纪 80 年代以来计划生育的严格实施，家庭中小孩数量的减少，将妇女从家庭中解放出来参与到劳动中，劳动力供给增加。如图 2-8 所示，2000 年以前女性劳动参与率一直保持较高的水平，都在 70% 以上。2000 年之后女性劳动参与率逐渐下降，但是男女劳动参与率比也在逐渐下降，表明女性相对于男性劳动参与率在不断提高。

如图 2-9 所示，与亚洲相关国家相比，同期日本、新加坡与韩国女性劳动参与率呈上升趋势，其中新加坡上升速度较快，印度从 2005 年开始出现明显下滑，而在 2010—2014 年之间日本、韩国、新加坡及印度女性劳动参与率皆保持稳定状态。以此同时我们发现，尽管中国女性劳动参与率从 1990 年开始呈下降趋势，但与日本、韩国、新加坡及印度相比，中国女性劳动参与率处于较高的水平。我国较高的女性劳动参与率对于经济增长的贡献值得相关研究关注。

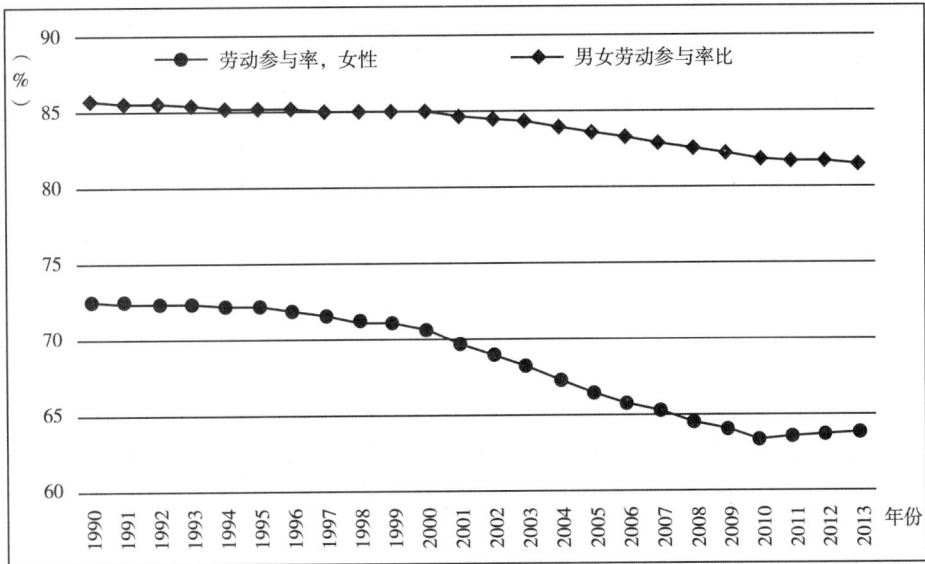

图 2-8 女性劳动参与率以及男女劳动参与率比趋势图

*劳动参与率, 女性 (占 15 岁以上女性人口的百分比) (模拟劳工组织估计)

数据来源: 世界银行网站

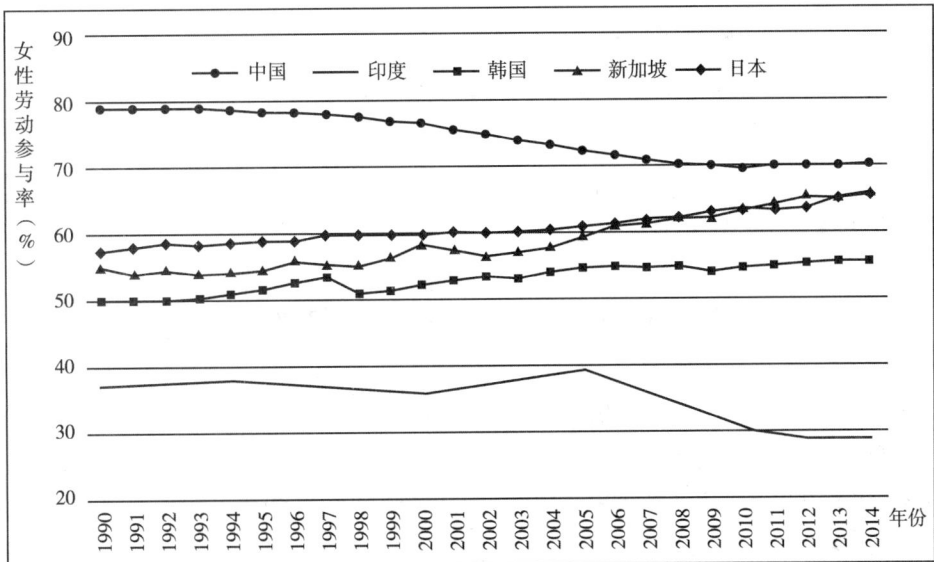

图 2-9 各国女性劳动参与率趋势对比图

*劳动参与率, 女性 (占 15—64 岁女性人口的百分比) (模拟劳工组织估计)

数据来源: 世界银行网站

三、农业就业人员比例下降, 工业就业人员比例上升

计划生育政策的执行, 带来年龄结构的变化, 带来农村大量的剩余劳动力投入到农业生产中。如图 2-10 所示, 1980 年, 农业就业人员比重约 70%, 而工业就业人员比重只有 20%。随着市场化进程的加快, 大量的农村劳动力流入城市, 农业就业人员占比下降, 工业就业人员占比上升, 到 2010 年农业就业人员比重比工业就业人员比重高出 5 个百分点。

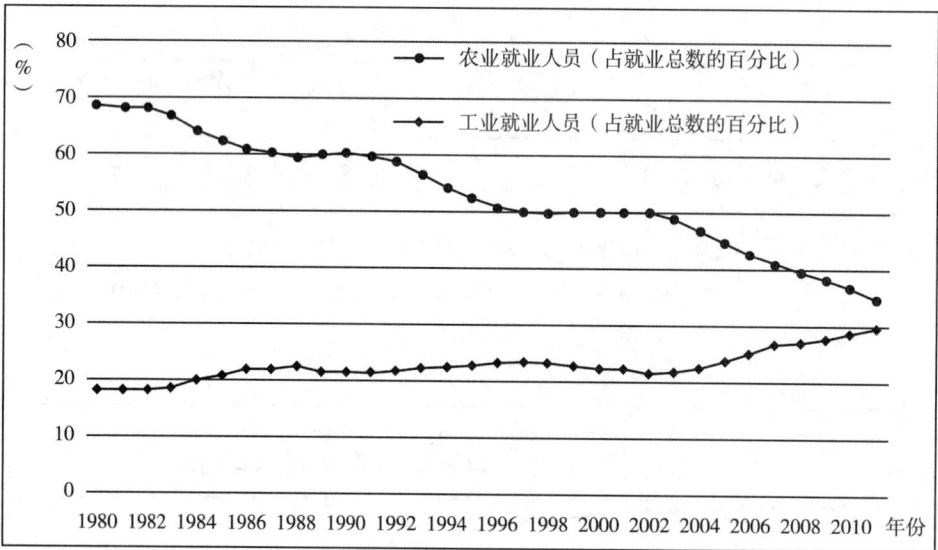

图 2-10 工、农就业人员占比趋势图

数据来源: 世界银行网站

第四节 计划生育政策与人力资本及储蓄

人口转变不仅影响劳动力供给和市场参与, 同时也影响人力资本积累和劳动生产率。就一个人的一生而言, 不同阶段的劳动生产率有所差别, 通常的情况是刚进入劳动力市场时的劳动生产率相对较低, 以后随着经验的积累劳动生产率会逐步提高, 接近退休阶段时劳动生产率会停滞甚至下降。在某一时期, 劳动生产率的年龄分布呈现"峰形"分布 (Faruqee, etal., 2003)。

除了生命周期传导机制外, 年龄结构还可能通过人力资本渠道影响经济增长, Andersson (2001) 提出"年龄结构-人力资本-经济增长"假说。该假说认为, 年

龄结构的变化通过人力资本这一中间变量影响经济增长，人力资本的积累在劳动力年龄阶段达到高峰，所以一个国家或地区的人力资本存量依赖于这个国家的劳动力资源变化。本节我们简单描述我国人力资本及人均储蓄的变化趋势，第三章则重点分析计划生育政策对人力资本积累的作用机制，并实证分析计划生育政策对人力资本积累的贡献。

一、人力资本变化

当前中国经济的高增长很大程度上依赖计划生育政策的实施，单个家庭随着少年抚养比的下降由追求数量逐渐转变为追求质量，提高了子女的人力资本。整个社会随着财富积累增加逐渐增大对教育、医疗等方面的投入，人力资本提高以及医疗进步引致的预期寿命增加反过来进一步对经济增长产生影响。

（一）出生预期寿命大幅提高

如图 2-11 所示，从全国范围来看，医疗卫生总支出自 1995 年以来虽稍波动，但整体上呈上升趋势，2009 年之后医疗总支出占 GDP 的比重超过 5 个百分点，并且占比上升速度较快。

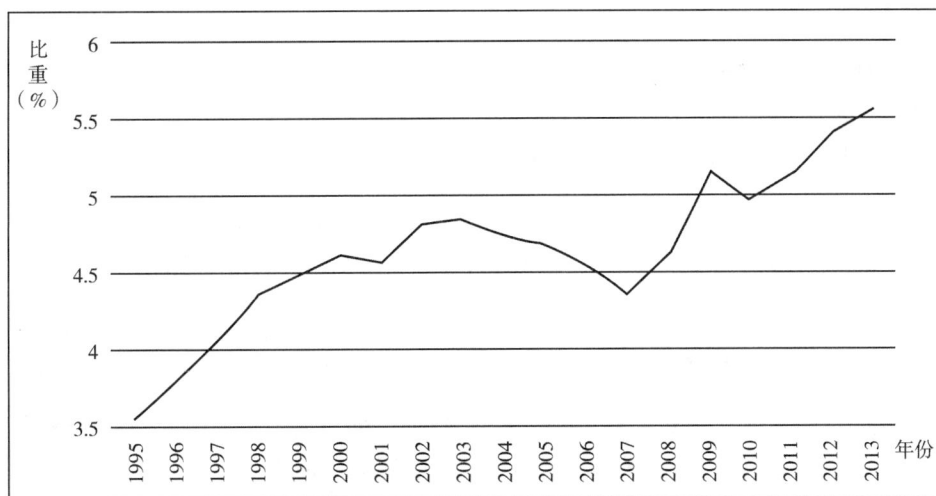

图 2-11　医疗卫生总支出占 GDP 比重

数据来源：世界银行网站

虽然我国医疗卫生总支出整体呈现上升态势，但是该比重远低于亚洲其他较为发达国家（日本、韩国）。如图 2-12 所示，日本医疗卫生总支出占本国 GDP 比重远远高于其他国家，并且呈现出明显的上升趋势。韩国在 1997 年之后医疗总支出占比超过中国，增长速度也远远大于我国。

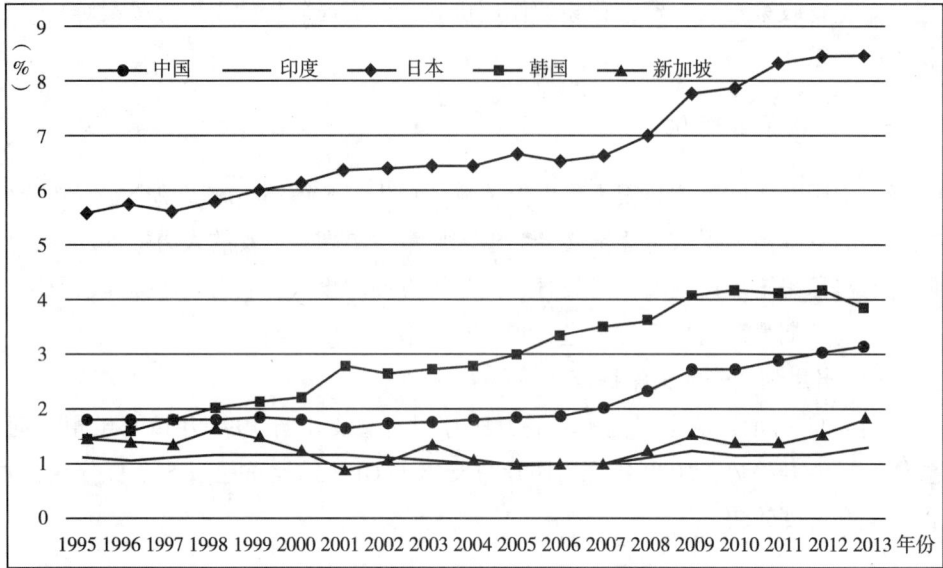

图 2-12　各国医疗卫生总支出占 GDP 比重

数据来源：世界银行网站

家庭、政府等对医疗卫生支出增加的同时，我国居民的预期寿命也随之延长。如图 2-13 所示，1960—1978 年，我国总人口出生时预期寿命快速提高，1978 年之后呈稳定上升趋势。1960 年出生时预期寿命约为 44 岁，1978 年预期寿命上升为 66.5 岁，而 2011 年出生预期寿命已达 75 岁。

（二）受教育程度增加

我国近几十年来的人口政策与社会经济的飞速发展，孩子质量替代数量的现象已相当普遍，孩子教育偏好相对独立与稳定。从家庭层面来看，少儿抚养负担的下降使家庭生育目标从"数量导向"转向"质量导向"，促使家庭资产用于子女健康和教育投资，以利于储备人力资本。

家庭规模的小型化，子女稀少，更多的父母重"质"而不重"量"，对小孩的教育支出也相应的增加。同时，政府对教育支出的增加，上升至 GDP 的 8%，而劳动力所受的教育程度也有所提高。

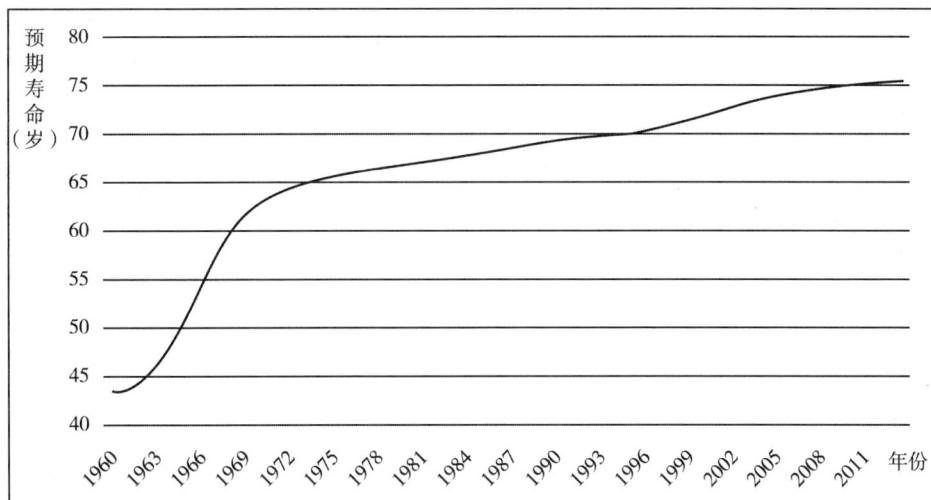

图 2-13　出生时的预期寿命

数据来源：世界银行网站

如表 2-6 所示，小学入学率从 1990 年至 2013 年较为稳定，稍有波动，而中学入学率则稳步上升，1990 年入学率仅为 37.77%，2006 年中学入学率已达 67%，2013 年中学入学率超过 90%。

表 2-6　　　　　　　　　　　　　　小学、中学入学率

年　　份	小学入学率（占总人数的百分比）①	中学入学率（占总人数的百分比）
1990	128.5288	37.7703
2006	118.7661	67.0382
2007	123.4636	71.2555
2008	127.6834	75.3788
2009	129.4568	79.1764
2010	128.8551	83.1287

---

①　按照世界银行的计算方式，小学总入学率是指无论年龄大小，小学的总入学人数与官方规定的小学适龄总人口的百分比值。总入学率可能超过 100%，因为分子包含了较早或较晚入学及复读的超龄和小龄学生。

续表

年　　份	小学入学率（占总人数的百分比）①	中学入学率（占总人数的百分比）
2011	127.9497	86.6122
2012	127.8521	88.9780
2013	126.4163	92.4091

数据来源：世界银行网站

二、人均储蓄上升

在改革开放期间，中国恰好也处于有利的人口年龄阶段，经济活动人口比例高且劳动参与率较高，经济活动中的剩余总量也大。这一人口红利帮助中国在这期间达到了高增长率。如图 2-14 所示，1978 年之后，除 1989 年至 1992 年略有下降外，总体上人均储蓄稳步上升，且增长速度较快。同时，我们发现总抚养比迅速下降与人均储蓄的快速上升几乎同时发生，两者的变化率密切相关。

在很多有关居民储蓄的研究中，大多将人口结构变化以及其导致的消费行为转变的原因有意无意的归于中国的计划生育政策，从而推测计划生育政策对居民储蓄造成重大影响。

Higgins 和 Williamson 认为人口的年龄构成影响国内总投资机会，如果人口更集中在年轻成年人，那么将出现投资率高峰，相反如果更集中在处于收入高峰期的较年长劳动力，那么将出现储蓄高峰。因此，一个对国际资本市场开放的经济体，当其人口年龄结构年轻化时，国内储蓄相对于投资机会而言存在缺口，所以将倾向于从国外借钱。相反地，当一个国家处于收入高峰期的劳动力人口比例过高时，将倾向于出口剩余储蓄。

由于预期寿命延长了，养老花费也将增加，而计划生育政策破坏了家庭在养老方面的传统角色，储蓄是养老的主要手段，促使人们寻求养老的替代品，储蓄养老的观念逐渐深入人心，因而人口老龄化增加了储蓄，计划生育政策可能刺激了储蓄（袁志刚、宋铮，2000；Schultz，2004）。

在性别结构方面，则认为中国的性别比失调造成婚姻市场上的竞争性存款，有儿子的家庭推迟消费进行财富积累，而其中计划生育政策起的作用不容忽视。

计划生育政策还刺激了消费行为的转变，基于自愿减少生育补贴的人口政策对储蓄的影响应该小于那些具有同样效果的生育配额政策，比如20世纪70年代以后中国采取的计划生育政策（舒尔茨，2005），因为如果生育数量外生给定，家长的权衡就变成自己的储蓄和消费的权衡（Zhang and Zhang，2001）。Modigliani 和 Cao（2004）、殷兴山（2007）则更加明确地指出"孩子是生命周期储蓄的有效替代物"。从20世纪70年代起实行严格的计划生育政策后，作为孩子替代物的生命周期资产积累就变得更为重要。舒尔茨也承认，如果储蓄和孩子是互替的，计划生育政策对储蓄的影响应该更大。

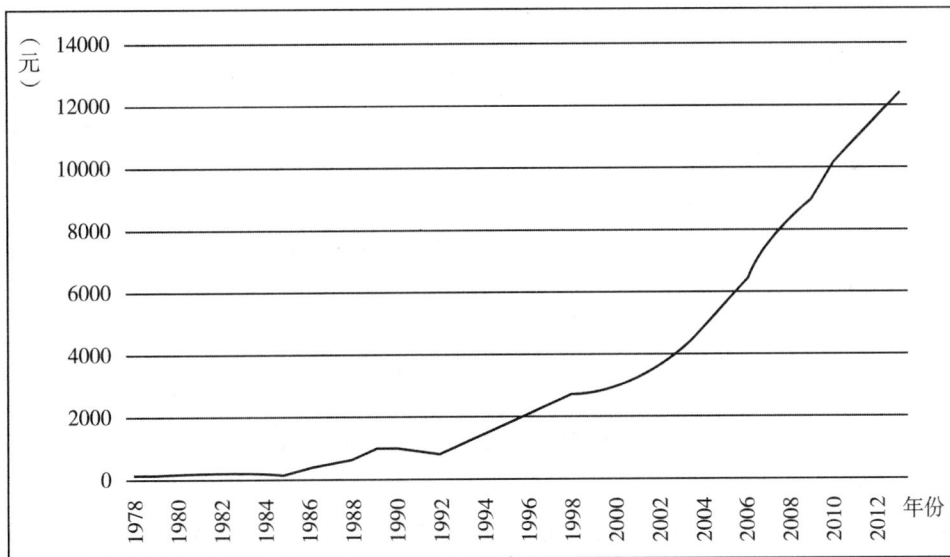

图 2-14　人均储蓄的趋势图

资料来源：世界银行网站

　　人均储蓄的增加必然带来资本的积累，如图 2-15 所示，1960—1978 年资本形成总额占 GDP 的百分比呈波动上升的趋势；1978—2000 年这个时间段，1993 年资本形成总额占比达到峰值为 44.24%，随后呈下降趋势。2000 年资本总额占比为 34%，之后该比例快速上升，近几年维持在 47% 水平上。

　　人口增长率和人口抚养比对中国经济的增长产生了显著的负向影响，从而说明计划生育政策通过控制人口出生率降低了抚养比和人口增长率，有利于人力资本的积累，为中国的经济增长做出了贡献。

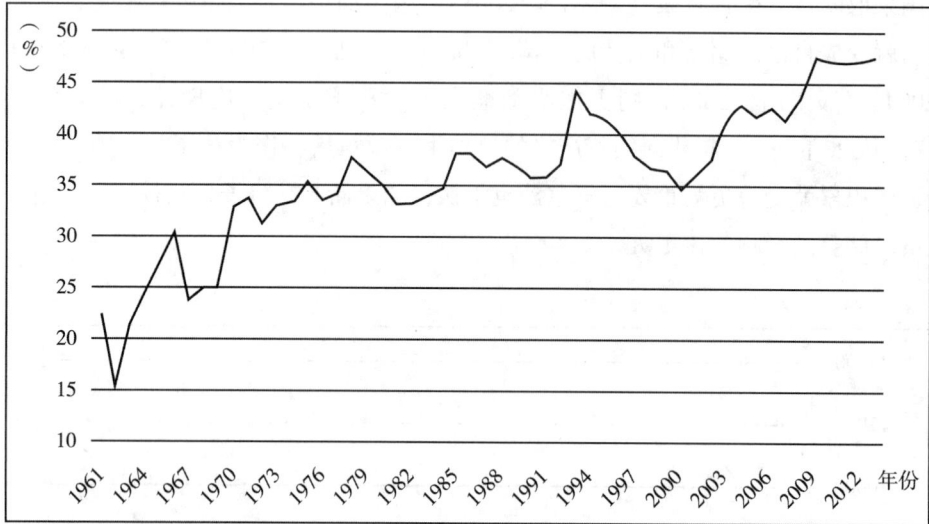

图 2-15　资本形成总额占 GDP 的百分比

资料来源：世界银行网站

第五节　计划生育政策与家庭发展的微观实证

为了从微观层面分析计划生育政策对家庭发展的影响，2015 年 7 月，我们在西部甘肃、宁夏部分农村地区进行了调研，以西部地区"少生快富"工程为例，了解计划生育利益导向政策对家庭发展的影响。调查的基本情况如表 2-7 所示。所调查的参与少生快富工程家庭数量大致占所在地区家庭的一半，其中宁夏地区参与率高于甘肃地区。

表 2-7　　　　　　西部地区参与少生快富工程家庭分布情况（单位:%）

	有效百分比	甘肃	宁夏
参与少生快富工程家庭	52.1	49.6	57
未参与少生快富工程家庭	47.9	50.1	43

46

一、"少生快富"工程与家庭生育意愿

（一）生育总量与理想生育数

如表 2-8 所示，西部地区家庭实际生育数为 1 个及以下、2 个、3 个及以上占比分别为 16.1%、57% 和 26.9%。其中，生育数为两个小孩的家庭占比最大。甘肃地区实际生育数低于宁夏地区。在甘肃地区，生育数为 1 个及以下的占总体的 21.1%，高出宁夏地区 14.7%。而生育数为 3 个及以上家庭比重，宁夏地区高出甘肃地区 16 个百分点。西部参加了少生快富工程家庭，生育数 3 个及以上小孩家庭数占比明显降低，其中甘肃地区下降 16 个百分点，宁夏地区下降 28.3%，生育数量明显减少。

表 2-8　　　　　西部地区不同家庭实际生育数占比（单位:%）

实际生育数	总　体	总体分地区		参加少生快富工程家庭	
		甘　肃	宁　夏	甘　肃	宁　夏
1 个及以下	16.1	21.1	6.4	20	5.0
2 个	57	57.5	56.2	74.6	85.9
3 个及以上	26.9	21.4	37.4	5.4	9.1

理想生育数为 1 个及以下的家庭占比为 5.4%，低于实际生育数为 1 个及以下的家庭占比。在甘肃地区，理想生育数为 1 个及以下的占总体的 7.3%，理想生育数为 2 个的占总体的 68.9%，理想生育数为 3 个及以上的占总体的 23.6%。在宁夏地区，理想生育数为 1 个及以下的占总体的 1.7%，理想生育数为 2 个的占总体的 62.2%，理想生育数为 3 个及以上的占总体的 36.1%。但是少生快富工程政策在一定程度上减少了家庭的理想生育数，其中甘肃地区下降的较为明显，反映了计划生育利益导向政策的作用（表 2-9）。

表 2-9　　　　　西部地区不同家庭理想生育数占比（单位:%）

理想生育数	总　体	总体分地区		参加少生快富工程家庭	
		甘　肃	宁　夏	甘　肃	宁　夏
1 个及以下	5.4	7.3	1.7	9.2	1.5
2 个	66.6	68.9	62.2	74.5	68.6

续表

理想生育数	总　体	总体分地区		参加少生快富工程家庭	
		甘　肃	宁　夏	甘　肃	宁　夏
3 个及以上	28	23.6	36.1	16.4	29.9

（二）初婚初育年龄

西部地区农村的调研情况表明，其初婚年龄相对较早，百分之九十左右的初婚年龄在 23 岁之前，其中 18 岁以前结婚的人数超过 40%（表 2-10）。

表 2-10　　　　　　西部地区初婚年龄占比情况 （单位:%）

	总　体	甘　肃	宁　夏
18 岁及以下	42.7	42.5	43.3
19—23 岁	46	44.8	48.4
23 岁以上	11.3	12.7	8.3

（三）性别偏好

从西部地区家庭的情况来看，西部地区对男孩的偏好程度依旧较高，计划生育利益导向政策的"少生快富"工程反而增加了必要男孩的观念（表 2-11）。家庭理想必要男孩数为 1 个的占总体的 71.7%，必要男孩数为 2 个及以上的占总体的 19.5%，认为不必要一定要生男孩的家庭占总体的 8.8%。在甘肃地区，家庭理想必要男孩数为 1 个的占总体的 70.5%，必要男孩数为 2 个及以上的占总体的 19.4%，认为不必要一定生男孩的家庭占总体的 10.2%。在宁夏地区，家庭理想必要男孩数为 1 个的占总体的 73.9%，必要男孩数为 2 个及以上的占总体的 19.9%，认为不必要一定生男孩的家庭占总体的 6.2%。参加了少生快富工程家庭，在甘肃地区，家庭理想必要男孩数为 1 个的占总体的 73.8%，必要男孩数为 2 个及以上的占总体的 16.3%，否认必要男孩的占总体的 9.9%。在宁夏地区，家庭理想必要男孩数为 1 个的占总体的 76.8%，必要男孩数为 2 个及以上的占总体的 16.5%，否认必要男孩的占总体的 6.7%。

表 2-11　　　　　　　西部地区不同家庭理想必要男孩数占比（单位:%）

必要男孩数	总　体	总体分地区		参加少生快富工程家庭	
		甘　肃	宁　夏	甘　肃	宁　夏
1 个	71.7	70.5	73.9	73.8	76.8
2 个及以上	19.5	19.4	19.9	16.3	16.5
否	8.8	10.2	6.2	9.9	6.7

如表 2-12 所示，对于男孩理想生育数为 1 个及以下的占总体的 70.4%，生育数为 2 个的占总体的 27.7%，生育数为 3 个及以上的占总体的 1.9%。在甘肃地区，对于男孩理想生育数为 1 个及以下的占总体的 70.8%，生育数为 2 个的占总体的 27%，生育数为 3 个及以上的占总体的 2.2%。在宁夏地区，对于男孩理想生育数为 1 个及以下的占总体的 69.5%，生育数为 2 个的占总体的 29.1%，生育数为 3 个及以上的占总体的 1.5%。参加了少生快富工程的家庭对于生育一个男孩的意愿明显增加。

表 2-12　　　　　　　西部地区不同家庭理想男孩生育数占比（单位:%）

男孩理想生育数	总　体	总体分地区		参加少生快富工程	
		甘　肃	宁　夏	甘　肃	宁　夏
1 个及以下	70.4	70.8	69.5	74.4	73
2 个	27.7	27	29.1	24.6	25.5
3 个及以上	1.9	2.2	1.5	1	1.5

如表 2-13 所示，对于理想女孩生育数为 0 的占总体的 11.5%，女孩生育数为 1 个的占总体的 76.3%，女孩生育数为 2 个的占总体的 11.5%，女孩生育数为 3 个及以上的占总体的 0.7%。在甘肃地区，对于理想女孩生育数为 0 的占总体的 15.8%，女孩生育数为 1 个的占总体的 73.5%，女孩生育数为 2 个的占总体的 10.3%，女孩生育数为 3 个及以上的占总体的 0.4%。在宁夏地区，对于理想女孩生育数为 0 的占总体的 3.2%，女孩生育数为 1 个的占总体的 81.7%，女孩生育数为 2 个的占总体的 13.7%，女孩生育数为 3 个及以上的占总体的 1.5%。参加了少生快富工程的家庭，在甘肃地区，对于理想女孩生育数为 0 的占总体的 18.5%，女孩生育数为 1 个的占总体的 73.8%，女孩生育数为 2 个的占总体的 7.7%，女孩生

育数为 3 个及以上的占比为 0。在宁夏地区,对于理想女孩生育数为 0 的占总体的 3.1%,女孩生育数为 1 个的占总体的 84.7%,女孩生育数为 2 个的占总体的 11.2%,女孩生育数为 3 个及以上的占总体的 1.0%。

表 2-13 　　　　西部地区不同家庭理想女孩生育数占比 (单位:%)

女孩理想生育数	总　体	总体分地区		参加少生快富工程家庭	
		甘　肃	宁　夏	甘　肃	宁　夏
0 个	11.5	15.8	3.2	18.5	3.1
1 个	76.3	73.5	81.7	73.8	84.7
2 个	11.5	10.3	13.7	7.7	11.2
3 个及以上	0.7	0.4	1.5	0	1.0

二、"少生快富"工程与家庭规模

甘肃、宁夏地区,家庭规模总体较大,如表 2-14 所示,家庭人数为 3 人及以下的小型家庭数最少,仅占 7.9%,家庭人数为 4 人、5 人、6 人和 7 人及以上的家庭占比分别为 31.8%、22.9%、24%和 13.4%。其中甘肃地区家庭规模略小于宁夏地区。两个地区家庭规模占比最大的皆为四人家庭,其中宁夏地区家庭人数为四人的占比是 41.3%,高出甘肃地区 14.3 个百分点。参加少生快富工程的家庭规模趋于小型化,其中宁夏地区政策效果更为显著。宁夏地区参加少生快富工程家庭中,5 人以上家庭占比下降 15.5%,而甘肃地区仅下降 9.7%。

表 2-14 　　　　不同地区不同家庭总人数分布情况占比 (单位:%)

家庭总人数	总　体	总体分地区		参加少生快富工程家庭	
		甘　肃	宁　夏	甘　肃	宁　夏
3 人及以下	7.9	9.2	5.5	11.1	5
4 人	31.8	27	41.3	34.8	57.3
5 人	22.9	21.4	25.5	18.9	20.1
6 人	24	27	18.3	25.2	15.6
7 人及以上	13.4	15.4	9.4	10.0	2

三、"少生快富"工程与人力资本

如表 2-15 所示，48%的家庭对子女的期待教育水平为本科及以上，占比最大，期待教育水平为大专、中专、高中的占总体的 12.8%，期待教育水平为初中的占总体的 14.1%，期待教育水平为小学及以下的占比为 25.1%。西部家庭对小孩受教育重视程度较低。

在甘肃地区，家庭对子女期待教育水平为本科及以上的占总体的 39.7%，期待教育水平为大专、中专、高中的占总体的 13.1%，期待教育水平为初中的占总体的 14.5%，期待教育水平为小学及以下的占总体的 32.7%。在宁夏地区，家庭对子女期待教育水平为本科及以上的占总体的 63.5%，期待教育水平为大专、中专、高中的占总体的 12.1%，期待教育水平为初中的占总体的 13.5%，期待教育水平为小学及以下的占总体的 10.9%。

然而少生快富工程并没有带来家庭期望受教育程度的增加，反而期望受教育程度有一定的减弱。在甘肃地区，家庭对子女期待教育水平为本科及以上的占总体的 38%，期待教育水平为大专、中专、高中的占总体的 12.5%，期待教育水平为初中的占总体的 12.5%，期待教育水平为小学及以下的占总体的 37%。在宁夏地区，家庭对子女期待教育水平为本科及以上的占总体的 61.7%，期待教育水平为大专、中专、高中的占总体的 12.7%，期待教育水平为初中的占总体的 14.2%，期待教育水平为小学及以下的占总体的 11.4%。

表 2-15　　　不同地区不同家庭对子女的期待教育水平占比（单位:%）

教育水平	总体	总体分地区		参加少生快富工程家庭	
		甘肃	宁夏	甘肃	宁夏
本科及以上	48	39.7	63.5	38	61.7
大专、中专、高中	12.8	13.1	12.1	12.5	12.7
初中	14.1	14.5	13.5	12.5	14.2
小学及以下	25.1	32.7	10.9	37	11.4

第三章　计划生育政策与人力资本积累

20 世纪 50 年代各个国家发展比较稳定，全世界人口迅速增长，呈爆炸态势，人口数量迅速膨胀对全球资源环境、生态可持续发展和社会经济造成了非常大的负面效应，全球人口数量过多已发展成为各国极其关注的重要问题。因此，各个国家纷纷对本国人口增长态势进行积极的政策控制。出于我国当时的人口数量与增长趋势以及社会发展状况，结合我国的基本国情，我们国家也制定了属于自己的人口政策。所谓的人口政策是指制定政策的相关部门在人口发展方面的意识形态，亦可以指制定政策的相关部门为了改变人口的增长态势和人口结构而制定的有关法律法规（汤兆云，2005）。从新中国成立开始到 20 世纪 70 年代，我国的人口增长呈现爆炸式的增长态势，这段时期我国政府的首要目标就是遏制我国人口的迅速增长以及人口增长率过高的人口发展态势，对此我国政府所用的措施就是对我国广大的育龄群众进行政策干预，由此我国实施了符合当时国情的计划生育政策，这是受力于国内外共同压力的产物。因此，我们国家将计划生育政策作为我国的一项基本国策长期坚定地执行。

第一节　计划生育政策内涵及发展历程

一、计划生育政策的内涵

计划生育政策的内涵可以从广义和狭义两个不同的角度来理解。我国的计划生育政策从广义上来理解是指我国政府根据国内外社会经济发展形势、人口增长趋势以及人口数量，对我国人口增长态势和人口数量结构，有计划地进行干预的一种积极主动的公共政策。具体地，有计划地对我国人口增长态势和人口数量结构进行积极主动地干预，是指我国政府部门利用他们在人民群众中的权威，以法律法规的形式来主导人民群众的生育水平，从而控制我国人口增长态势和人口数量结构，使我国的人口数量和结构与资源可持续、环境的可承受能力以及社会经济发展相协调，最终使我国的人口增长能够与资源环境和社会经济和谐发展。换句话说，我们国家坚持的计划生育政策需要因我们国家政策环境的不同而与时俱进，并且我们国家也会考虑到我国种族的多样性以及地区的差异性，从而制定不同的计划生育政策以达到和谐发展（向霜，2015）。我国的计划生育政策从广义上讲不仅包括我们国家制定的相关法律法规，还包括我国的人民群众对计划生育政策的积极参与和广泛支持。由上文可知，广义的计划生育主要适用于从新中国成立到20世纪70年代初期我国严格的计划生育政策出台前的阶段，此概念表现出的是我国实施计划生育政策的背景和前提，也是其产生的主要依据。

我国的计划生育政策从狭义上来讲主要是指在我国出现了人口高增长率以来，20世纪70年代之后，我国政府为了改变我国人口数量迅速膨胀、人口基数过大以及人口增长率过高严峻的人口发展态势而制定的相关法律法规，这里主要指的是我国政府制定的独生子女政策。具体地，该时期计划生育政策的主要内容就是：提倡晚婚、晚育、少生、优生，提倡一对夫妇只生育一个孩子（李建新，1996）。由上文可知，我国的计划生育政策主要是指从20世纪70年代开始，我国一直坚持贯彻的严格的计划生育政策，即独生子女政策。

综上所述，我国的计划生育政策内涵主要包括以下几个方面的内容：

首先，我国的计划生育政策是一种国家干预，包括各项法律法规和条文条例以及政府为了控制人口增长和人口结构的各种行政手段和工具。

其次，我国的计划生育政策是政府通过行政干预来影响育龄群众的生育数量从而实现有计划地控制人口高速增长和人口结构的政治目的。

再次，我国的计划生育政策是为了实现人口与我国社会经济以及资源环境的协调可持续发展而制定的。

最后，我国的计划生育政策是公共政策的一部分，与公共政策类似，我国的计划生育政策也将随着社会经济发展的不同需要以及我国人口数量和结构的不同而做不同的调整和改变，我国的计划生育政策是一个不断发展的与时俱进的公共政策。

二、我国计划生育政策的发展历程

鉴于我国在不同时期制定的计划生育政策内容的不同，以及其在各时期实施计划生育政策的手段不同，可以将我国的计划生育政策的发展历程主要分为以下几个阶段：

(一) 放任自流阶段

从新中国成立到20世纪70年代初期，在我们国家奉行的是顺其自然的生育政策，因而造就了我国人口高增长率、人口高速增长的阶段。其中，特殊的历史背景和原因造就了这一时期此人口政策的实行，从而对我国日后人口高增长率、高死亡率、高生育率的人口形势产生了直接性影响。

这一阶段，我们政府主要是受当时我国特殊的政策环境而采取了放任自流的人口政策。首先，新中国成立初期，我国社会发展处于比较稳定的局面，我国的社会经济和工农业水平有了一定程度的恢复。但是，在这一时期内，一部分地主阶级以及反革命力量作为不稳定因素还隐藏在我国人民群众的内部，这一股不稳定因素对我国刚建立的新民主政权虎视眈眈，他们的存在威胁了新民主政权的稳定。因此，新中国成立后的第一要务就是将这一部分地主阶级以及反革命力量在我们的人民群众内部清除出去。因此，在这一阶段我国政府的主要目标集中在了巩固新民主政权上，忽略了我国即将面临的人口问题。其次，新中国成立初期我们国家的主要领导人对我们当时的人口问题缺乏足够的认识，从而喊出了"人多力量大"不合国情的口号。同时，我国在这一阶段采取的是一边倒的外交政策，新中国成立初期国家在许多方面都是借鉴苏联的相关政策来发展和建设，因此，在新中国成立初期，我国政府也就盲目地照搬了苏联的人口政策，但是，当时我国政府忽略了新中国与苏联不同的国情这一现实，苏联实行的是鼓励生育的人口政策，这符合苏联当时地广人稀的国情，而中国若同样实行放任自流，甚至是鼓励生育的政策，则与我国的基本国情不相适应。再次，新中国成立初期，尤其是在经过无数战争之后，我国经济社会满目疮痍、百废待兴，无数次的战争之后也使得我国人口数量在一定程度上减少，在一定程度上人口基数还是较小的。新中国成立初期，人民群众成了国家的主人，极大地提高了人民群众生产的积极性，经济社会发展的环境相对稳定，在这一阶段，人口基数还较小，经济社会发展水平还需要不断提高。20世纪60年代，国内曾有学者指出过我们国家以后将面临的严峻人口形势，只可惜，那时我们政府提出的主流观点是人多力量大，所以，我国政府当时也就忽略了未来我们国家将面临的严峻人口形势这一合理预测，因此，在这一阶段，国内许多学者对于人口问题的研究处于比较谨慎缓慢的发展状态。

综上所述，从新中国成立到20世纪70年代初期，我国政府没有对此时面临的人口形势进行积极主动的干预，因此，在这一时期，我国的人口增长率迅速提高，从而造成了日后我国人口数量迅速增大，人口增长率不断提高的严重的人口问题，进而导致我国人民的生活水平难以提高，最终破坏了我国人口与环境、资源的可持续协调发展。

（二）"晚、稀、少"的生育政策

经过从新中国成立到 20 世纪 70 年代初期这一人口高增长率、人口高速增长的阶段，我国的人口迅速膨胀，但是，我国的人力资本水平并没有相应的提高，而且此时，我国的社会经济发展基本处于停滞状态。此时，我国政府才开始高度重视我国的人口问题。

因此，在 20 世纪 70 年代我国政府提出了"晚、稀、少"的计划生育政策："晚"是指男 25 周岁以后、女 23 周岁以后结婚，女 24 周岁以后生育；"稀"是指生育间隔三年以上；"少"是指一对夫妇生育不能超过两个孩子（汤兆云，2008）。1978 年，计划生育政策第一次被纳入法制。同年的工作会议上提出了"一个不少，两个正好，三个多了"的新主张。从而，在 20 世纪 70 年代至 80 年代，我国进入了以"晚、稀、少"为主要内容的计划生育政策阶段。

此时，我国的计划生育政策比较符合我国当时的基本国情，"晚、稀、少"的计划生育政策使得不同需要的育龄群众可以灵活选择生育数量，在一定程度上控制了我国人口高增长率、人口迅速增长的态势，从而使我国的计划生育政策有了具体的规划，为以后我国计划生育政策的灵活调整奠定了一定的基础。

（三）严格的计划生育政策阶段

20 世纪 80 年代初期，我国正处于改革开放时期，此时，我国的社会经济发展水平不断提高。在这一阶段，我国的人口基数不断膨胀、人口增长率居高不下，但人力资本积累仍然处于较低的水平，我国现阶段严峻的人口问题严重影响了我国社会经济的稳步发展。至此，我国人口高增长率、人口数量的高速膨胀问题进一步得到了政府的强烈关注和重视，进而我国政府进一步调整了我国的计划生育政策。

在此背景下，1980 年中共中央发表了《关于控制我国人口增长问题致全体共产党员、共青团员的公开信》，指出了遏制我国人口增长率高、人口迅速膨胀态势的迫切性，明确阐明了提倡独生子女政策的必要性和重要性。至此，1980 年《公开信》的颁布标志着我国进入严格的计划生育政策阶段，即标志着独生子女政策在我国正式出台并开始在全国范围内贯彻。

在这一阶段人民生活水平较低、人力资本积累水平仍然不高，所以人民群众的生育观念依然比较落后，人民群众的生育意愿并没有因为计划生育政策的进一步实施而有所改变，从而使得广大人民群众与现行政策的进一步实施相矛盾，人民群众的生育自由被限制，并且因为许多政府基层工作人员在正常的贯彻过程中采取了一些强硬的措施和手段，从而使得现行的计划生育政策产生了一定程度的社会负面效应，主要是干群关系变得不断僵化，严重影响了经济社会的和谐与稳定。

在上述背景下，我国政府为了促进计划生育政策的进一步实施，在1984年颁布了《关于计划生育情况的汇报》的七号文件，文件对现行计划生育政策做了进一步的调整，这样就形成了所谓"开小口、堵大口、煞歪口"的计划生育政策，其中，主要内容如下：适当地把农村群众生育二胎的控制放宽（开小口）；严禁生育计划外的二胎和多胎的生育行为（堵大口）；严禁徇私舞弊，对在生育问题上搞不正之风的干部要坚决予以处分（煞歪口）（李建新，1996）。随着计划生育政策的进一步调整，虽然我国的生育率在一定程度上有小幅度的回升，但是，现行的计划生育政策却使得干群关系得到缓解，从而使得我国的计划生育政策能够顺利平稳地进行。

（四）计划生育利益导向政策及全面二孩政策阶段

20世纪90年代之后，我国仍然坚定地实施严格的计划生育政策，只不过政策的实施方式有所调整，我国又将计划生育利益导向机制引入到当时的计划生育政策当中。进一步，我国政府又通过了《中华人民共和国人口与计划生育法》，把我国的计划生育政策提高到法律的层面（郝静，2011）。

党的十八届五中全会决定：坚持计划生育的基本国策，完善人口发展战略，全面实施一对夫妇可生育两个孩子的政策，积极开展应对人口老龄化行动。这是继2013年十八届三中全会决定启动实施"单独二孩"政策之后的又一次人口政策调整，这标志着以往强制避孕节育的严格计划生育政策成为了历史。

由此可见，我们国家的计划生育政策是与时俱进的，它是根据我国不同时期的人口增长趋势以及社会经济发展水平等各种现实情况而进行不断完善和调整的，从而使我国的计划生育政策能够不断地适应我国不同时期的各种现实背景，进而也为我国计划生育政策在日后的不断完善和调整奠定了基础。

第二节　计划生育政策对人力资本积累的作用机理

人力资本积累是指一个国家或地区在一定时间内累积形成的人力资本，通常表现为人力资本的存量和增量。凝结了人力资本的个人汇集在一起，形成国家或地区特定的人力资本存量，这是一个以时点表示的人力资本存量大小的指标（万君康等，2005）。由此可见，人力资本积累其实就是在一定时期内，由初始时刻人力资本存量到期末时刻人力资本存量的变化过程。我国的计划生育政策对人力资本积累的作用机制主要是从微观和宏观两个层面产生作用，以下我们分别从微观层面和宏观层面两个角度来分别分析我国计划生育政策对人力资本积累的作用机制。

一、微观层面的作用机制

从微观层面上看，如图 3-1 所示，我国计划生育政策对人力资本积累的作用机制是通过计划生育政策导致的孩子数量减少所产生的，即我国的计划生育政策导致了孩子数量的减少，在家庭收入不变的情况下，人力资本投资会增加，进而人力资本积累得到提高。

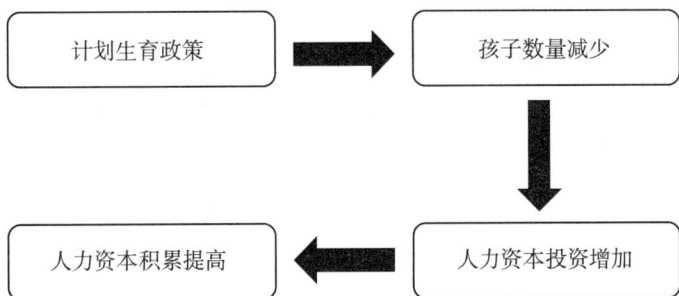

图 3-1　微观层面计划生育政策对人力资本积累的作用机制

具体而言，我国计划生育政策的直接作用对象就是微观家庭生育主体，在微观家庭的收入约束下，我们可以分为两种情况进行对比分析讨论。第一种情况，在没有计划生育政策的环境下，微观家庭往往倾向于多生孩子，因此，在收入一定的情况下，家庭将会减少其在每个孩子身上进行的人力资本投资，从而抑制了家庭中每个孩子的人力资本积累；第二种情况，在有计划生育政策的环境下，由于计划生育政策的强制性作用，微观生育主体的生育数量就会相应减少，在收入一定的情况下，由于孩子数量较少或是只有一个孩子，家庭将会增加其在每个孩子身上进行的人力资本投资，从而促进了家庭中每个孩子的人力资本积累。在微观的家庭层面，由于我国计划生育政策实施力度非常强硬，所以我国计划生育政策对控制微观家庭的子女数量起到了非常大的影响作用，从而计划生育政策实施的直接效果就是微观家庭生育的孩子数量减少，因此，我们可以提出如下推论：我国计划生育政策对人力资本的积累具有促进作用。

二、宏观层面的作用机制

从宏观层面看，如图 3-2 所示，我国计划生育政策对人力资本积累的作用机制为：在计划生育政策的作用下，我国人口增长率不断下降，根据经济增长理论，随着人口增长率的下降，我国的经济发展水平不断提高，从而居民收入、人力资本需求、公共教育投资和对外贸易均随之提高，进而我国的人力资本积累也随之提高。

　　具体而言，国家贯彻计划生育政策以来，我国的人口增长态势和人口结构发生了显著的变化，计划生育政策使我国的人口增长率不断下降，遏制了我国人口迅速膨胀的严峻态势。通过实施计划生育政策，我国的人口增长率不断下降，根据经济增长理论，人口增长率下降会导致经济增长，因此，随着人口增长率的下降，我国的经济增长速度也会随之迅速提高，同时，经济增长会进一步促进我国人力资本积累的提高，这主要是由于随着经济的不断发展，对人力资本的需求也会不断提高，从而刺激了人力资本投资的增加，进而促进了人力资本积累的提高，最终也就刺激了我们国家的人力资本积累不断地提高。具体表现为，随着我国社会经济发展水平不断地提高，居民的生活和收入水平也随之不断提高，人们对人力资本投资的能力和投入也不断地提高，进而也促进了我国的人力资本积累。然后，随着经济发展水平的提高，我国公共教育支出的力度也随之提高，随着国家对教育投资的增加，我国的人力资本水平也会不断地得到提高，这就促进了我国的人力资本积累。

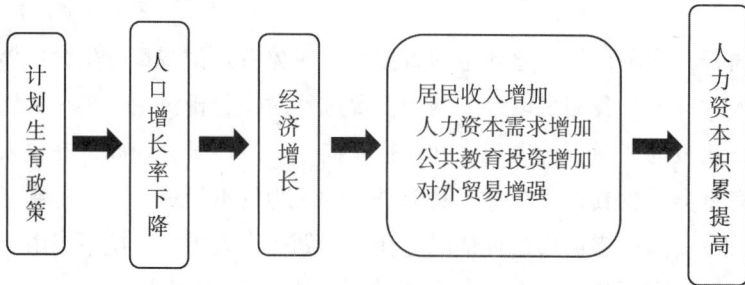

图 3-2　宏观层面计划生育政策对人力资本积累的作用机制

　　最后，随着我国社会经济发展水平和人力资本水平的不断提高，我国企业的经济活力也会随之提高，进出口总额不断增加，根据陈开军（2014）的研究，贸易开放将通过以下三种机制促进人力资本积累，即工资价格信号机制、信贷约束机制和知识技术溢出机制。贸易开放所引起的技能溢价将激励劳动者进行人力资本投资，贸易开放所实现的收入增加会放松劳动力教育投资的信贷约束，贸易开放所产生的国际知识技术溢出则可以直接增加一国的人力资本积累。基于发展中国家的实证研究大都支持对外贸易对人力资本积累的促进作用。基于此，我们可以提出如下推论：我国计划生育政策对人力资本的积累具有促进作用。

第三节　计划生育政策与人力资本积累实证分析

我们从宏观的角度，基于我国实施严格计划生育政策之后的 1990—2013 年省际面板数据，采用动态面板系统广义矩估计方法，实证分析我国计划生育政策对人力资本积累的影响作用，来研究我国计划生育政策与人力资本积累之间的关系。并且鉴于我国幅员辽阔，各地区间在计划生育政策实施力度以及社会经济各要素方面存在差异性，我们同时也将我国划分为东部地区、中部地区和西部地区三个地区分别进行实证分析。

一、实证研究设计

如前文所述，人力资本积累是指一个国家或地区在一定时间内累积形成的人力资本，通常表现为人力资本的存量和增量。凝结了人力资本的个人汇集在一起，形成国家或地区特定的人力资本存量，这是一个以时点表示的人力资本存量大小的指标（万君康等，2005）。由此可见，人力资本积累其实就是在一定时期内，由初始时刻人力资本存量到期末时刻人力资本存量的变化过程。根据人力资本积累的本质定义，我们可以知道，人力资本的积累受多种因素的影响，主要包括以下因素：即初始人力资本水平、社会经济发展水平以及国家或个人对人力资本进行的投资（徐大丰，2009）。初始的人力资本水平表明了个人的知识储备和认知水平，是由以往的人力资本水平在起影响因素的作用下不断地积累所得。并且，人力资本积累也会受到人力资本投资的影响，这其中又主要包括个人、家庭和企业对劳动力所进行的教育培训投资、医疗保健投资、迁移投资等。同时，我国的人力资本积累也会受到国家的公共支出，尤其是在文化教育卫生方面所投入经费的影响。最后，经济发展水平也是影响人力资本积累的一个因素。

基于以上分析，并且又因为人力资本存在累积效应，为了反映人力资本动态性和连续性的调整过程，我们将人力资本的一阶滞后性也作为控制变量加入计量模型，因此，构建如下计量模型，通过动态面板数据系统广义矩估计法来实证研究计划生育政策对人力资本积累的作用：

$$\ln h_{it} = \alpha_1 + \beta_1 \ln h_{it-1} + \beta_2 \ln fp_{it} + \beta_3 \ln gdp_{it} + \beta_4 \ln edu_{it} + \beta_5 \ln trad_{it} + \varepsilon_{it}$$

式（3-1）

其中，i 表示省份，t 表示年份，α_1 为非观测的个体效应，ε_{it} 为随机扰动项，h_{it} 及 h_{it-1} 表示第 i 个省份在 t 年的人力资本及其一阶滞后性，核心自变量 fp_{it} 表示我国的计划生育政策，gdp_{it}、edu_{it} 和 $trad_{it}$ 分别表示第 i 个省份在 t 年的人均 GDP、生均教育经费和地区进出口贸易总额，为降低可能存在的异方差，并不改变变量的时序特征，对各变量取自然对数。我们主要关注的变量是 $\ln fp_{it}$，倘若该计划生育政策变量的系数 β_2 是大于零的并且明显异于零，那么实证分析的结果表明，我国计划生育政策的实施有利于该地区的人力资本积累；相反，倘若该计划生育政策变量的系数 β_2 不显著，那么实证分析的结果表明，我国计划生育政策的实施没有对该地区的人力资本积累造成明显的影响。

因为我们将人力资本的一阶滞后性加入了计量模型，用其来反映人力资本的动态性和连续性的调整过程，所以，这一计量模型在理论上就是一个动态面板回归模型。在面板数据回归模型中一般存在着两种常用的回归分析方法，即随机效应模型回归分析和固定效应模型随机分析。由于本书的样本数据为动态面板数据，倘若在我们的计量模型中亦使用这两种方法，则有可能导致回归分析结果出现估计偏差。综合以上因素，在我们的计量模型中采用了能够更好地对动态面板回归模型进行估计分析的广义矩估计，即 GMM 分析方法来进行计量分析。

在现有的广义矩估计方法中，主要存在两种分析路径，即一种是系统广义矩估计方法，也叫做 SYS-GMM，另一种是差分广义矩估计方法，亦被称为 DIF-GMM。差分广义矩估计方法最早是由 Arellano 和 Bond 在 1991 年提出的，他们的基本思想是首先将一阶差分作为控制变量，从而消除固定效应的影响，然后再将一阶差分作为计量分析模型中对应变量的工具变量（Arellano and Bond，1991）。然而，在以后的研究中，Blundell 和 Bond 认为这样的估计方式将会产生工具变量的不良影响，在样本量较少时，这种可能性会更大（Blundell and Bond，1998），为了更好地应对这一现象，他们又研究构造出系统广义矩估计分析方法。他们根据差分广义矩估计方法将水平方程导入其中，同时他们为水平方程引入了滞后的差分变量来作为对应变量的工具变量，从而最终得到系统广义矩的估计结果，这种方法在很大程度上增强了计量分析的一致性和有效性（Blundell and Bond，1998）。综上各种因素，我们的计量模型中同样使用系统广义矩估计分析方法，即 SYS-GMM 估计方法。

在进行系统广义矩估计方法之前，必须进行两个重要的识别性检验，具体是指差分误差项的序列相关检验和 Hansen 或 Sargan 过度识别检验。其中，差分误差项的序列相关检验，是指如果一阶序列相关，并且二阶序列不相关时，则表明计量分析是可行的（Bond，2002），而进行 Hansen 或 Sargan 过度识别检验，主要是用于检查面板数据模型中有没有过度识别约束的影响。

二、变量选取及数据说明

由于人力资本的内涵比较宽泛，受到技术和数据获得性方面的限制，对人力资本进行综合度量是非常困难的（李海峥等，2013）。就目前而言，学术界并没有共认的明确一致的方法，大部分学者往往通过教育年限的方法来度量人力资本。因此，我们参照岳书敬和刘朝明（2006）的方法，通过平均受教育年限测量各省的人力资本水平。具体公式为 $H_{it} = \sum_j HE_{itj} * h_j$，其中，$H_{it}$ 表示 i 省在 t 年的平均受教育年限，用其来度量该省的人力资本水平，HE_{itj} 表示 i 省在 t 年 j 层次教育程度的人口占该省 6 岁及以上人口的比重，h_j 表示 j 层次教育程度的受教育年限，其中，我们将人口的受教育程度划分为五类，即小学教育、初中教育、高中教育和大专及以上教育，并设定它们对应的受教育年限分别为 6 年、9 年、12 年和 16 年。

在目前研究计划生育政策的文献里，学术界尝试通过多种界定指标来界定我国的计划生育政策，比如，石人炳（2009）通过总和生育率来界定计划生育政策，汪伟（2010）又以人口增长率来衡量计划生育政策，而石智雷和徐玮（2014）利用的是计划生育节育手术的育龄群众在总的育龄群众中所占的比率来衡量我国的计划生育政策。考虑到我国计划生育政策对育龄人口强制执行各种计划生育手术是一个重要环节和手段，同时鉴于人们对该项手术本能的排斥性，我们可以知道落实计划生育节育手术的育龄群众在总的育龄群众中所占的比率能够很好地表现出计划生育政策的实施效果。因此，我们借鉴石智雷和徐玮（2014）的做法，利用落实计划生育节育手术的育龄人口在总人口中所占的比率来衡量我国的计划生育政策。

经济发展对人力资本积累的主要影响作用是通过对人力资本需求的提高，来刺激人力资本投资的增加，从而促进了人力资本积累的提高，因此，我们将人均GDP 作为衡量经济发展水平的替代变量加入计量模型。

将各省各年教育经费总额除以各省各年的年末人口总数得到该指标，教育经费支出的增加直接的作用效果就是教学资源和教学质量的提高，从而教育经费支出的增加有利于促进人力资本积累的提高，因此，我们将人均教育经费作为变量加入计量模型。

根据陈开军（2014）的研究，贸易开放将通过以下三种机制促进人力资本积累，即工资价格信号机制、信贷约束机制和知识技术溢出机制。因此，我们将进出口贸易总额作为贸易开放的替代变量加入计量模型。

在数据选择上，我们拟选取的样本时间跨度为 1990 年到 2013 年，空间上选取西藏以外的 30 个省级行政区的数据（其中，四川重庆的数据进行合并处理）。其

中，人力资本变量、人均 GDP 变量、人均教育经费变量以及进出口贸易总额所用
到的数据分别来源于 1991 年到 2014 年的《中国统计年鉴》和《中国教育统计年
鉴》，计划生育政策变量所用的数据分别来源于相应各年的《中国人口和就业统计
年鉴》和《中国卫生和计划生育统计年鉴》。

为降低可能存在的异方差以及数据变动幅度过大带来的影响，并不改变变量的
时序特征，我们对以上各变量均取自然对数计算。相关变量的计算方法和统计特征
如表 3-1 所示：

表 3-1　　　　　　　　　　　样本变量基本统计特征

变量	N	极小值	极大值	均值	标准差
ln$h$	696	1.4992728	2.4961092	2.13200366	0.132850318
lnfp	696	-2.2211626	-1.4757612	-1.755961544	0.119187907
lngdp	696	6.6790886	11.493859	9.131248865	1.085590485
lnedu	696	3.6070585	8.4611225	5.92771745	1.161342592
ln$trad$	696	11.208871	20.810894	15.79622723	1.914616936

三、实证研究结果

我们主要是考察我国计划生育政策对人力资本积累的影响，因此，利用统计分
析软件 Stata12.0 对 1990 年到 2013 年 24 年的全国 29 个行政区的省际动态面板数据
模型进行实证分析，考察我国计划生育政策对人力资本积累的作用，采用系统广义
矩的估计方法，即 SYS-GMM，具体回归分析结果如表 3-2 所示。

因为在我们的计量回归方程中，引入了人力资本的一阶滞后来作为回归方程的
工具变量，所以存在着工具变量是否有效的问题，因此，需要对我们实证模型中工
具变量的有效性进行检验（乔宁宁，2010）。我们采用上文提到的差分误差项的序
列相关检验（AR 检验）和 Hansen 或 Sargan 过度识别检验这两种统计检验法来判
定我们实证模型中工具变量的有效性问题。

其中，Hansen 或 Sargan 过度识别检验结果为 chi2（274）= 272.7007，Prob>
chi2=0.5108，结果显示 Sargan 检验的 P 值超过了 0.1，由此可见，实证模型不存
在过度识别的问题。然后，我们对计量回归模型进行差分误差项的序列相关检验，
结果显示差分误差项检验的 AR（2）检验值为 0.9946，超过了 0.1，由此可见，实

证模型不存在残差项二阶序列相关的问题。

表 3-2 全国范围计划生育政策对人力资本的影响

ln$h$	Coef.	z	P>∣z∣
lnh_{it-1}	0.0206449	0.70	0.001
lnfp	0.2322995	3.46	0.001
lngdp	0.0548431	1.85	0.064
lnedu	0.0783469	3.65	0.000
ln$trad$	0.0254989	2.01	0.045
_cons	0.8087094	3.38	0.001

　　由以上的回归分析结果，我们可以得知，本文针对于 29 个行政区的计量回归方程的设计是非常稳健的，我们的实证分析模型中回归系数的 Wald 卡方联合显著性检验也是非常显著的。计量回归方程中的工具变量也是符合过度识别约束这一限定条件的，并且也不存在残差项二阶序列相关的问题。此计量回归结果是针对于全国层面的实证分析，从计量回归的结果看，很明显计量回归方程的系数（即变量 lnfp 的系数 β_2 = 0.2323）明显大于 0，所以，我们可以得出，在全国范围内，我国的计划生育政策在一定程度上促进了我国人力资本的积累，并且回归结果也表明在全国范围来看，当用来衡量计划生育政策的计划生育率每提高一个百分点时，以平均受教育年限表示的全国范围内的人力资本水平将提高 0.23 个百分点。通过对以上全国层面的面板数据进行回归分析，我们还可以发现，我国的人力资本存在着明显的人力资本累积效应，人力资本是通过国家或社会群体进行的人力资本投资而不断进行积累的，具体主要表现为三种人力资本投资方式：即教育培训投资、医疗保健投资和迁移投资，而人力资本的形成是明显存在着一定的时间上的滞后性的，在刚开始的阶段，一定程度的人力资本水平会不断地增强以后的人力资本的累积过程，这也是我们将人力资本的滞后项作为工具变量加入到本文中计量模型的原因。

　　鉴于我国地理面积广阔，经济文化差异较大，下面我们按照东部地区、中部地区和西部地区三个区域分别来考察我国计划生育政策对人力资本积累的作用。其中，剔除了西藏自治区的数据，并且将四川和重庆的数据进行了合并，因此，西部地区只包括 8 个行政划分。

（一）东部地区计划生育政策对人力资本积累的影响

　　对我国东部地区的面板数据进行计量回归分析，具体的计量回归分析结果如表

3-3 所示。

表 3-3　　　　　　　　　东部地区计划生育政策对人力资本的影响

变　　量	Coef.	z	P>｜z｜
$\ln h_{it-1}$	0.2745285	5.67	0.000
$\ln fp$	0.1280616	−3.20	0.001
$\ln gdp$	0.0259252	1.13	0.026
$\ln edu$	0.0651709	3.77	0.000
$\ln trad$	0.0054849	0.54	0.058
_cons	0.8575013	4.78	0.000

　　模型 Hansen 或 Sargan 过度识别检验结果为 chi2（217）= 434.3879，Prob >chi2 = 0.3829，结果显示 Sargan 检验的 P 值超过了 0.1，由此可见，实证模型不存在过度识别的问题。然后，对计量回归模型进行差分误差项的序列相关检验，结果显示差分误差项检验的 AR（2）检验值为 0.9989，超过了 0.1，因此，实证模型不存在残差项二阶序列相关的问题。

　　由以上的回归分析结果，我们可以得知对于我国东部 12 个行政区的计量回归方程的设计是非常稳健的，实证分析模型中回归系数的 Wald 卡方联合显著性检验也是非常显著的。计量回归方程中的工具变量也是符合过度识别约束这一个限定条件的，并且也不存在残差项二阶序列相关的问题。从计量回归的结果看，很明显计量回归方程的系数（即变量 $\ln fp$ 的系数 $\beta_2 = 0.1281$）明显大于 0，但小于全国面板数据计量回归方程中计划生育政策的系数，所以，我们可以得出，在我国东部地区内，我国的计划生育政策在一定程度上促进了我国东部地区人力资本的积累，并且回归结果也表明，在我国东部地区当用来衡量计划生育政策的计划生育率每提高一个百分点时，以平均受教育年限表示的我国东部地区的人力资本水平将提高 0.13 个百分点，这在一定程度上小于全国范围内计划生育政策对人力资本积累的作用。

（二）中部地区计划生育政策对人力资本积累的影响

　　对我国中部地区的面板数据进行计量回归分析，具体的计量回归分析结果如表3-4 所示。

表 3-4   中部地区计划生育政策对人力资本积累的影响

ln$h$	Coef.	z	P>|z|
lnh_{it-1}	0.0466764	0.90	0.001
lnfp	0.2551158	1.09	0.027
lngdp	0.0224464	0.30	0.076
lnedu	0.0268939	0.44	0.001
ln$trad$	0.0656094	2.08	0.038
_cons	0.6293638	0.84	0.040

此模型 Hansen 或 Sargan 过度识别检验结果为 chi2（177）= 177.6762，Prob> chi2 = 0.4716，结果显示 Sargan 检验的 P 值超过了 0.1，实证模型不存在过度识别的问题。进行差分误差项的序列相关检验，结果显示差分误差项检验的 AR（2）检验值为 0.9976，超过了 0.1，实证模型不存在残差项二阶序列相关的问题。

由以上的回归分析结果，我们可以得知对于我国中部 10 个行政区的计量回归方程的设计是非常稳健的，本文的实证分析模型中回归系数的 Wald 卡方联合显著性检验也是非常显著的。计量回归方程中的工具变量也是符合过度识别约束这一个限定条件的，并且也不存在残差项二阶序列相关的问题。从计量回归的结果看，很明显计量回归方程的系数（即变量 lnfp 的系数 $\beta_2 = 0.2551$）明显大于 0，并且略等于全国面板数据计量回归方程中计划生育政策的系数，所以，我们可以得出，在我国中部地区内，我国的计划生育政策在一定程度上也促进了我国中部地区人力资本的积累。

其中，回归结果表明在我国中部地区，当用来衡量计划生育政策的计划生育率每提高一个百分点时，以平均受教育年限表示的我国中部地区的人力资本水平将提高 0.25 个百分点，这基本上略等于在全国范围内计划生育政策对人力资本积累的作用，同时，与我国东部地区相比，我国中部地区的计划生育政策对人力资本积累的作用明显高于我国东部地区计划生育政策对人力资本积累的作用。

（三）西部地区计划生育政策对人力资本积累的影响

最后，对我国西部地区的面板数据进行计量回归分析，具体的计量回归分析结果如表 3-5 所示。

表 3-5　　　　　　　　　西部地区计划生育政策对人力资本积累的影响

变　量	Coef.	z	P>｜z｜
$\ln h_{it-1}$	0.4139871	6.73	0.001
$\ln fp$	0.0276213	0.52	0.060
$\ln gdp$	0.005318	0.33	0.074
$\ln edu$	0.0087965	0.63	0.053
$\ln trad$	0.012337	2.63	0.009
_cons	0.9488756	6.31	0.000

模型的 Hansen 或 Sargan 过度识别检验结果为 chi2（168）= 260.1131，Prob>chi2 = 0.2698，结果显示 Sargan 检验的 P 值超过了 0.1，实证模型不存在过度识别的问题。进行差分误差项的序列相关检验，结果显示差分误差项检验的 AR（2）检验值为 0.9999，超过了 0.1，实证模型不存在残差项二阶序列相关的问题。

由以上的回归分析结果，我们可以得知针对我国西部 8 个行政区的计量回归方程的设计是非常稳健的，实证分析模型中回归系数的 Wald 卡方联合显著性检验也非常显著。计量回归方程中的工具变量也是符合过度识别约束这一个限定条件的，并且也不存在残差项二阶序列相关的问题。从计量回归的结果看，很明显计量回归方程的系数（即变量 lnfp 的系数 $\beta_2 = 0.0276$）是大于 0 的，不过，我国西部地区的计划生育政策系数是明显小于我国东部地区和我国中部地区的计划生育政策系数的，并且同时也小于全国面板数据中计量回归方程中计划生育政策的系数。其中，回归结果表明在我国西部地区，当用来衡量计划生育政策的计划生育率每提高一个百分点时，以平均受教育年限表示的我国西部地区的人力资本水平将提高 0.028 个百分点，这远远小于在全国范围内计划生育政策对人力资本积累的作用，同时，与我国中部地区和东部地区相比，我国西部地区的计划生育政策对人力资本积累的作用也明显低于我国中部地区和东部地区计划生育政策对人力资本积累的作用。

由于计划生育率统计的是实施计划生育手术的育龄群众占总人口的比重，这就暗示了计划生育率没有表现出这样一种非常普遍的现实情况，即受各地区社会经济发展水平以及生活和生育观念的影响，基本上每一个区域都存在着超生的现实，从而某些育龄群众是在想方设法进行超生了之后才被相关部门强制要求去做的节育手术，而这些采取了计划生育节育手术的超生育龄群众在该地区所有的育龄群众中所占的比重多少就在一定程度上影响着计划生育政策的实施效果，进而更加地影响着该地区计划生育政策对该地区人力资本积累的作用。

综上所述，通过对全国省际面板数据的计量回归分析，我们可以得知，我国通过计划生育政策的实施，对人力资本的积累起到了明显的刺激作用，我国的计划生育政策有力地促进了我国人力资本的积累。

第四章　人口质量红利与经济增长

  自 1978 年党的十一届三中全会以来，经过短短 30 余年的发展，中国 GDP 总量以每年近 10%（以上年为基准）的速度快速增长至 2012 年的 8.36 万亿美元，成为仅次于美国之后的世界第二大经济体；人均 GDP 也从 1978 年的 155 美元跃升至 2012 年的 6188 美元，增长了近 40 倍，中国已由贫穷落后的低收入国家迈入中等偏上收入国家行列。很多学者对于中国经济增长的动力或源泉进行了广泛的研究，他们大多将中国经济高速增长归因于生产要素的投入、技术进步和制度因素等。如蔡昉（1999）的研究发现，在中国经济增长的过程中，丰富的劳动力资源的重新配置起到了显著作用，并指出不断完善的劳动力市场将为经济的持续增长提供动力和源泉。吴敬琏（2006）等学者则认为，中国经济增长主要依赖于生产要素特别是资本要素的投入，并指出中国目前的增长是以资源消费为特征的粗放型增长。邱晓华、郑京平等学者（2006）通过建立中国经济增长的综合因素模型，得出资本投入的增加是中国经济增长最主要的源泉的结论，同时指出包括结构升级、人力资本效率提高、制度变迁等在内的技术进步的贡献也较强，但是劳动投入增加的贡献却相对较弱。赵志耘（2007）则认为以高投入的方式带来的经济增长只是阶段性的，中国经济增长中过去和目前都存在着明显的体现在设备资本中的技术进步，物质资本积累与技术进步的动态融合是中国经济增长的一个典型事实。还有一些学者则从制度因素出发，如竞争和产权制度（刘小玄，2003）、比较优势和发展战略（林毅夫，2004）、财政分权和地方政府竞争（张军，2007）等角度来解释中国经济的增长。

  在生产要素、技术进步和制度等因素对经济增长的重要作用被人们广泛接受和认可的同时，发展经济学家们也认为，这其中如果没有完善的市场机制发挥作用，那么它们促进经济增长的效果将会大打折扣，并且社会也将会因此而蒙受相当大一部分的发展利益损失。也许是考虑到经济改革对完善市场作用的重要性，改革开放以来，中国政府不遗余力地大力推进以经济改革为中心的各项改革措施的出台与实施，党的十八届三中全会也继续以全面深化改革为总目标，指出经济体制改革是全面深化改革的重点，核心问题是处理好政府和市场的关系，并特别强调市场在资源配置中起决定性作用。改革成为了解释中国经济增长最为重要的关键词之一。因而，也有许多学者就经济改革（特别是市场化改革）在经济增长中的贡献进行了深入研究。如樊纲、王小鲁等（2003，2011）通过量化市场化改革对全要素生产率和经济增长的贡献，指出中国的市场化转型道路还没有完成，经济的可持续增长有赖于进一步推进市场化改革；汪锋、张宗益（2006）以中国省市面板数据估计了市场化改革以及对外开放对经济增长的影响，并以此解释了地区发展不平衡现象。周业安、章泉（2008）则认为中国的经济体制改革是市场化和财政分权的双重分权过程，市场化进程促进了经济增长，但要受制于财政分权水平。

我们在强调经济改革特别是市场化改革对中国经济增长的作用的同时，也十分关注作为经济增长过程中最为重要的因素之一：人力资本的作用。形成于 20 世纪五六十年代的人力资本理论，从其诞生之日起就与经济增长有着十分紧密的关系。最早的人力资本增长模型是由日本学者 Uzawa（1965）提出的，他建立了一个包含物质生产部门和教育部门在内的两部门经济增长模型，认为教育部门不具有边际收益递减的规律从而抵消了物质生产部门递减的边际收益，最终使得经济保持了长期的增长。以 Mincer（1984）和 Becker（1990）等为代表的学者从微观层面来研究人力资本对经济增长的影响，他们通过测度教育、人力资本投资的回报的大小来研究社会产出的增加；而后随着 Lucas（1988）的人力资本积累增长模型和 Romer（1990）引入了人力资本的内生经济增长模型的提出，使得对人力资本的研究逐步推广到宏观层面，充分证实了人力资本对经济增长的重要驱动作用。进入 90 年代后，更多的学者开始用实证的方法论证人力资本对经济增长的解释作用，主要有 Mankiw（1992）、Benhabib（1994）、Murthy（1997）、María（2001）等。在此基础上，国内也有很多学者探讨了人力资本对中国经济增长的贡献，杨立岩、潘慧峰（2003）认为人力资本对中国经济增长的作用是间接地，是通过其对基础研究和知识的决定性作用来影响经济的增长。汤向俊（2006）通过分析中国 1978—2003 年的资本产出比以及人力资本存量的变化，肯定了物质资本积累是改革开放以来经济增长的主要贡献因素，但他同时强调由于人力资本具有显著的正外部性会导致人均物质资本的增加，且其所特有的边际报酬递增特征，会使得整个经济获得可持续的增长。杨建芳、龚六堂等学者（2006）构建了一个内生的增长模型，通过测算中国 1985—2000 年间的省级面板数据，得到人力资本积累对这一期间经济增长的贡献率达到了 16.8%。陈彦斌、姚一旻（2010）则以一个人力资本的增长核算模型考察了 1978—2007 年中国的 TFP 增长率，得出人力资本因素对中国经济增长的贡献率约在 10% 左右的结论。

中国是世界上劳动力资源最为丰富的国家，根据相关公开数据，尽管改革开放以来中国以高等教育入学率、受教育年限等指标衡量的平均人力资本水平有了显著的提高，但与世界发达国家相比仍旧存在着较大差距，因而无论是从人均还是从总量来看，我国人力资本状况均有很大的提升空间。人力资本的积累对于中国经济增长的重要性正越来越强烈地凸显出来。本部分正是试图将经济改革和人力资本这两个之于中国经济增长极关重要的关键词结合起来进行更为深入的研究。而综观现有研究要么局限于人力资本与经济增长的关系研究，要么仅仅分析市场化与经济增长的关系，而少数的将改革与人力资本结合起来进行的研究也存在着较多不足，如张展新（2003）认为中国在转型期的增长中，市场化改革不仅改善了资本、劳动等生产要素的配置，而且也通过提升人力资本的经济回报来提高其激励效率，然而其仅是用国内部分城市较早时期的相关数据进行研究，数据上存在着较大的局限性。詹新宇（2012）指出市场化改革力度的提高在直接促进经济增长的同时，还通过促进人力资本的产出效应进而间接影响经济增长，并采用回归的方法证明了人力资本对经济增长的正向影响，然而对于时间序列变量的分析是否可以采用回归分析这种方法，尚待商榷。

作为一个集权程度高且劳动力相对丰裕的国家，无论是中央政府还是地方政府所出台的各项政策对国民经济都有着很强的控制力和影响力。结合新型人口红利分析框架，那么，人口质量红利（主要是人力资本因素）对中国经济增长的影响有多大？我们有必要对此展开进一步的探讨。

第一节　人力资本与人口红利

20 世纪 80 年代，我国进入"人口红利"期，经济持续快速发展，人民生活水平日益改善，在 2010 年我国已经跃居为世界第二大经济体。因此，人口红利被视为中国经济增长奇迹的重要源泉。但是，随着"刘易斯拐点"的逼近，农村剩余劳动力进一步转移空间的逐渐缩小，传统"人口数量红利"开始衰退。一旦传统人口数量红利消失，中国经济是否便失去动力了？在此背景下，许多专家学者开始将目光由人口数量转向人力资本。如果说传统人口数量红利是经济从人口数量中得到发展，那么人口质量红利则是由于人口质量的提高、人力资本水平上升从而推动经济发展。人口由量变走向质变，是经济持续发展的不竭动力。

事实上，由于教育的发展，中国的人力资本不断得到积累，不仅有效地抵消了传统人口数量红利不断减少的负面作用，而且还保持了人力资本总量的持续增加，从而支撑了整个经济的持续高速增长。对人口质量红利与人力资本二者关系的研究分析，有助于我们把握人口由量变过渡到质变的变化过程，更好地推动人口转变，促进经济发展。

现有的关于人口数量红利与人力资本研究的文献，大致可分为三类。第一类，单纯地探讨人口数量红利与经济发展问题。这类文献主要是以人口数量红利的概念为切入点，结合历史数据加以论证，通过人口学相关原理，提出政策建议。王颖、佟健、蒋正华（2010）研究发现，人口机会窗口只有在特定条件下才会转化为人口红利。与增加人口数量相比，提高人口素质、充分开发人口素质、各年龄层次人力资源是推动经济发展更持久的动力源。第二类，主要从人力资本角度，分析其与经济发展的关系。李秀敏（2007）重点分析了1990—2004年我国各省自治区和直辖市的人力资本和人力资本结构的变化及其对经济发展的影响。结果表明，我国绝大多数地区的经济增长还处于物质资本推动阶段，人力资本和人力资本结构的作用只在少数地区是显著的；在保持其他变量不变的条件下，人力资本每增加1%，地区生产总值将增加0.25%—0.52%，人力资本结构系数每减少1%，地区生产总值将增加0.18%—0.51%。第三类，则将人口数量红利与人力资本做简单结合分析。如胡鞍钢、才利民（2011）利用"六普"数据重点考察了中国人力资源变化，发现由于教育事业的发展，我国正在获得大规模的人力质量红利，为未来20年中国成为世界经济强国提供巨大的丰富的人力资源基础。

在已有的研究分析中，对人口红利与人力资本二者关系分析的文献非常少。但已形成这样一个共识，即以刘易斯拐点为界，在此之前传统人口数量红利比较显著，而之后人力资本积累即人口质量红利才是经济持续发展的动力源。事实上，由于社会的发展，人口数量红利衰退与人力资本积累是同时进行的，二者联系十分紧密。

为了从数量上分析人口红利与人力资本二者的关系，可以寻找到合适的人口质量红利与人力资本测度方法，得到两组时序数据，进行格兰杰因果关系分析，确定二者的互动关系。我们用总抚养系数作为人口红利的测度指标。对人力资本测度，则较为复杂，考虑到数据的可得性，本部分借鉴教育年限法，通过适当地调整来计量人力资本存量。由于正规学校教育水平是人力资本的重要形式，而且教育年限水平是个易于观测的量，因此人力资本教育年限计量方法是运用得比较多的方法。国内外学者就中国人力资本计算做了有益的探讨。安格斯·麦迪森（1997、1999）

在测算教育年限人力资本时，运用把初等教育年限数给予 1 的权重，中等教育权数为 1.4，高等教育权数为 2 的方法。我国学者侯亚非等人按下述方法计算了我国 1982 年到 1995 年的教育人力资本存量。一是对小学学历按 5 年计算，而初中毕业学历按 8 年计算，高中毕业学历按 11 年计算，大专以上统一按大学本科的实际教育年限 15 年计算。二是忽略了少数的大专、博士的受教育年限差异，各级的肄业率也忽略不计，文盲半文盲人口是按文盲人口的合计，小学辍学人口均统计在内，并将其平均的受教育年限给定权重为 1。相应的人力资本存量的计算权重分别是：文盲半文盲为 1，小学为 5，初中为 8，高中为 11，大学为 15。

　　由于在现有的人口数据中存在抽样比例以及统计方式的差异，结合以往的计算方法，进行如下处理，得到人力资本计算公式：

$$K = \sum_{i=1}^{5} A_i * B_i \qquad\qquad 式(4\text{-}1)$$

　　其中 A_i 为各学历人数占的比重，B_i 对应学历的权重。采用比重的方式来计算，不仅避免由于各年抽样总体容量的差异而引起的人力资本存量差异，而且可以避免不同统计方式造成数据的不可比，例如有些年份采用的是每十万人中文盲、小学学历等的人数，而有的则直接统计本地区的文盲、小学学历等的人数。若不采用比重的方式，很难将两种数据进行对比。此外，是不同学历的权重问题。考虑到不同学历的就读年限以及质量，分别给予年限和质量一个值，B_i 则为二者之积。其中，小学年限为 6，初中为 9，高中 12，大学 16。而质的方面，初等教育年限数给予的权数为 1，中等教育权数为 1.4，高等教育权数为 2。这里将文盲与半文盲默认为 1 个单位人力资本。小学学历年限为 6，质量为 1，则小学的权重为 6。初中为 6+3，即小学 6 年加初中 3 年，权重为 6+3 * 1.4 = 10.2，以此类推，得到文盲、小学、初中、高中、大学的权重依次为 1、6、10.2、14.4、22.4。通过计算，可以得出一个评估每年人力资本水平的值，且可以进行不同年间的比较。

　　值得说明的是，这里主要为了分析人力资本与人口红利的相互关系，构建的人力资本测度指标不包含健康因素，我们称之为未考虑健康的人力资本。在后续人力资本经济增长贡献的分析中，我们将健康因素也纳入人力资本的衡量中，以更为准确地测度人力资本的经济增长贡献。

　　本部分的数据来源于国家统计局以及 1996—2013 年统计年鉴，选取其中的人口数据，作为研究的实证数据。使用人口总抚养系数来测度人口红利，记作 x；教育人力资本存量来测度总体人力资本存量，记作 y。

表 4-1　　　　　　　　　　1996—2012 年人力资本与总抚养系数表

年份	文 盲	小 学	初 中	高 中	大专及以上	人力资本	总抚养系数
2012	0.05292	0.26881	0.41112	0.16122	0.10592	10.55347	34.9
2011	0.05503	0.27569	0.41405	0.15465	0.10058	10.41244	34.4
2010	0.00004	0.26779	0.38788	0.14032	0.08930	9.58408	34.2
2009	0.07118	0.30126	0.41672	0.13797	0.07287	9.74841	36.9
2008	0.07500	0.31170	0.40936	0.13690	0.06704	9.59373	37.4
2007	0.08015	0.31798	0.40222	0.13408	0.06557	9.49028	37.9
2006	0.08789	0.33071	0.38993	0.12929	0.06219	9.30416	38.3
2005	0.10369	0.33285	0.38346	0.12439	0.05562	9.04917	38.8
2004	0.09163	0.32379	0.39293	0.13396	0.05769	9.26350	41.0
2003	0.09685	0.33421	0.38037	0.13369	0.05487	9.13628	42.0
2002	0.10225	0.34962	0.37647	0.12455	0.04711	8.88872	42.2
2001	0.07749	0.39974	0.20578	0.10290	0.03806	6.90907	42.0
2000	0.04040	0.35701	0.33961	0.11146	0.03611	8.06037	42.6
1999	0.13370	0.38500	0.34332	0.10709	0.03090	8.17977	47.7
1998	0.13713	0.39787	0.33039	0.10670	0.02792	8.05607	47.9
1997	0.14155	0.40663	0.32064	0.10382	0.02737	7.95978	48.1
1996	0.15621	0.41284	0.31456	0.09411	0.02229	7.69619	48.8

一、单位根检验

通过 x 和 y 的时序图，可以看出人口红利与人力资本不是平稳序列，因此需要进一步进行 ADF 检验。由表 4-2 可知 x 和 y 存在单位根，不是平稳序列。进行一阶差分后，在 5% 显著性水平下序列平稳，是一阶单整序列。

表 4-2   **ADF 单位根检验结果**

数据种类	原 始 数 据		一阶差分后数据	
	x	y	Δx	Δy
ADF 统计量值	−2.8530	−3.4970	−5.3164	−5.2338
5%水平临界值	−3.7597	−3.7332	−3.8753	−3.7597
p 值	0.2026	0.0741	0.0064	0.0044
平稳性检验结果	不平稳	不平稳	平稳	平稳

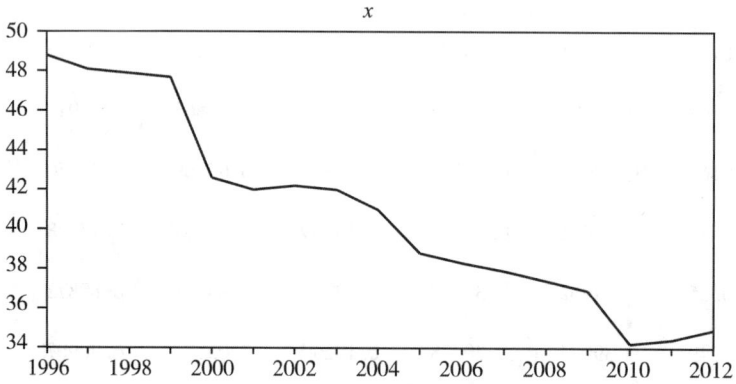

图 4-1 人口红利时序图

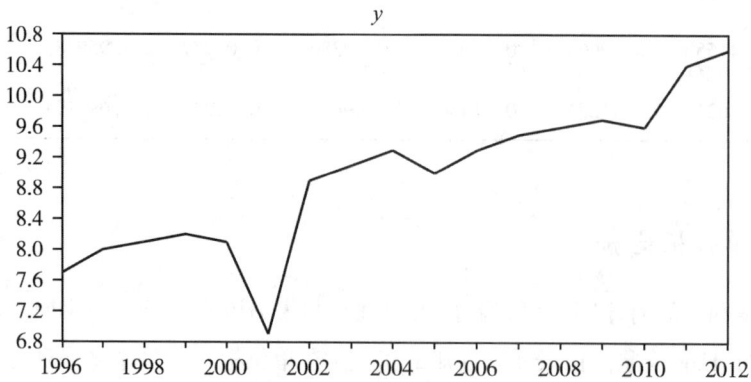

图 4-2 未考虑健康的人力资本时序图

二、协整检验

一般来说，非平稳的序列不能用于平稳时间序列的统计方法，否则分析时会出现"伪回归"（Spurious Regression）现象，以此做出的结论很可能是错误的，这时采用协整理论。协整关系（Co-integration）的基本思想在于，尽管两个或两个以上的变量序列为非平稳序列，但它们的某种线性组合却可能呈现稳定性，则这两个变量之间便存在长期稳定关系即协整关系。如果两个变量都是单整变量，只有当它们的单整阶数相同时才可能协整。协整的意义在于它揭示了变量之间是否存在一种长期稳定的均衡关系。满足协整的经济变量之间不能相互分离太远，一次冲击只能使它们短时内偏离均衡位置，在长期中会自动恢复到均衡位置。

关于协整理论的检验和估计有许多方法，如 EG 两步法、Johansen 极大似然法、自回归分布滞后模型（ARDL）法等。在本部分中我们将使用应用最为广泛的 Johansen 极大似然协整分析方法。

由单位根检验可得，x 和 y 两个时间序列同为一阶单整，有可能存在协整关系。因此进行协整检验，检验各时间序列是否存在协整或者长期均衡关系。下面采用 EG（Engle-Granger）两步法进行协整检验。第一步为进行 OLS 回归，提取残差数列；第二步对残差数列进行平稳性检验。

由图 4-3 可知，残差序列是平稳序列。进一步采用 ADF 检验方法，可知残差序列的 ADF 统计量为 -3.2820，5% 水平下的临界值为 -3.0810。检验结果表明在 5% 的显著水平上，x 和 y 存在协整关系。

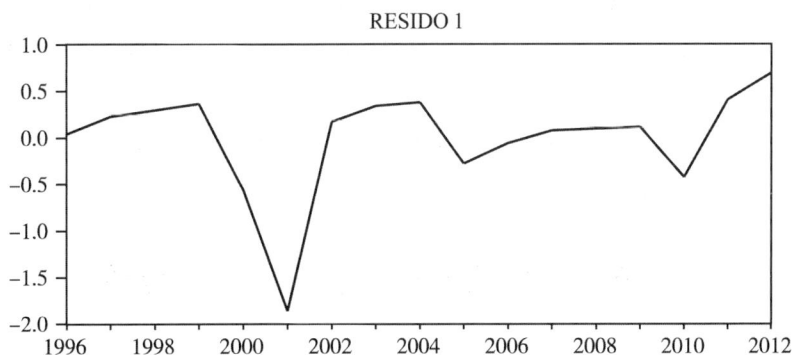

图 4-3 残差时序图

三、格兰杰因果检验

协整关系的检验，只能说明它们存在因果关系，而这种因果关系的方向却没有明晰。在5%的显著水平下，x 和 y 是一阶单整序列，存在协整关系，于是进行格兰杰因果检验。结果表明人力资本积累是人口红利的格兰杰原因，而人口红利不是人力资本的格兰杰原因。即人力资本的积累有利于产生人口红利，而人口红利对人力资本积累的推动作用并不是非常显著。容易理解，具有一定学历的人大多处于劳动年龄阶段。人力资本积累使得劳动年龄人口的质量显著提高，人口红利对经济发展的促进作用进一步加强。

表 4-3　　　　　　　　　　　　　格兰杰因果关系检验结果

原　假　设	F 统 计 量	P　　值	检验结果
x 不能 Granger 引起 y	1. 29963	0. 3150	接受原假设
y 不能 Granger 引起 x	18. 0369	0. 0005	拒绝原假设

根据上文分析，人力资本的积累对人口红利有着明显的促进作用。胡鞍钢、才利民（2011）认为我们在分析和讨论人口红利下降的过程中，应该跳出人口统计学的分析框架，更多地关注人力资源红利，这是因为教育具有明显的多重外溢性和正外部性。中国最有效的公共投资是人力资本投资，这包括对教育、公共卫生及健康、就业及培训等，这些投资将会给中国带来长期的多重的红利。中国政府已经明确：教育投入是支撑国家长远发展的基础性、战略性投资，是发展教育事业的重要物质基础，是公共财政保障的重点。同时也做出了公开承诺：继续增加财政教育投入，到 2015 年实现 4%的目标。如果到 2020 年达到 5%，2030 年达到 6%，中国的教育还会产生更大的人力质量红利。因此，人力资本积累是解决当前传统人口数量红利衰退以及掘取更多人口红利的重要环节之一。

第二节　人力资本与经济增长协整分析

经过改革开放 30 余年的发展，中国取得了举世瞩目的经济建设成就，而这其中如果没有经济改革和人力资本的重要作用，这一成就将是不可能实现的。上节我们采用总抚养比来测度人口红利，并通过给不同教育年限赋权形成综合指标的方式衡量人力资本，采用协整分析法考察了人口红利与人力资本的关系，得到人力资本对人口红利有明显的促进作用。本部分我们将通过构建两个综合指标：经济改革指标和人力资本指标来探讨经济改革和人力资本在长期经济增长中的解释作用。具体而言，首先将这两个指标加入到常规的生产函数之后得到了一个修正后的生产函数，并在此基础上引入多变量时间序列模型，在对改革开放后中国数据进行协整分析后，最终得出长期经济增长的均衡等式，综合分析经济改革和人力资本对经济的长期增长所起的作用，以人力资本的经济增长作用衡量长期中我国人口质量红利的大小。

一、经济改革与人力资本综合指标构建

在衡量经济改革时，学者们往往只以单一的市场化改革（如对外开放和国企改革等）来分析而忽略了更为丰富的改革内涵，如财政改革和金融改革等；在衡量人力资本的时候也往往是只采用教育程度、教育年限、入学率等教育指标而忽略了健康因素，因此本部分构建了两个内涵更为丰富的综合指标——经济改革指标和人力资本指标。将这两个指标加入到常规的生产函数中，得到了一个修正后的生产函数，并在此基础上引入多变量时间序列模型，试图追踪经济改革以及人力资本因素在推动中国经济增长过程中的具体解释作用。在对中国经济潜在的长期增长函数进行协整分析以后，通过得到的 GDP 对经济改革和人力资本的弹性系数，我们得出这一增长函数的具体形式，最后在经验分析的基础上，我们讨论了该函数的实际意义。

我们将中国的经济改革划分为三大主要类型，即贸易改革、金融改革以及国企改革。为确定这三者对中国经济增长进程的影响，我们通过一个经验模型来说明。本部分假设：在一个连续时间内的由同质的理性的经济人组成的无边界经济体内，制度上的变化被认为是外生的。那么，在各个时期 t 上，某种同质性的商品的产出可以表述为：

$$Q = A(R, O)F(K, hL) \qquad \text{式(4-2)}$$

这里的 Q 表示每期产出的数量，A 表示全要素生产率，R 表示改革措施，O 则表示其他所有 R 解释不了的因素，F 是总体的一个固定替代弹性的生产函数，K 表示资本存量，L 表示劳动力数量，h 是对每个劳动力的人力资本衡量，这样 hL 就表示经济中所有人力资本的投入总量。

根据 Weil（2004）的观点，全要素生产率 A 是由技术和效率决定的。这里的技术表示将所有生产要素组合在一起从而生产出产品的知识，而效率则是用来衡量

在给定技术水平和生产要素数量情况下的生产力水平。而诸如贸易改革、金融改革以及企业改革等措施对全要素生产率 A 的积极影响在 Edwards（1992）也有详尽的阐述。鉴于此，本部分赋予生产率如下性质：$\dfrac{\partial A}{\partial R} > 0$，即 A 是 R 的增函数。那么经济中的一次使得市场化程度得到加强的改革措施（如前述的贸易改革、金融改革等）将会对全要素生产率 A 产生积极的正向影响。更高的生产率将会加速经济增长进程，从而最终总生产量 Q 也将会达到更高的水平。

等式 4-2 中各个变量对经济增长的影响可以很容易进行经验性的说明。贸易改革特别是贸易自由化所带来的对进出口货物的关税、补贴和配额的降低将会加大国内市场的竞争程度，而为了能与进口货物进行竞争，国内的生产商将会致力于提高其产品的生产率；类似的，出口商则会不得不提高其产品的质量和生产率从而在国际市场上与其他国家的厂商抗衡。这样一来，贸易自由化就更有效率地促进了经济的增长进而增加全社会的产出。对外资的管制是金融改革的一个重要方面，在对外资的管制有所减弱的时候，进入本国的外资将会有很大的可能出现增加，那么在不存在贸易扭曲，以及利益最大化的理性人行为下，原本缺乏效率的经济将会变得更为有效率。国企改革降低了经济扭曲直接提高了社会生产的效率，投资的增加也将会直接增加资本存量，并且间接地提高生产过程中的效率。新技术的应用、更有效率的生产方法以及外资的注入，无不加速了经济增长。人力资本对经济增长的作用更为显而易见，如前所述，人力资本在提高物质资本的边际产出的同时还具有正外部性，如人力资本投资所形成的专业化知识不仅能够提升投资者自身的生产效率，而且还能够使其他要素投入产生递增收益，进而使整个社会经济的规模收益递增，此外人力资本在信息、创新的传播和再创新方面也有着重要作用。

我们选用 Kushnirsky（2001）所修正的生产函数形式以着重考察经济改革和人力资本对经济增长的影响，并以此生产函数作为我们用作估计的基准函数：

$$Q = CK^{\alpha}(hL)^{\beta}R^{\gamma} \qquad\qquad 式(4\text{-}3)$$

这里的 C 是常数项，各参数 α、β 和 γ 是相互独立的。我们将依此函数在协整分析的基础上估计中国在经济改革和人力资本积累影响下的经济增长贡献。

二、衡量经济改革与人力资本的数据说明

中国改革开放始于 1978 年底的十一届三中全会，而改革开放并不是一蹴而就的，是"摸着石头过河"，由于历史和体制等方面的原因，在改革开放的初期中国

很多改革措施都是小范围的、局部的，人们群众的思想也有很多保守成分，对改革开放政策存在着诸多疑虑和误解，而真正大刀阔斧的改革及解放人们的思想是在1992 年邓小平南巡讲话之后，因而我们认为以 1993 年为改革分界点是合适的。考虑到数据可获得性的限制，本部分数据选取范围是 1993—2011 年的中国宏观数据，相关研究数据来源于 2013 年世界银行世界发展指标（WDI）以及中国各年统计年鉴。现定义方程 4-3 各变量如下：

GDP（Q）：本部分国内生产总值（GDP）以 2005 年不变价美元计算，我们采用世界银行对 GDP 的定义：一个经济体内所有居民生产者创造的增加值的总和加上任何产品税并减去不包括产品价值中的补贴。

劳动力（L）：数据也是来源于 WDI 2013，世界银行依据国际劳工组织对总劳动力定义：所有年满 15 周岁、在特定阶段为货物和服务的生产提供劳动的人员，既包括就业者也包括失业者。

资本存量（K）：资本存量是指经济社会在某一时点上的资本总量，它可以由当期固定资本存量和当期新增资本以及库存的净变动值大致的估算出。我们通过 WDI 的固定资本总额和资本形成总额两项指标加总即可得到 K 的值。

改革指标（R）：考虑到中国改革的复杂性，本部分通过构建一个综合的改革指标 R 来衡量改革，它包括三个权重相等的指标：贸易改革、金融改革和国企改革。

贸易改革：贸易改革是中央政府通过运用各种工具以期增加工作机会和对外贸易量的政策措施，这些工具包括降低关税，增加配额、补贴以及出口退税等。本部分以进出口总额占 GDP 的百分比来衡量贸易改革效果。图 4-4 表示了贸易改革指标的变化图。

金融改革：金融改革是针对现有或传统的金融体系、运作方式、管理办法及业务活动等方面存在的问题而进行的致力于实现放松外汇管制、利率市场化等一系列目标而采取的改革措施，这些措施对调动经济活力和市场参与主体的积极性都产生了很大影响。本部分用两个等权重变量来描述改革开放以来的金融改革：（1）广义货币与 GDP 比值，它衡量了经济中的货币增长水平；（2）非国有部门信贷额与 GDP 之比，非国有部门信贷是指通过贷款、购买非股权证券、贸易信用以及其他应收账款等方式提供给非国有部门并确立了偿还要求的金融资源，这一指标能大致地描述出政府在银行贷款过程中干预水平的强弱情况。构建金融改革指标的所有数据均源于 WDI 2013。图 4-5 展示出了改革开放以来金融改革指标的变化情况。

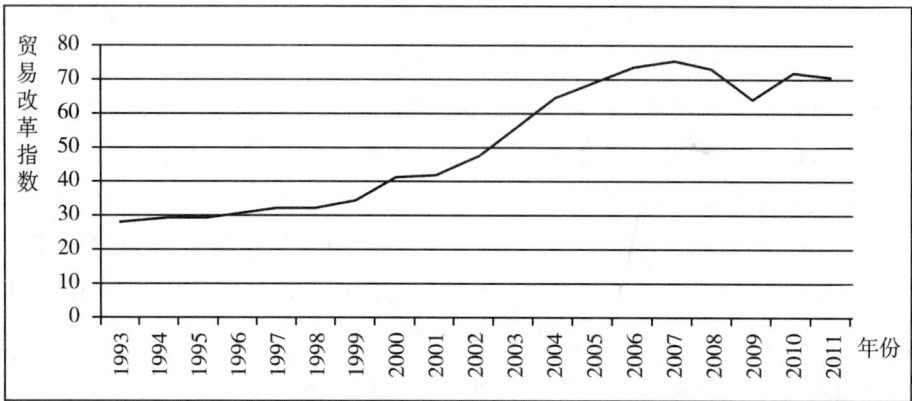

图 4-4　中国贸易改革指标变化图

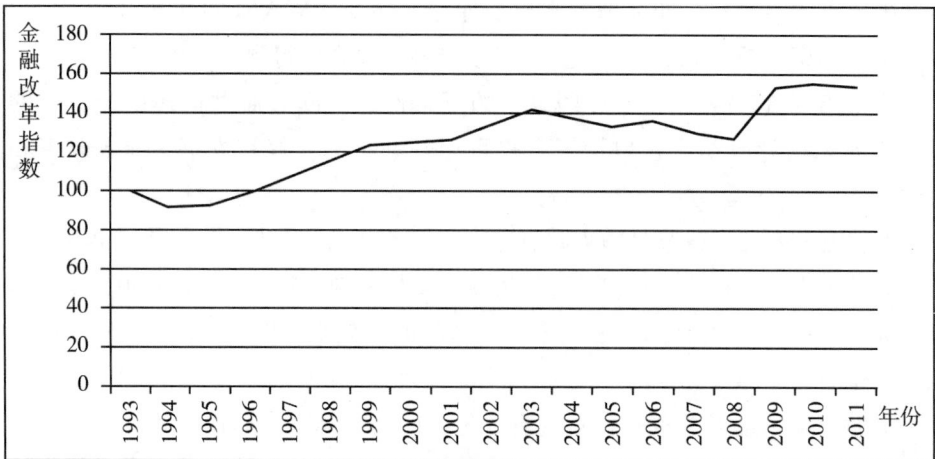

图 4-5　中国金融改革指标变化图

　　国企改革：这里的国企改革主要是指国有企业改制，通过立法以及其他措施鼓励私营部门参与经济中的各项活动以及增加私营部门的就业人数。考虑到数据的可获得性，本部分用私营部门就业人数占总就业人数的比重来从侧面衡量国企改革的效果。私营部门就业人数数据来源于历年中国统计年鉴，而总就业人数由 WDI 2013 相关指标计算得出。

　　本部分通过三个等权重指标（贸易改革指标、金融改革指标和国企改革指标）

构建了经济改革指标 R，该指标的值即为三个分指标的平均值，图 4-6 描述了 1993—2011 年间这一综合经济改革指标 R 的变化过程。

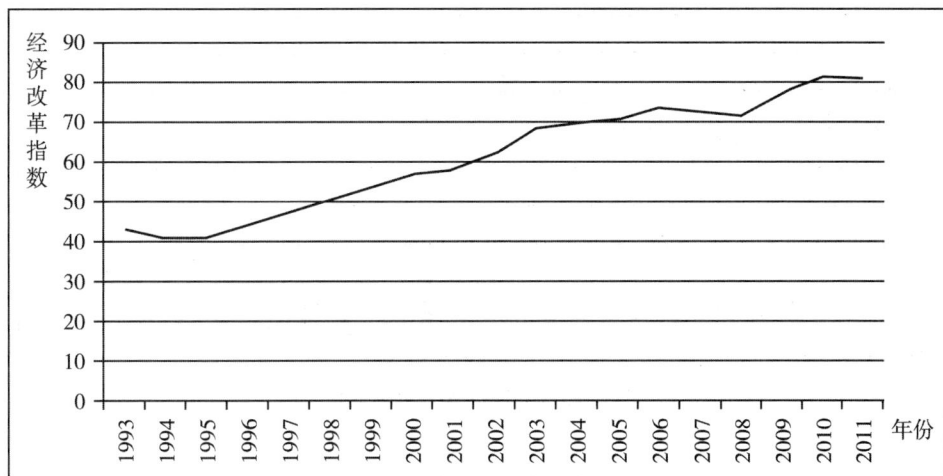

图 4-6　综合的经济改革指标变化图

人力资本（h）：已有的理论研究中已经有很多学者论证了人力资本是经济增长最重要的根源之一，然而在经验研究领域尚未有令人信服的结果来证明人力资本对经济增长的重要性。人力资本究竟该如何直接衡量，这是在解释人力资本变量的时候应首先解决的问题。

在对亚洲的人力资本的研究上，绝大多数的经验研究都更多地依赖数据上的可行性而不是基于理论上的定义（Harvie and Pahlavani, 2006；Song, 1990；Guesan, 2004）。在人力资本的测度上，他们大多用教育投资、小学或中学入学率、文盲率、平均入学年限等指标。然而这些研究也存在着各自的不足，而且都忽视了健康程度对人力资本的影响。我们认为，人们为了获得更好的未来和潜在的最大产出而进行的各式各样的投资都应被考虑进他的人力资本中来。本部分通过教育和健康两个方面来探讨人力资本，基于主成分分析，我们以平均受教育年限来衡量教育因素，以出生时的预期寿命来衡量健康因素。我们通过 15 岁以上成人的中学入学率和大学入学率等相关指标可以计算得出平均受教育年限；而出生时的预期寿命的数据直接由 WDI 2013 得到。这样我们就得到了人力资本指标。

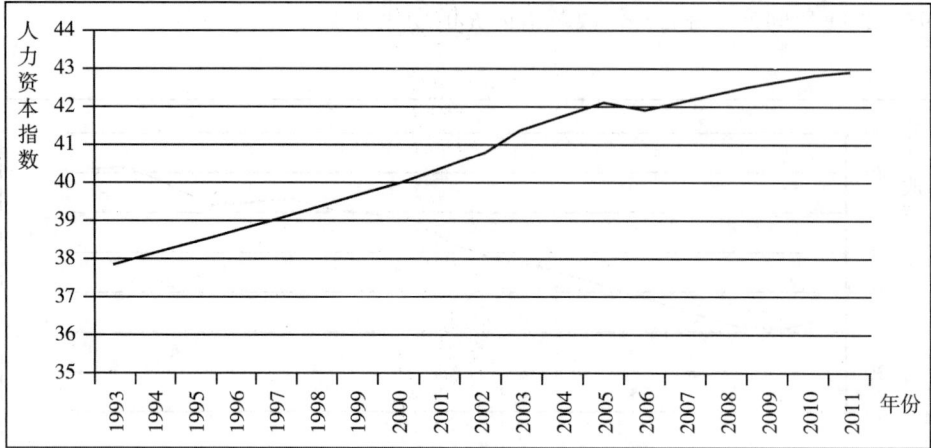

图 4-7　考虑健康的人力资本变化图

表 4-4　　　　　　　　　　**各变量的经验分析和指标构成**

变　量	定　　　义	数 据 来 源
Q	GDP（2005 年不变价美元）	WDI 2013
hL	人力资本总量	作者计算
L	劳动力总人数	WDI 2013
h	人力资本指标，由两个等权重分指标构成： 1）平均受教育年限； 2）出生时预期寿命	1）WDI 2013 和作者计算 2）WDI 2013
K	物质资本（2005 年不变价美元）	WDI 2013 和作者计算
R	综合改革指标，包括贸易改革指标、金融改革指标和国企改革指标三个等权重指标	作者计算
贸易改革指标	进出口总额占 GDP 比重	WDI 2013
金融改革指标	由广义货币与 GDP 比重和国内私营部门信贷与 GDP 比重两方面组成	WDI 2013
国企改革指标	私营部门就业人数占总就业人数比重	中国历年统计年鉴

三、经济改革、人力资本与经济增长

为了探索经济改革和人力资本对经济增长的长期性影响，本部分通过一个协整分析来检验经济增长的长期均衡条件并试图依此来追踪这些改革的影响路径。

前面提到，进行协整检验的前提是两个或两个以上的不平稳时间序列变量通过处理后是同阶单整的，进而得出的长期均衡等式才是有意义的。根据方程 4-3 的结构形式，本部分将各变量都处理成了对数形式以更好地进行分析。检查序列平稳性的标准方法是单位根检验，ADF 检验可以用来检验含有高阶序列相关的序列的单位根，这克服了 DF 检验只有当序列为 AR（1）时才有效的缺陷。具体来说，ADF 检验通过对检验方程的参数进行改进从而避免了原序列若存在高阶滞后相关将会破坏随即扰动项 ε_t 为白噪声的假设，假定序列 y_t 服从 AR（p）的过程，那么改进后的检验方程可以表示为：

$$\Delta y_t = \alpha y_{t-1} + \delta x_t + \beta_1 \Delta y_{t-1} + \beta_2 \Delta y_{t-2} + \cdots + \beta_{p-1} \Delta y_{t-p+1} + \varepsilon_t \qquad \text{式（4-4）}$$

这里的 y_t 是非平稳的时间序列变量，它随着时间的变动而变动，x_t 是外生的变量，可以被理解为一个常数或者同时含有常数和时间变化趋势项，α 和 β 是需要被估计的参数，ε_t 是白噪声。

原假设和备选假设分别为：$H_0: \alpha = 0$；$H_1: \alpha < 0$，分别表示方程存在单位根和不存在单位根（即序列是平稳的）。如果序列存在单位根（即符合原假设），那么对参数 α 的估计值进行显著性检验的 t 统计量将不会服从常规的 t 分布。

根据 1993—2011 年间各变量的原数据计算得出的 ADF 统计值与显著性具体如表 4-5 所示。

表 4-5　　　　　　　　　　　　　　**对原序列的 ADF 单位根检验**

变　　量	ADF 统计值	P 值
Ln（Q）	2. 313745	0. 9920
Ln（hL）	1. 839335	0. 9792
Ln（K）	14. 05408	0. 9999
Ln（R）	3. 839705	0. 9997

从表 4-5 中我们可以看到，在 1% 的显著性水平上所有四个变量都不能拒绝原假设，即都是非平稳的序列。为了确定单整的最后阶数，对一阶差分后的序列继续

进行 ADF 检验，表 4-6 展示出检验的结果。

表 4-6 对原序列一阶差分后的 ADF 单位根检验

变　量	ADF 统计值	P 值
D（Ln（Q））	−0.940577	0.2953
D（Ln（hL））	−0.943548	0.2941
D（Ln（K））	−0.736589	0.3814
D（Ln（R））	−1.354056	0.1550

可以看到一阶差分后的序列在 1% 的显著性水平上依旧是非平稳的，继续进行二阶差分的 ADF 检验，结果如表 4-7 所示。

表 4-7 对原序列二阶差分后的 ADF 单位根检验

变　量	ADF 统计值	P 值
D（Ln（Q），2）	−3.892002	0.0007
D（Ln（hL），2）	−5.311496	0.0001
D（Ln（K），2）	−5.217708	0.0039
D（Ln（R），2）	−3.248709	0.0035

通过以上的结果我们可以看出，至少在 99% 的置信水平上拒绝原假设，即二阶差分后的各个原序列是不存在单位根的。也就是说非平稳序列 y_t 经过二阶差分平稳，所以是二阶单整序列。这样我们就可以进行接下来的协整分析，第一步就是确定 VAR（p）模型的滞后阶数 p，本部分通过似然比（LR）检验方法来确定这一数值。

LR 检验从最大的阶数开始，检验的原假设为：在滞后阶数为 j 时，系数矩阵的元素皆为 0；备选假设则是系数矩阵至少一个元素不为 0。LR 统计量如下：

$$LR = (T - C)(\ln |A_{j-1}| - \ln |A_j|) \qquad 式(4\text{-}5)$$

这里的 T 是指观测的总样本数，C 是可选择的一个方程的参数个数，等于内生变量个数和阶数之积与外生变量个数二者之和，A_{j-1} 和 A_j 分别表示滞后阶数为 $j-1$ 和 j 的 VAR 模型的残差协方差矩阵的估计。从最大阶数开始，比较 LR 统计量与 5% 水平下的临界值，如果 LR>$x^2_{0.05}$ 时，拒绝原假设，表示统计量显著，此时表示增加滞后值能够显著增大极大似然的估计值；反之，每次减少一个滞后数，直到接受原假设。根据此方法，我们得出滞后数为一阶可以较好地反映中国改革后数据的变化过程。

表 4-8 和表 4-9 是对方程 4-3 四个变量进行 Johanson 协整检验的结果输出，从表 4-8 的结果我们可以看到，无论是跟踪特征值检验还是最大特征值检验都表明四个时间序列只存在一种协整关系。表 4-9 则列出了协整变量间的系数，这些系数均在 5% 的显著性水平上显著，它们使得四个变量在长期中趋于均衡。

表 4-8　　　　　　　　　　　　协整关系个数检验结果

Hypothesized No. of CE（s）	Trace Statistic	Max-Eigen Statistic
None*	124.3843*	55.32424*
At most 1	40.06005	24.05116
At most 2	23.00889	18.79145
At most 3	10.21743	10.21743

注：* 表示在 5% 的显著性水平上拒绝原假设。

表 4-9　　　　　　　　　　　　标准化前后的相关系数

变　量	标准化前	标准化后
Ln（Q）	−17.56244	1
Ln（hL）	10.70881	−0.609756
Ln（K）	5.257714	−0.299373
Ln（R）	23.09093	−1.314790

注：所有标准化前的相关系数均在 5% 的显著性水平上显著。

根据上表中的变量间的系数，我们得到了一个模拟长期过程的等式关系：

$$\text{Ln}(Q) = 0.299\text{Ln}(K) + 0.610\text{Ln}(hL) + 1.315\text{Ln}(R) \quad \text{式（4-6）}$$

从经济学意义上，我们可以将等式 4-6 看作是潜在的经济长期增长函数。首先我们可以看到，以人力资本衡量的广义劳动力对经济的长期增长具有显著的促进作用。中国是世界上劳动力资源最丰富的国家，在 90 年代初就有 6 亿多劳动力，而与此同时中国无论是在教育水平（以高校入学率和平均受教育年限、识字率等指标衡量）上还是预期寿命上，与发达国家相比均是处于比较低的水平，这说明中国的人力资本状况具有很大的发展潜力或者说提升空间，即通过人力资本的积累而提高的经济总产出将会远高于其稀缺要素资本所带来的产出，这将会成为中国未来经济增长的重要动力之一。式4-6同时还揭示了改革对经济增长的巨大作用。由于体制、历史等方面的原因，我国的社会生产力长期受到束缚，生产效率低下，经济结构僵化严重脱离市场和人民群众的实际需求，国民经济缺乏活力与生机，而以市场化改革、对外贸易改革、国有企业改革等为代表的改革措施的实施，极大地解放和促进了生产力的发展，在极大促进经济增长的同时也有力地促进了社会方方面面的长足发展。由于改革的巨大作用，有必要进行进一步的分析。

第三节 人口质量红利的经济增长贡献

为了对比普通最小二乘（OLS）回归分析所能得到的不同信息，我们将资本存量、人力资本、经济改革与经济增长的最小二乘回归结果列于表4-10，相应回归方程为：

$$\text{Ln}(Q) = 0.748\text{Ln}(K) + 0.266\text{Ln}(hL) + 0.231\text{Ln}(R) \qquad \text{式}(4\text{-}7)$$

表4-10　　　　　　中国经济增长的普通最小二乘（OLS）回归结果

自 变 量	回 归 系 数	标 准 误	t 统 计 量	P 值
Ln（hL）	0.266084	0.034935	7.616656	0.0000
Ln（K）	0.747763	0.043313	17.26409	0.0000
Ln（R）	0.230928	0.100545	2.296758	0.0355
R 平方	0.996945	回归标准误		0.031188
调整后 R 平方	0.996563	DW 统计量		0.805018

我们发现，无论是等式4-6还是等式4-7，资本存量、以人力资本衡量的广义劳动力和以综合指标衡量的经济改革相对于 GDP 的弹性系数均为正，表明这些因素对中国经济的长期增长具有显著的促进作用，但不同因素的作用程度不同。等式4-6揭示了经济改革对中国经济增长的主导作用：实施市场化改革后，中国经济增长的60%左右都可归功于经济改革的作用。这与普通最小二乘回归所反映的资本存量是中国经济增长的主导作用（约60%）不同，也与前述吴敬琏（2006）、邱晓

华等（2006）学者的研究结论不同。

其次，从等式 4-6 我们也看到，人力资本对中国经济增长的促进作用（约 27%）明显高于资本存量（约 13%），这与等式 4-7 普通最小二乘回归结果所反映的信息也不相同。

再者，从经济改革和人力资本两者的关系对中国经济增长的促进作用来看，长期而言，我国人力资本积累较好地适应了经济改革的要求，在经济增长中发挥了较大作用，有效地促进了经济增长。

然而，与其他国家相比，无论是人力资本积累还是经济改革在促进经济增长方面，中国还有较大的提升空间。Svitlana 和 Mahbub（2011）类似的研究表明，韩国 1966—1977 年经济改革对经济增长的促进作用高于中国（其经济改革相对于 GDP 的弹性系数为 1.882），而印度 1992—2003 年人力资本积累对经济增长的促进作用也高于中国（其人力资本积累相对于 GDP 的弹性系数为 1.719）。从经济改革方面看，由于体制、历史等方面的原因，我国的社会生产力长期受到束缚，生产效率低下，经济结构僵化严重脱离市场和人民群众的实际需求，国民经济缺乏活力与生机，而以市场化改革、对外贸易改革、金融改革以及国有企业改革等为代表的经济改革措施的实施，极大地解放和促进了生产力的发展，在促进经济增长的同时也有力地促进了社会各方面的长足发展。

就人力资本而言，中国是世界上劳动力资源最为丰富的国家，在 20 世纪 90 年代初就有 6 亿多劳动力，而与此同时中国无论是在教育水平（以高校入学率和平均受教育年限、识字率等指标衡量）上还是预期寿命上，与发达国家相比均处于较低的水平，这说明中国的人力资本状况具有很大的发展潜力，即通过人力资本的积累而提高的经济总产出将会远高于稀缺要素包括资本等所带来的产出，这将会成为中国未来经济增长的重要动力之一。

在人力资本与改革之间存在着一种良性的互动关系，通过加速人力资本的积累可以为改革从而为经济增长推波助澜。在改革的过程中新的工作机会越来越多地被创造出来，而与之匹配的往往也是要求具有更高人力资本的劳动力，原先的产业体系可能也将面临更优化的转型升级，这就促使就业者不断学习提升自己使其跟得上时代的转变，或者说改革的步伐。这就给我们的政策制定者们一些有益的启示：尽管各项改革措施的实施使得经济取得了巨大增长，但也必须充分重视人力资本的积累，若二者间的良性互动关系不存在，那么改革的成效必将大打折扣。Rabbani（2011）分析了经济改革在韩国和印度两个国家实施后却收到截然不同的效果的症结所在：在韩国，较高的人力资本状况很好地适应了改革发展的需求，从而使得改革对经济增长产生了极其显著的积极影响；而在印度却截然相反，由于其较低的人力资本状况无法跟上改革的步伐从而致使经济改革在长期的经济增长中的作用竟是消极的！而提高人力资本积累的具体形式主要包括：更多的教育支出、完善的教师培训体系、优良的教学设施以及更多的受教育选择和机会等。

第五章 人口结构红利与经济增长

中国的人口转变带来了劳动力数量及劳动年龄人口比重的变化。人口转变的过程及劳动力流动政策的放开，促进了我国劳动力在不同地区和产业之间的转移。劳动力的这种转移变换会提高要素在城乡及一、二、三产业之间的配置效率，从而形成有利于经济增长的结构红利。当前研究结构红利的文献并不少，主要可以分为以下几类：第一类是对中国自改革开放以来产业结构的演进及生产增长率的要素分解，如干春晖和郑若谷（2009）、苏振东等（2012）；第二类是基于中国省际间要素流动和转移对生产率增长的影响，如李小平和陈勇（2007）、杨凌等（2010）；第三类是对某一区域经济增长中"结构红利假说"的检验，如丁焕峰和宁颖斌（2011）对广东省的空间结构红利假说进行了实证分析；田艳平和刘长秀（2012）分析了1978—2010年间湖北省产业结构变化并对要素生产率进行了分解；郭进和杨建文（2014）以上海为样本检验了1978—2011年间区域经济增长过程中的结构红利现象；第四类是从县域层面对经济增长中的结构红利进行测度及影响因素的分析，如张广胜和王振华（2014）。虽然上述文献从不同层面并采取了多种方式对中国经济增长中的生产率要素进行了分解，并对结构红利假说进行了检验，但存在着以下几点可以进一步拓展：一是这些研究基本上是从1978年甚至更晚的年份开始研究中国经济增长中的结构红利效应，涉及1978年之前的研究少之又少；二是各位学者对是否存在结构红利、结构红利的正负效应及结构红利的大小等研究结论并不一致，如李小平和陈勇（2007）的研究发现1998—2004年期间中国省际工业间劳动力流动对生产率增长的促进作用不显著，而杨凌等人（2010）的研究则认为虽然1978—1985年间全国及各区域的结构效应并不显著，但自1985年以来结构变迁效应则日益显著；三是现有的很多研究在结构红利的测算过程中往往直接使用总的GDP值进行代替资本和劳动力所带来的产出，而忽略了劳动力和资本在GDP中所占的比重，这就会导致最终的测算结果产生偏差。基于以上考虑，本部分试图把中国劳动力转移所带来的结构红利效应的研究拓展到1978年之前，从1952年起分不同阶段分解劳动力在不同产业间转移产生的结构红利，在研究方法上采用超越对数生产函数和岭回归来进一步提高结构红利测算的准确性。

第一节　劳动力产业转移的结构红利

要测算劳动力转移过程中的劳动生产率及其变化，用劳动力所带来的国内生产总值会比直接使用总的国内生产总值更加准确。要构建生产函数估算劳动力在国内生产总值中的份额，除了历年三次产业总的国内生产总值数据和劳动力就业数据之外，还需要测算期间内三次产业历年的资本存量数据，而这类数据无法在《中国统计年鉴》及其他各类统计资料上获取到。鉴于此，当前不少学者也对中国总的资本存量数据进行了估算，目前采用较多的有张军和章元（2003）的方法及单豪杰（2008）的方法。其中，张军等人是通过比较上海市和全国的商品零售价格指数以及居民消费价格指数波动的一致性，由此推断上海市和全国的固定资产投资价格指数的波动也应一致，从而用上海市的固定资产投资价格指数来代替全国固定资产投资价格指数对全国总的资本存量进行测算。单豪杰则采用常用的永续盘存法直接对中国历年总的资本存量进行估算。本部分借鉴单豪杰的测算方法，对中国1952—2013年间的总的资本存量做了估算。

一、1952—2013年期间三次产业资本存量估算

根据永续盘存法的生产性资本存量的估算公式5-1，要测算中国1952—2013年期间历年的总资本存量，有三个关键要素，一是1952年的基期资本存量，二是历年的折旧率，三是历年的固定资产投资。单文用1953年的资本形成总额比上折旧率与1953至1957年固定资产投资形成的平均增长率之和来估算全国1952年的总资本存量，其估算结果为342亿元，本部分取以1952年为基期的资本存量的值。二是历年折旧率，单文对折旧率的处理分两种情况，一种是每年变化的折旧率，一种是按统一折旧率10.96%进行估算，本部分采用后者。三是历年的固定资产投资，单文用历年的固定资本形成额来替代，这也是一种常用的方法。由于相关统计资料中缺乏以1952年为100的固定资本形成总额指数，因此我们先从《中国国内生产总值核算历史资料1952—2004》和《中国统计年鉴2014》中获取以上年为100的固定资本形成总额指数，再转换成以1952年为100的固定资本形成总额指数。然后，以该指数来计算以1952年为基期的历年实际固定资本形成额。据此测算的1952—2013年期间中国总的资本存量如表5-1所示，1952—2006年的测算结果与单文的基本一致，2007—2013年间单文并没有对这些年份的资本存量进行估

算，本部分因研究需要，对此进行了扩充。

$$K_{t+1} = K_t(1 - \delta) + I_{t+1} \qquad\qquad 式(5\text{-}1)$$

表 5-1 中国 1952—2013 年历年的总资本存量及分产业的资本存量（单位：亿元）

年 份	总资本存量	一产资本存量	二产资本存量	三产资本存量
1952	342.00	8.07	140.97	192.96
1953	421.21	13.35	148.77	259.09
1954	518.58	9.75	219.46	289.42
1955	616.61	12.52	283.70	320.33
1956	783.50	24.05	377.10	382.43
1957	906.08	28.54	486.93	390.61
1958	1176.55	28.83	768.52	379.32
1959	1493.93	36.15	915.03	542.74
1960	1816.25	61.03	1102.83	652.22
1961	1855.35	97.96	1136.59	620.80
1962	1822.77	156.03	1038.80	627.94
1963	1823.30	192.36	939.36	691.58
1964	1899.30	155.74	994.28	749.27
1965	2035.09	110.71	1054.58	869.80
1966	2219.62	82.35	1270.95	866.32
1967	2299.56	85.31	1316.73	897.52
1968	2357.81	87.47	1350.08	920.25
1969	2529.76	93.85	1448.54	987.37
1970	2830.05	104.99	1620.49	1104.57
1971	3151.15	134.87	1787.96	1228.32
1972	3449.04	147.62	1956.99	1344.44
1973	3757.39	160.82	2131.94	1464.63
1974	4117.05	176.21	2336.01	1604.83
1975	4563.03	138.72	2652.49	1771.82

续表

年　份	总资本存量	一产资本存量	二产资本存量	三产资本存量
1976	4938. 60	165. 44	2814. 51	1958. 65
1977	5306. 29	179. 88	3099. 40	2027. 00
1978	5790. 02	207. 28	3259. 20	2323. 54
1979	6275. 05	269. 20	3216. 59	2789. 89
1980	6833. 46	256. 94	3943. 59	2632. 93
1981	7306. 98	237. 48	4239. 51	2829. 99
1982	7847. 19	237. 77	4345. 77	3263. 65
1983	8487. 77	191. 82	4835. 48	3460. 46
1984	9353. 77	194. 56	5182. 92	3976. 29
1985	10414. 06	160. 38	5649. 63	4604. 06
1986	11575. 03	152. 79	6690. 37	4731. 87
1987	12954. 11	176. 18	7961. 60	4816. 34
1988	14420. 33	194. 67	9109. 32	5116. 33
1989	15339. 13	193. 27	9616. 10	5529. 76
1990	16247. 20	217. 71	10375. 46	5654. 03
1991	17467. 44	267. 25	10859. 51	6340. 68
1992	19277. 17	250. 60	11084. 37	7942. 19
1993	21819. 59	205. 10	11826. 22	9788. 27
1994	24916. 65	204. 32	12941. 71	11770. 63
1995	28431. 69	253. 04	14949. 38	13229. 27
1996	32236. 03	825. 24	13039. 47	18371. 31
1997	36052. 48	937. 36	14013. 60	21101. 52
1998	40185. 60	976. 51	13827. 86	25385. 24
1999	44455. 90	1124. 73	16853. 23	26477. 93
2000	49099. 61	1237. 31	18196. 32	29665. 98
2001	54290. 69	1351. 84	19794. 39	33144. 47
2002	60530. 37	2070. 14	20441. 11	38019. 13
2003	68511. 97	2034. 81	26329. 15	40148. 01

续表

年　份	总资本存量	一产资本存量	二产资本存量	三产资本存量
2004	77752. 68	2083. 77	31707. 54	43961. 37
2005	88024. 13	2306. 23	38510. 56	47207. 34
2006	100310. 40	2507. 76	44206. 79	53595. 85
2007	114244. 10	2833. 25	50872. 90	60537. 95
2008	129935. 40	3807. 11	57860. 23	68268. 06
2009	151062. 40	4637. 62	64730. 24	81694. 55
2010	174509. 30	4973. 52	74096. 65	95439. 14
2011	199489. 80	5605. 66	84843. 01	109041. 12
2012	226564. 30	6638. 33	95700. 76	124225. 21
2013	256091. 50	6427. 90	106047. 49	143616. 11

　　根据上文已经测算出的 1952—2013 年间历年总的资本存量，第一、二、三产业资本存量的估算需要获取第一、二、三产业在总资本存量中的占比，该占比往往用三次产业各自在全社会新增固定资产累计总额中的比重来代替。对于该比重，2003—2013 年的数据可以从历年的《中国统计年鉴》上获取到，1996—1998 年及 2002 年的数据可以从历年的《中国固定资产投资年鉴》上获得。由于 1953—1995 年的数据在历年的相关统计资料上无法获取，故通过以下方式进行估算：全社会固定资产投资按管理渠道可以分为基本建设投资、更新改造投资、房地产开发投资和其他固定资产投资四个部分。在 1953—1995 年间后两者在全社会固定资产投资中的占比相对较小，故将其忽略不计。在《中国固定资产投资统计年鉴（1950—1995）》上获得 1953—1995 年历年三次产业的基本建设投资额和 1978—1995 年历年三次产业更新改造投资额。1953—1977 年的三次产业比重用历年三次产业的基本建设投资占比代替，1978—1995 年的三次产业比重用历年三次产业的基本建设投资和更新改造投资之和的占比代替。以上估算方式会存在一定误差，但是由于 1978 年之前的历年更新改造投资额很小，故在可以接受的范围之内。此外，缺失的其余 4 个年份的数据用移动平均法进行估算。据此测算出的 1952—2013 年期间中国历年第一、二、三产业的资本存量值详见表5-1。

二、中国三次产业中资本和劳动的贡献

如图 5-1 所示，1952—2013 年期间第一产业的劳动就业人员在 2003 年之前总体上呈现上升趋势，自 2003 年起呈大幅下降趋势；第二、三产业的劳动就业人员则总体上呈上升趋势。第一产业的劳动就业人员在 1957—1961 年间呈现先下降后上升的趋势，第二、三产业的劳动就业人员在这一期间则呈现先上升后下降的趋势，这与中国当时的特殊背景有关。第一产业的劳动就业人数一直大幅度地高于第二、三产业的劳动就业人数，直至 2011 年第三产业的劳动就业人数达到 27282 万人，首次超过当年度第一产业的劳动就业人数 26594 万人。分产业来看，第一产业的劳动就业人员的波动幅度相对较大，其劳动就业人数下降的年份包括了 1958 年由上一年的 19309 万人下降到 15490 万人、1978 年由上一年的 29340 万人下降到 28318 万人、1984 年由上一年的 31151 万人下降到 30868 万人、1995 年由上一年的 36628 万人下降到 35530 万人、2003 年由上一年的 36640 万人下降到 36204.4 万人。第二产业和第三产业历年劳动就业人员的变动幅度相对较小，第二产业劳动就业人员仅 1959 年、1999 年和 2013 年出现了下降，第三产业劳动就业人员仅 1961 年、1969 年出现了下降。

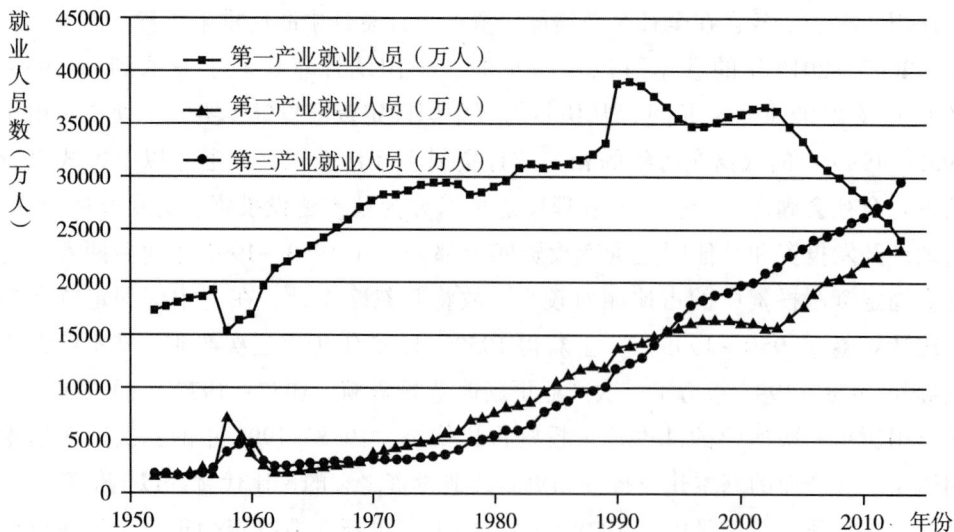

图 5-1 1952—2013 年期间三次产业就业人员人数变化

在 1952—2013 年期间第一、二、三产业劳动就业人员的比重变化趋势中（如

图 5-2 所示），第一产业的劳动就业人数比重总体上呈下降趋势，而第二、三产业的劳动就业人数比重总体上呈上升趋势。在 1957—1961 年期间，第一产业的劳动就业人数比重出现了先下降后上升的趋势，而第二、三产业的劳动就业人数比重则出现了先上升后下降的趋势。与图 5-1 三次产业劳动就业人数变化的趋势相对应，即使是在 1958—1961 年这段三次产业波动较大的时期，第一产业劳动就业人员比重一直远高于第二、三产业的劳动就业人员比重。直到 2011 年，第三产业劳动就业人数的占比为 35.70%，首次超过第一产业该年度劳动就业人数 34.80% 的比重。

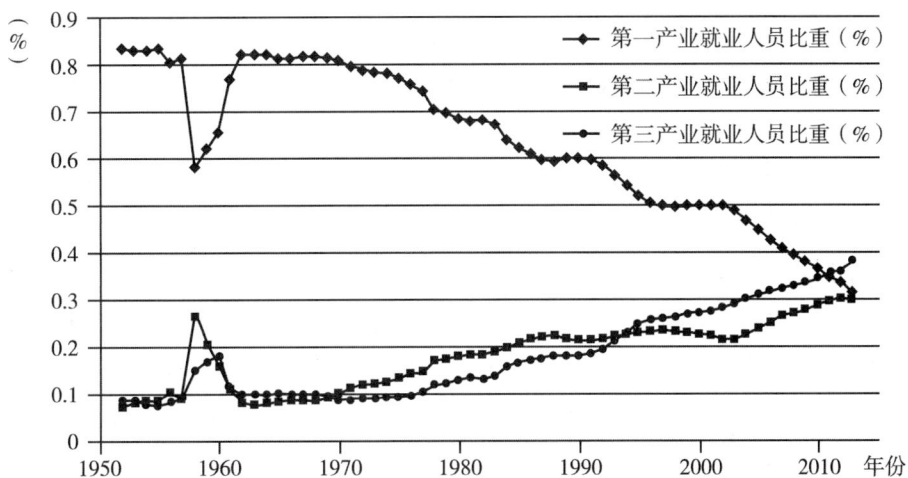

图 5-2　1952—2013 年期间三次产业就业人员比重变化

测算资本和劳动的贡献一般会采用柯布-道格拉斯生产函数的双对数模型，通过估算所得两者的弹性来衡量资本和劳动在生产总值中的份额。因为超越对数生产函数中资本和劳动的弹性不是固定不变的，而是随时间变化的，每年的弹性并不相同，计算结果更加可靠。因此，为了更加准确地测算中国 1952—2013 年间第一、二、三产业中资本和劳动的贡献，本部分使用了超越对数生产函数的形式，如式 5-2 所示，对三次产业生产函数的相关参数进行估算。式中 Y 为每一产业中以 1952 年为基期的历年国内生产总值，k 分别为上一部分估算的第一、二、三产业以 1952 年为基期的历年资本存量，l 则分别为第一、二、三产业的历年就业人员。同时，由于超越对数生产函数各自变量之间存在着较强的多重共线性问题，因此传统线性回归模型中的最小二乘法在此并不适用，本部分采用有偏的岭回归来消除这一问题。据此，1952—2013 年期间第一、二、三产业的超越对数生产函数的估计形式分别如式 5-3、5-4 和 5-5。

$$\ln Y = a_1 + a_2\ln k + a_3\ln l + \frac{1}{2}a_4(\ln k)^2 + \frac{1}{2}a_5(\ln l)^2 + a_6\ln k\ln l \qquad 式(5-2)$$

$$\ln Y_1 = -0.3724 + 0.0388\ln k_1 + 0.3646\ln l_1 + 0.0346(\ln k_1)^2$$
$$+ 0.0432(\ln l_1)^2 + 0.0053\ln k_1\ln l_1 \qquad 式(5-3)$$

$$\ln Y_2 = -0.2365 + 0.2420\ln k_2 + 0.2379\ln l_2 + 0.0369(\ln k_2)^2$$
$$+ 0.0347(\ln l_2)^2 + 0.0198\ln k_2\ln l_2 \qquad 式(5-4)$$

$$\ln Y_3 = 0.6501 + 0.1226\ln k_3 + 0.2527\ln l_3 + 0.0252(\ln k_3)^2$$
$$+ 0.0373(\ln l_3)^2 + 0.0139\ln k_3\ln l_3 \qquad 式(5-5)$$

在估计出三次产业的超越对数生产函数之后，其资本和劳动的弹性系数的计算公式如式 5-6 和式 5-7 所示。因此，三次产业中资本和劳动在国内生产总值中的比重则分别可以通过资本的弹性占资本和劳动弹性之和的比重、劳动的弹性占资本和劳动弹性之和的比重来替代。同时，可以通过《新中国 60 年统计资料汇编》和《中国统计年鉴 2014》等相关统计资料获取 1952—2013 年期间第一、二、三产业的历年国内生产总值绝对值，以上年等于 100 的国内生产总值发展速度，并据此转换成以 1952 年等于 100 的三次产业历年国内生产总值实际值。本部分仅列出最终计算所得的 1952—2013 年期间中国第一、二、三产业中资本和劳动的贡献值，具体内容详见表 5-2 所示。

$$\eta_k = \frac{dY/Y}{dk/k} = \frac{d\ln Y}{d\ln k} = a_2 + a_4\ln k + a_6\ln l \qquad 式(5-6)$$

$$\eta_1 = \frac{dY/Y}{dl/l} = \frac{d\ln Y}{d\ln l} = a_3 + a_5\ln l + a_6\ln k \qquad 式(5-7)$$

表 5-2　　中国 1952—2013 年期间三次产业资本和劳动贡献（单位：亿元）

年份	一产资本份额	一产劳动份额	二产资本份额	二产劳动份额	三产资本份额	三产劳动份额
1952	55.93	290.07	66.80	75.00	68.21	122.99
1953	63.73	288.84	90.60	101.96	86.54	152.27
1954	60.47	297.99	106.09	116.68	86.87	150.98
1955	68.86	317.97	115.14	124.50	91.50	157.82
1956	81.66	323.16	155.29	167.02	104.23	178.17
1957	86.51	330.77	169.85	178.27	108.66	186.94

年份	一产资本份额	一产劳动份额	二产资本份额	二产劳动份额	三产资本份额	三产劳动份额
1958	87.84	331.17	255.36	276.96	125.74	223.39
1959	76.50	276.07	325.27	344.45	147.35	256.08
1960	68.95	225.84	347.79	359.22	155.77	267.74
1961	74.01	225.28	203.58	205.94	117.08	197.06
1962	81.47	231.31	182.85	182.71	106.78	178.11
1963	92.66	255.42	208.81	209.78	111.86	185.46
1964	102.06	291.00	262.24	263.55	129.48	213.92
1965	107.44	323.68	325.45	327.68	150.85	247.04
1966	110.84	351.42	399.89	399.86	147.85	242.39
1967	113.26	357.65	342.81	342.51	148.74	243.60
1968	111.71	351.93	311.15	310.93	149.65	245.18
1969	113.44	354.01	413.95	414.16	170.39	277.59
1970	123.76	379.67	557.66	558.73	183.32	296.40
1971	129.77	383.00	626.00	627.80	194.63	313.01
1972	130.00	378.27	668.55	669.47	205.26	328.38
1973	142.95	411.00	724.99	724.35	217.21	345.49
1974	150.28	426.50	736.09	733.53	221.09	350.22
1975	149.21	439.34	853.46	848.42	232.66	366.75
1976	149.55	428.62	831.75	827.74	234.05	367.66
1977	147.62	417.74	943.80	936.18	256.04	403,60
1978	156.28	432.27	1082.52	1080.21	291.62	459.22
1979	170.43	454.45	1169.74	1170.24	316.21	493.52
1980	166.97	448.56	1333.46	1324.01	333.70	524.60
1981	177.00	481.44	1359.67	1347.43	368.69	579.09
1982	197.20	537.36	1434.78	1422.92	418.52	652.20
1983	208.64	586.81	1586.36	1567.56	481.90	751.34
1984	236.05	662.17	1814.90	1795.61	575.35	896.51
1985	235.17	679.31	2152.55	2128.39	681.97	1057.19

续表

年份	一产资本份额	一产劳动份额	二产资本份额	二产劳动份额	三产资本份额	三产劳动份额
1986	241.64	703.29	2378.30	2340.24	763.60	1184.92
1987	256.98	732.58	2712.73	2651.99	872.16	1356.28
1988	266.14	748.33	3114.13	3029.50	987.41	1534.14
1989	273.85	772.11	3236.69	3138.35	1042.71	1614.01
1990	295.74	826.68	3334.14	3242.97	1062.57	1656.29
1991	309.33	840.08	3799.16	3689.16	1160.50	1799.47
1992	321.85	881.54	4602.52	4469.84	1313.31	2015.10
1993	330.35	929.78	5520.08	5354.70	1480.71	2253.23
1994	343.76	966.54	6543.86	6327.47	1650.97	2497.11
1995	369.67	1006.37	7472.88	7184.42	1816.15	2740.15
1996	433.89	1012.04	8344.76	8086.88	2005.55	2980.18
1997	453.91	1042.89	9230.20	8923.32	2228.63	3291.31
1998	471.15	1077.89	10048.89	9722.28	2427.94	3554.33
1999	489.53	1102.76	10918.18	10461.43	2656.60	3883.78
2000	504.99	1125.71	11971.61	11423.97	2923.27	4254.57
2001	522.53	1153.84	13006.32	12364.25	3232.64	4681.51
2002	554.95	1169.86	14305.92	13558.35	3581.27	5159.25
2003	568.42	1199.64	16202.37	15192.86	3924.77	5646.51
2004	606.19	1273.28	18055.21	16828.72	4325.11	6208.67
2005	643.58	1334.16	20295.21	18809.69	4858.88	6959.96
2006	681.02	1395.67	23049.50	21295.47	5560.28	7925.06
2007	713.67	1440.87	26568.08	24472.97	6471.03	9172.00
2008	768.87	1504.00	29262.73	26831.36	7163.44	10106.51
2009	812.68	1555.69	32214.22	29433.19	7884.89	11042.95
2010	852.50	1617.59	36245.53	32984.49	8691.24	12091.63
2011	897.61	1678.71	40057.41	36303.31	9534.23	13202.32
2012	949.01	1743.22	43294.31	39098.86	10339.24	14238.95
2013	987.44	1812.39	46765.51	42054.32	11220.76	15397.34

三、基于 shift-share 法的结构红利分析

对于劳动力转移所形成的结构红利，本部分采用 shift-share 法进行分析。由 Fabricant 提出的 shift-share 法认为要素内部生产率的增长和要素流动所产生的生产率的增长是造成总生产率增长的原因。基于此，我们可以认为劳动生产率的增长是由第一、二、三产业内部劳动生产率的增长和劳动力在第一、二、三产业之间的转移所带来的生产率的增长两部分构成的。设 LP 为总的劳动生产率，Shift-share 法对劳动生产率的分解公式如式 5-8 和式 5-9 所示：

$$LP = \frac{Y}{T} \sum_{i=1}^{n} \frac{Y_i L_i}{L_i L} = \sum_{i=1}^{n} LP_i S_i \qquad \text{式}(5\text{-}8)$$

$$\frac{LP^T - LP^0}{LP^0} = \frac{\sum_{i=1}^{n}(LP_i^T - LP_i^0)S_i^0}{LP^0} + \frac{\sum_{i=1}^{n}(S_i^T - S_i^0)LP_i^0}{LP^0}$$

$$+ \frac{\sum_{i=1}^{n}(S_i^T - S_i^0)(LP_i^T - LP_i^0)}{LP^0} \qquad \text{式}(5\text{-}9)$$

上述两式中，$Y(i=1、2、3)$ 为劳动在三次产业中以 1952 年为基期的国内生产总值中的贡献，$L(i=1、2、3)$ 代表三次产业中各自的劳动就业人数。$LP^0(i=1、2、3)$ 是期初第一、二、三产业各自的劳动生产率，$LP^T(i=1、2、3)$ 则是期末第一、二、三产业各自的劳动生产率。$S_i^0(i=1、2、3)$ 是代表期初第一、二、三产业中各自的劳动就业人数占当年总就业人数的比重，$S_i^T(i=1、2、3)$ 则是代表期末第一、二、三产业中各自的劳动就业人数占当年总就业人数的比重。在式 5-9 中，等式右边第一项指的是第一、二、三产业各自内部的劳动生产率增长率，第二项指的是劳动力流动的静态转移效应，即指在劳动生产率保持不变的情况下，劳动力向最初具有较高生产率的产业流动时所带来的对总劳动生产率的影响，第三项指的是劳动力流动的动态转移效应，即指劳动力向具有较高生产率的产业流动时所带来的对总劳动生产率的影响，第二项和第三项合称劳动力流动的结构效应，本部分正是通过对这几项的估算和分析来验证劳动力流动的结构红利是否存在及其大小。考虑到我国人口政策在不同阶段的差异性，本部分把 1952—2013 年这六十二年的期间分为三个阶段，第一阶段是 1952—1977 年，第二阶段为 1978—1999 年，第三阶段则是 2000—2013 年。根据前文已经估算出的相关数据，本部分对不同时期劳动生产率的分解及结构红利的估算结果如表 5-3 所示。

表5-3 中国 1952—2013 年期间分阶段劳动生产率的各类增长效应 （单位:%）

阶 段	内部增长效应			内部增长效应合计	结 构 效 应		结构效应合计	总效应
	一产	二产	三产		静态转移	动态转移		
1952—1977	-8.92	35.00	11.78	37.86	13.48	38.22	51.70	89.56
1978—1999	22.36	169.61	26.86	218.83	39.87	81.93	121.80	340.63
2000—2013	9.38	107.20	35.97	152.55	30.60	47.11	77.71	230.26

从表5-3中我们可以发现，第一阶段 1952—1977 年劳动力的静态转移效应是 13.48%，动态转移效应是 38.22%；第二阶段 1978—1999 年劳动力的静态转移效应是 39.87%，动态转移效应是 81.93%；第三阶段 2000—2013 年劳动力的静态转移效应是 30.60%，动态转移效应是 47.11%。由此可知，各阶段劳动力的静态转移效应和动态转移效应均为正值，劳动力在不同产业间的转移确实会对总劳动生产率的提升起到积极作用，给经济发展带来结构红利。其中，第一阶段 1952—1977 年间的结构效应为 51.70%，在三个阶段中最小；第二阶段 1978—1999 年间的结构效应为 121.80%，是三个阶段中结构效应最大的期间；而第三阶段 2000—2013 年间的结构效应为 77.71%，其值的大小位于其他两个阶段之间。不同阶段劳动力流动所带来的结构效应的大小可能与我国不同时期的人口政策相关。在 1978 年改革开放之前由于我国特殊的城乡二元户籍制度及就业政策，劳动力的流动受到较为严格的控制，因此第一阶段 1952—1977 年劳动力流动所带来的结构效应相对较小。改革开放之后到 2000 年之前的这一段时期内，我国对劳动力流动及就业的相关政策开始逐步放松，劳动力流动的大量增加也为这一阶段带来了较高的结构效应。自 2000 年开始，国家对劳动力流动的政策进行了进一步的调整和优化，并进行了与劳动力流动相关的多方面配套措施的改革。统计数据显示，虽然这一阶段劳动力流动的结构效应不及第二阶段，但仍保持在较高的水平。

本部分借鉴单豪杰（2008）对全国总体资本存量估算的方法，验证了单文对于中国 1952—2006 年资本存量的估计，并拓展估算了 2007—2013 年的全国总的资本存量值。在此基础上，本部分通过估算第一、二、三产业分别在历年新增固定资产累计总额中所占的比重来获取 1952—2013 年第一、二、三产业的资本存量。第三部分首先利用统计年鉴的数据分析了 1952—2013 年期间三次产业劳动就业人数及比重的变迁；其次用前文计算所得的数据和统计年鉴相关数据构建三次产业的超越对数生产函数，并采用岭回归来估计函数的回归系数，消除了函数可能存在的多重共线性问题。根据估计所得的三次产业超越对数函数形式，估算历年资本和劳动的产出弹性及资本和劳动在历年国内生产总值中的比重，最终计算出中国 1952—2013 年期间历年国内生产总值中三次产业各自资本和劳动的贡献。最后，本部分利用 Fabricant 提出的 shift-share 分析法对中国 1952—2013 年间不同阶段（1952—1977 年、1978—1999 年、2000—2013 年）导致劳动生产率增长的因素进行了分解。

第二节　劳动力产业转移与经济增长

我国的人口转变带来了劳动力数量及劳动年龄人口比重的变化。尤其是自 1978 年以来，我国 15—64 岁的人口数一直呈上升趋势，2011 年突破了 10 万人，高达 100283 人，同年的劳动年龄人口比重为 74.4%。虽然 2011 年的劳动年龄人口比重比 2010 年下降了 0.1 个百分点，但是 15—64 岁的劳动年龄人口绝对数依旧在增加①。人口转变所带来的劳动年龄人口的大幅提升为我国提供了较为充足的劳动力。另一方面，随着城市第二、三产业劳动力短缺现象的逐步呈现，改革开放以来我国调整了原先对农村劳动力流动的严格控制政策，由严格限制农村劳动力流动逐步转向允许农村劳动力向城镇流动、控制劳动力在不同地区和产业间的盲目流动和引导农村劳动力有序流动。劳动力从农村向城市流动、由第一产业向第二、三产业转移有了国家政策的逐步支持，流动人数也有了较大幅度的提升。上述两方面促进了劳动力在不同地区和产业之间的转移。劳动力的这种转移变换为改善劳动投入要素在一、二、三产业之间的配置效率提供了可能，最终有利于形成促进经济增长的结构红利。

本部分试图对改革开放以来中国劳动力转移所带来的结构红利效应进行重新测算，对自 1978 年以来劳动力在第一、二、三产业之间转移所带来的劳动配置效率变化进行逐年分解，以了解劳动力变化对不同产业结构红利效应的影响，为未来结构红利变化趋势的预测打下基础。在研究方法上，采用国民收入核算法中劳动者报酬占 GDP 的比重来分离 GDP 中劳动和资本的占比，进一步提高结构红利测算的准确性。另外，现有的不少文献把人口抚养比停止下降的那一个年份作为人口红利消失的临界点，并通过不同方式估算出 2013 年前后是中国人口红利消失的转折点，如蔡昉（2013）认为 2004 年是中国达到刘易斯转折点的标志性年份，2013 年是人

---

① 资料来源：历年《中国人口和就业统计年鉴》。

口红利消失的标志性年份；涂舒、周宇（2013）也提到了 2013 年是人口红利消失的转折点。事实上，我国的人口总抚养比确实与学者们的预测较为一致，由 2011 年的 34.4% 首次上升为 2012 年的 34.9%。那么真如部分学者们预测的那样 2013 年是中国人口红利消失的转折点吗？我们可以通过考察人口红利的重要组成部分之一——结构红利便可窥一斑。现有的相关文献对于结构红利的研究大部分都集中于 2010 年之前，而本部分的研究期间则为 1978—2013 年，因此可以对 2013 年的红利拐点进行验证。

一、模型选择与数据说明

有很多学者用偏离份额法分析了我国不同阶段劳动力转移所带来的结构红利效应。由于偏离份额法是以劳动力的平均生产率计算为基础，它并没有考虑到技术进步等因素的变化，而随机前沿生产函数的适用性则更广，不仅不局限于固定要素投入弹性和规模报酬不变的假设，而且在函数中引入了代表技术进步变化的时间变量 t。因此，为了更好地估算劳动力在不同产业之间转移所带来的效率提升，本部分将基于随机前沿生产函数进行劳动力转移的效率分析。

（一）劳动力重置效应模型

借鉴张军等人（2009）对于随机前沿生产函数的设定及其对全要素生产率的分解，本部分分三次产业的随机前沿生产函数的一般形式可以设定为：

$$y_{it} = f(x_{it},\ t)\exp(\varepsilon_{it} - u_{it}) \qquad 式（5\text{-}10）$$

上式中 $i = 1$、2、3，分别代表第 1、2、3 产业；$t = 1978$、1979、…、2012、2013，分别代表 1978—2013 年这一期间的每一年份；因变量 y_{it} 代表各个年份每一产业对应年份的国内生产总值；x_{it} 代表随机前沿生产函数的投入，本部分中包含了资本和劳动两项投入。ε_{it} 为随机干扰项，服从正态分布；u_{it} 为技术无效率项，服从截断正态分布，与 ε_{it} 相互独立。

在张军等人（2009）一文中，全要素生产率的分解公式如下：

$$TFP_{it} = TC_{it} + TEC_{it} + (RTS_{it} - 1)\sum_{j=1}^{2}\lambda_{itj}X_{itj} + \sum_{j=1}^{2}(\lambda_{itj} - S_{itj})X_{itj}$$

$$式（5\text{-}11）$$

即在公式 5-11 中全要素生产率被分解成了技术进步、技术效率、规模效应和要素重置效应四个部分。由于本部分重点考察劳动力转移所带来的结构红利效应，因此主要测算公式 5-11 中等式右边的第四部分——即要素重置效应中的劳动力重置效应，具体公式如下所示：

$$(\lambda_{itl} - S_{itl})X_{itl} \qquad \qquad 式(5\text{-}12)$$

$$\lambda_{itl} = \alpha_{itl} / RTS_{it} \qquad \qquad 式(5\text{-}13)$$

$$RTS_{it} = \sum_{j=1}^{2} \alpha_{itj} \qquad \qquad 式(5\text{-}14)$$

公式 5-12 即为劳动力转移所带来的重置效应，也即本部分重点关注的结构红利效应。其中，λ_{itl} 代表投入要素劳动的最优边际产出占比，用三次产业劳动产出弹性占每个产业投入要素弹性之和来表示，具体计算公式见式 5-13 和式 5-14；S_{itl} 代表投入要素劳动的实际成本占比，用三次产业劳动成本占每个产业投入要素成本之和来表示；X_{itl} 则代表三次产业劳动的增长率。根据上述分析，为了计算三次产业劳动力转移所带来的重置效应，本部分随机前沿生产函数的具体形式如下：

$$\ln y_{it} = \beta_0 + \beta_1 \ln l_{it} + \beta_2 \ln k_{it} + \beta_3 t + \beta_4 \ln l_{it} \ln k_{it} + \beta_5 t \ln l_{it} + \beta_6 t \ln k_{it}$$

$$+ \frac{1}{2}\beta_7 (\ln l_{it})^2 + \frac{1}{2}\beta_8 (\ln k_{it})^2 + \frac{1}{2}\beta_9 t^2 + \varepsilon_{it} - u_{it} \qquad 式(5\text{-}15)$$

公式 5-15 中除了投入要素资本 K、劳动 L 外，还加入了时间变量 t，以便更好地测度随时间变化的技术进步所起到的作用。由此，可以通过估算公式 5-15 中的参数值，分别求出三次产业资本和劳动的弹性，代入公式 5-13 和 5-14，最终通过公式 5-12 估算出不同时期劳动力转移所带来的重置效应，也即本部分所关注的劳动力转移的结构红利效应。

（二）数据来源及估算说明

1. 国内生产总值 y_{it}

公式 5-15 中因变量 y_{it} 表示三次产业每一年份的国内生产总值，数据来源于《中国统计年鉴》各个年份三次产业的 GDP 值。同时，考虑到历年价格的不一致，本部分以 1978 年为基期对三次产业的国内生产总值做了平减处理，取其对数值作为因变量。

2. 资本投入 K

资本投入 K 指的是三次产业各年份的资本存量值。单豪杰（2008）对折旧率和 1953—1957 年固定资产投资形成的平均增长率进行加总，用 1953 年的资本形成总额与该加总值的比值来估算全国和各个省份的 1952 年的基本存量，并以此为基础估算了中国 1952—2006 年的全国资本存量。本部分借鉴此方法，由于单豪杰（2008）一文是以 1952 年为基期进行的测算，而本部分的研究期间为 1978—2013 年，因此需要根据他的估算方法以 1978 年为基期对我国的资本存量进行重新测算，并将估算期间由原来的 2006 年拓展至 2013 年。根据永续盘存法，要测算中国

1978—2013 年期间历年的总资本存量，有三个关键要素，一是 1978 年的基期资本存量。本部分 1978 年基期的资本存量用 1979 年的资本形成总额比上折旧率与 1978—1983 年固定资产投资形成的平均增长率之和来估算全国 1978 年的总资本存量。二是折旧率，单文对折旧率的处理分两种情况，一种是每年变化的折旧率，一种是按统一折旧率 10.96% 进行估算，本部分采用后者。三是固定资产投资，单文用历年的固定资本形成额来替代，这也是一种常用的方法。本部分先从相关统计年鉴上获取全国自 1978 年起的历年名义固定资本形成额，然后通过固定资产形成价格指数将名义固定资本形成额转化成以 1978 年为基期的实际固定资本形成额。最终测算出 1978—2013 年期间中国总的资本存量。

根据上文已经测算出的 1978—2013 年间历年总的资本存量，第一、二、三产业资本存量的估算需要获取第一、二、三产业在总资本存量中的占比，该占比用三次产业各自在全社会新增固定资产累计总额中的比重来代替。对于该比重，2003—2013 年的数据可以从历年的《中国统计年鉴》上获取到，1996—1998 年及 2002 年的数据可以从历年的《中国固定资产投资统计年鉴》上获得。由于 1978—1995 年的数据在历年的相关统计资料上无法获取，故通过以下方式进行估算：全社会固定资产投资按管理渠道可以分为基本建设投资、更新改造投资、房地产开发投资和其他固定资产投资四个部分。在 1978—1995 年间其他固定资产投资在全社会固定资产投资中的占比相对较小，故将其忽略不计。在《中国固定资产投资统计年鉴（1950—1995）》上获得 1978—1995 年的历年三次产业的基本建设投资额和更新改造投资额，房地产开发投资从 1986 年开始才公布历年的投资总额且其投资额相对较小，因此将其纳入第三产业中。1978—1985 年的三次产业比重用历年三次产业的基本建设投资和更新改造投资之和的占比代替，1986—1995 年在第三产业中加入了房地产开发投资额。此外，缺失的其余 3 个年份（1999—2001 年）三次产业资本存量的占比用线性插值法进行估算。据此测算出的 1978—2013 年期间中国历年第一、二、三产业的资本存量值。

3. 劳动投入要素 L

现有的大部分文献对劳动投入要素 L 都是选择了劳动就业人数，本部分也曾尝试用三次产业的全国劳动就业人数作为劳动投入要素的衡量来计算资本和劳动的弹性，但计算结果并不理想。究其原因，用三次产业的劳动就业人数作为三次产业的劳动投入要素存在一个较大的不足，即这样的做法是有一个前提条件的——假设三次产业的劳动力是同质的，他们的劳动力生产率不存在任何差异。然而事实上，不同产业之间的劳动力个体在其拥有的知识储备、劳动生产技能上存在很大区别，由此带来不同产业之间劳动生产率的差异。为了弥补这个缺憾并提高估算结果的准确性，本部分借鉴叶宗裕（2014）的做法，采用三次产业的劳动者报酬作为劳动投入要素的衡量指标，这样做的优势有两点：一是有效地避免了上述分析中提到的三次产业间劳动力存在异质性的问题；二是所使用的劳动者报酬数据与资本投入数据及三次产业的 GDP 值在数量级单位上能够保持一致。

劳动者报酬的数据来源于 1978—2013 年间除海南、西藏之外的 28 个省份（重庆和四川合并计算）的劳动者报酬数据的总和。1978—2004 年各省份的劳动者报酬数据来源于《中国国内生产总值核算历史资料：1952—1995》、《中国国内生产总值核算历史资料：1996—2002》和《中国国内生产总值核算历史资料：1952—2004》；2005—2013 年的数据来源于各个省份的统计年鉴，其中，部分省份的统计年鉴中只是公布了自 2005 年以来各个年份劳动者报酬的总额，并没有具体到三次产业的劳动者报酬。对此，本部分以这些省份前十年的三次产业中劳动者报酬的占比为基础，采用占比成分降维的方法通过灰色预测模型 GM（1，1）对 2005 年以来三次产业劳动者报酬的占比进行了估算。在得到全国历年的劳动者报酬数据之后，本部分又从《中国国内生产总值核算历史资料：1952—2004》和《中国统计年鉴 2014》上获取到 1978—2013 年的居民消费水平指数，作为劳动者报酬的价格指数，以 1978 年为基期对劳动者报酬数据作平减处理。

4. 时间 t

时间 t 代表技术进步。由于本部分所研究的劳动力转移的结构红利效应期间为 1978—2013 年。设置 1978 年的 t 值为 1，则时间 t 的取值范围为 $t = 1$、2、3、…、34、35、36。

5. 投入成本占比 S_{itl}

本部分中所使用的资本成本包括三次产业的固定资产折旧和利息支出。其中，三次产业固定资产折旧的数据来源与前面提到的劳动者报酬数据类似，均来自于各个省份历年三次产业固定资产折旧之和，对于部分省份的统计年鉴只公布当年度资本折旧总额而没有公布三次产业的固定资本折旧额的情况，依旧采用占比成分降维的方法并通过灰色预测模型 GM（1，1）对 2005 年以来的占比进行估算。由于国家统计局网站只公布了 2000—2013 年历年我国利息支出的累计值，1982—1999 年数据来源于蒋云赟和任若恩（2004）的估算，缺失的 1978—1981 年这 4 年的数据则是根据后 3 年利息支出的平均增长率进行估算的结果。劳动成本用三次产业的工资总额来代替，数据来源于历年《中国劳动统计年鉴》。其中，由于统计口径的变化，2009 年起为三次产业城镇单位就业人员的工资总额，缺失的 2013 年采用前 3

年工资总额平均增长率估算获得。

二、实证分析结果

伴随着我国人口转变过程及劳动力在不同产业之间的转移，我国三次产业的就业人员在 1978—2013 年发生了巨大的变化。农村剩余劳动力逐步从传统农业中脱离出来，流向城市非农产业。第一产业劳动力数量及占比减少，第二、三产业劳动力数量及占比增加，三次产业的劳动力分布结构由改革开放之初的第一产业占主导演变为当今三次产业相对较为接近、不分上下的局面。劳动力三次产业间分布结构的变迁为我国经济发展过程中获取结构红利提供了可能。

如图 5-3 所示，第一产业劳动就业人数由 1978 年的 28318 万人下降到 2013 年的 24171 万人，下降幅度为 14.64%。虽然这 35 年来第一产业的劳动就业人数整体上呈下降趋势，但其波动相对较大，可以分为几个小阶段。第一阶段是 1978—1991 年，除了 1984 年的劳动就业人数比前一年份略有下降之外，其余年份一直呈现上升趋势，并在 1991 年达到最高点，为 39098 万人。第二阶段是 1992—1996 年，劳动就业人数开始呈现逐年下降趋势，由 1992 年的 38699 万人降至 1996 年的 34820 万人。第三阶段是自 1997 年起，第一产业的劳动就业人数略有上升，直至 2002 年。第四阶段是 2003—2013 年，这一阶段的劳动就业人数再一次呈现逐年下降趋势，由 2003 年的 36204.4 万人下降至 2013 年的 24171 万人。第二产业的劳动就业人数在整个期间呈上升趋势，劳动就业人数由 1978 年的 6945 万人增长到 2013 年的 23170 万人，增长了 2.34 倍，增幅相对较大。在 1978—2013 年整个期间中，劳动就业人数出现下降的年份有 1989 年、1999—2000 年、2002 年及 2013 年。其中下降幅度最大的是 2002 年，由 2001 年的 16233.7 万人下降至 2002 年的 15681.9 万人，下降幅度为 3.40%。第三产业的劳动就业人数在 1978—2013 年间一直呈上升趋势。1978 年我国第三产业的劳动就业人数只有 4890 万人，2011 年第三产业的就业人数已增至 27282 万人，在数量上首次超过了当年度第一产业的劳动就业人数 26594 万人，并在 2013 年增长到了 29636 万人。

从三次产业劳动就业人数的比重看，1978—2013 年间第一产业劳动就业人数占比总体上呈下降趋势，而第二、三产业劳动就业人数占比则呈上升趋势，这与前文三次产业劳动就业人数变化基本一致。分产业来看，第一产业劳动就业人数的比重由 1978 年的 70.53% 降至 2013 年的 31.40%，降幅为 55.48%。其中 1982 年、1989—1990 年、1999 年的比重相对于前一年份出现了略微的上升。第二产业劳动就业人数的比重由 1978 年的 17.30% 增至 2013 年的 30.10%，增幅为 73.99%。其

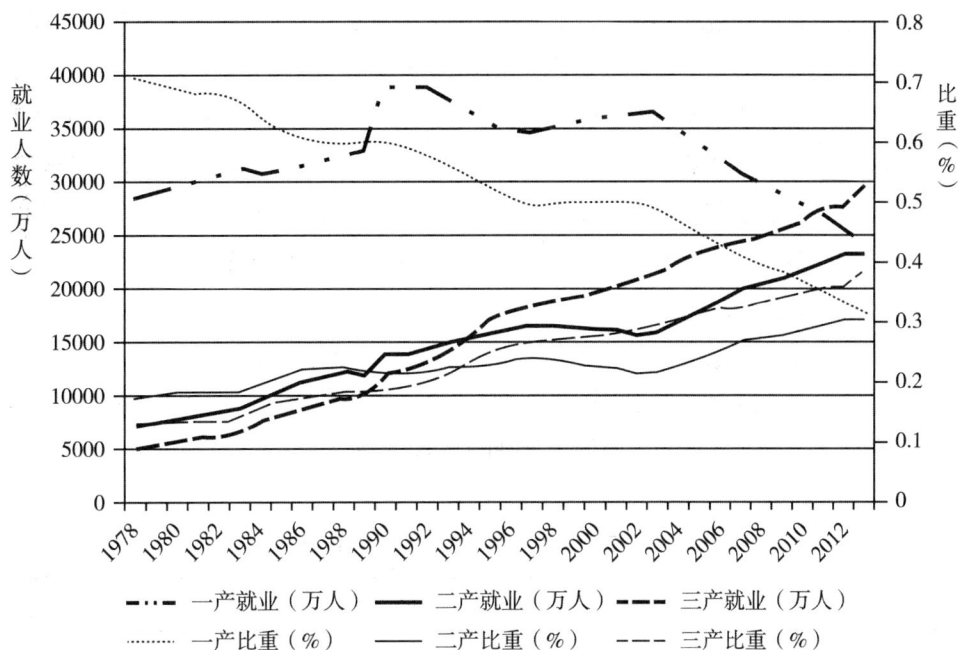

图 5-3 1978—2013 年期间三次产业就业人数及比重变化

数据来源：历年《中国统计年鉴》，就业人员比重由作者根据相关数据计算所得。

中 1989—1990 年、1998—2002 年、2013 年的比重相对于前一年份有较小的下降。第三产业的劳动就业人数占比由 1978 年的 12.18%增至 2013 年的 38.50%，增幅为 216.09%。其中 1982 年的比重比前一年份有略微的下降。由统计数据可知，1978 年三次产业劳动就业人数的占比依次为 70.53%、17.30%和 12.18%，第一产业的占比占主导。但至 2011 年，对应占比则分别变为 34.80%、29.50%和 35.70%，第三产业劳动就业人数占比首次超过第一产业。可见，随着劳动力在不同产业之间转移的日趋频繁，第一产业劳动就业人数及占比占主导的局面被彻底打破，三次产业的劳动就业人数及占比趋于接近。

模型设定公式 5-15 中是包含所有变量的随机前沿生产函数的全形式，事实上，公式 5-15 可以简化成多种其他形式的生产函数，如 C-D 生产函数、不含时间项 t 的超越对数生产函数等。为了获取本部分中模型设定的最合理形式，下面对该模型进行检验。

检验一：假设随机前沿生产函数模型为包含时间 t 的超越对数生产函数的全形

式，即为公式 5-15，该检验为模型 1。

检验二：假设随机前沿生产函数模型为包含时间 t 的 C-D 生产函数形式，即假设参数 $\beta_4 = \beta_5 = \beta_6 = \beta_7 = \beta_8 = \beta_9 = 0$，该检验为模型 2。

检验三：假设随机前沿生产函数模型为不包含时间 t 的超越对数生产函数形式，即该生产函数中不存在技术进步，参数 $\beta_3 = \beta_5 = \beta_6 = \beta_9 = 0$，该检验为模型 3。

检验四：假设随机前沿生产函数模型为不包含时间与投入要素交叉项的超越对数生产函数模型，即该生产函数中的技术进步独立于要素投入，为希克斯技术进步，参数 $\beta_5 = \beta_6 = 0$，该检验为模型 4。

检验五：对有冗余变量的模型进行调整，该检验为模型 5。

本部分用 frontier 4.1 软件采用极大似然估计法对模型 1、模型 2、模型 3、模型 4 和模型 5 分别进行计算，计算结果如表 5-4 所示。

表 5-4　　　　　　　　　各种随机前沿生产函数形式估算结果

变量	系数	模型 1	模型 2	模型 3	模型 4	模型 5
截距	β_0	4.4893	4.1214 ***	-1.3327 *	9.4479 ***	10.2816 ***
$\ln l_{it}$	β_1	1.1355	0.5221 ***	-0.6383 **	-0.2581	-1.0667 **
$\ln k_{it}$	β_2	-0.1608	-0.0032	1.6459 ***	-0.7775 **	-0.3924 **
t	β_3	0.0525	0.0668 ***	—	0.0852 ***	0.0844 ***
$\ln l_{it} \ln k_{it}$	β_4	0.0574 *	—	-0.1759 ***	0.0721 *	—
$t \ln l_{it}$	β_5	0.0025	—	—	—	—
$t \ln k_{it}$	β_6	0.0027	—	—	—	—
$0.5\,(\ln l_{it})^2$	β_7	-0.1649	—	0.4620 ***	0.0095	0.2127 ***
$0.5\,(\ln k_{it})^2$	β_8	-0.0572 ***	—	-0.0198	0.0561 *	0.0807 ***
$0.5 t^2$	β_9	0.0011	—	—	-0.0026 ***	-0.0032 ***
σ^2		0.5747 ***	5.7229	1.8624	0.0548 ***	0.0555 **
γ		0.9975 ***	0.9996 ***	0.9953 ***	0.8265 ***	0.8391 ***
μ		1.5142 ***	-2.9330	-0.2384	0.4255 **	0.4316 *
η		-0.0239 ***	-0.0285 ***	-0.0447 ***	-0.0327 ***	-0.0306 ***
样本数		108	108	108	108	108

变量	系数	模型 1	模型 2	模型 3	模型 4	模型 5
对数似然函数值		179. 8158	161. 3925	92. 3645	95. 5232	94. 1594
LR 值		373. 6471 ***	382. 9266 ***	256. 6378 ***	217. 1023 ***	216. 3158 ***

注：* 表示 p<10%；** 表示 p<5%；*** 表示 p<1%。

如表 5-4 所示，模型 1 中系数显著的变量只有 $\ln l_{it}\ln k_{it}$ 和 0.5 $(\ln k_{it})^2$ 这两项，这显然不符合要求；模型 2 中，作为核心变量的投入要素 $\ln k_{it}$ 没有通过显著性检验，且方差参数 σ^2 不显著，不符合要求；同理，模型 3 中方差参数 σ^2 依旧没有通过显著性检验，模型 4 的方差参数虽然通过了显著性检验，但变量 $\ln l_{it}$ 和 0.5 $(\ln l_{it})^2$ 不显著。以模型 4 为基础，进一步调整后结果如模型 5 所示。可见，去掉模型 4 中的变量 $\ln l_{it}\ln k_{it}$ 之后，各个变量及方差参数均在不同统计水平上显著。模型 5 的广义似然比检验结果 LR 值为 216.3158，小于其 1% 显著性水平的临界值 6.635，接受原假设，即本部分采用模型 5 是合理的。为了进一步对模型的无效率参数进行检验，以模型 5 作为基础模型，设置以下三个检验：

检验六：假设技术无效率指数 u_{it} 服从半正态分布，即假设参数 $\mu=0$。

检验七：假设技术无效率不存在时间效应，不随时间变化，即假设参数 $\eta=0$。

检验八：假设不存在技术无效率，即假设参数 $\mu=\eta=\gamma=0$。

如表 5-5 所示，检验六、七、八的 LR 值都在 1% 的统计水平上显著，原假设均被拒绝，说明模型中不仅存在着技术无效率，而且技术无效率存在时间效应，随时间发生变化，技术无效率指数服从正的截尾正态分布。综上，本部分采用模型 5 是合适的。

表 5-5　　　　　　　　　　**以模型 5 为基础的 LR 检验结果**

原假设 H0	d. f.	对数似然值 L (H0)	对数似然值 L (H1)	LR 值	检验结果
$\mu=0$	1	181. 5648	94. 1594	174. 8110 ***	拒绝
$\eta=0$	1	59. 4440	94. 1594	69. 4308 ***	拒绝
$\mu=\eta=\gamma=0$	3	59. 4212	94. 1594	69. 4764 ***	拒绝

注：* 表示 p<10%；** 表示 p<5%；*** 表示 p<1%。

以下根据模型 5 的估算结果求出三次产业历年的资本和劳动弹性，并由公式 5-

109

12 估算第一、二、三产业由于劳动力的转移所带来的重置效应，即劳动力重置的结构红利效应，如表 5-6 所示。

表 5-6　　　　　　　　　劳动力重置的结构红利效应

年　份	第 一 产 业	第 二 产 业	第 三 产 业	劳动力重置效应
1979	0.0415	−0.0021	−0.0069	0.0325
1980	0.0169	−0.0125	−0.0458	−0.0414
1981	0.0493	0.0007	−0.0223	0.0277
1982	0.0353	−0.0022	−0.0187	0.0144
1983	0.0408	−0.0052	−0.0128	0.0229
1984	0.0405	−0.0108	−0.0243	0.0053
1985	0.0314	−0.0100	−0.0242	−0.0029
1986	0.0046	−0.0029	−0.0160	−0.0144
1987	0.0166	−0.0018	−0.0049	0.0099
1988	0.0187	−0.0005	−0.0062	0.0120
1989	−0.0211	0.0002	−0.0006	−0.0215
1990	0.0320	−0.0003	0.0010	0.0328
1991	0.0072	0.0039	0.0066	0.0177
1992	0.0282	0.0150	0.0087	0.0519
1993	−0.0152	0.0469	−0.0060	0.0257
1994	0.0223	0.0057	−0.0069	0.0211
1995	0.0423	0.0171	−0.0036	0.0558
1996	0.0354	0.0185	−0.0039	0.0501
1997	−0.0070	0.0151	−0.0005	0.0076
1998	0.0037	0.0179	0.0012	0.0227
1999	0.0044	0.0233	0.0027	0.0304
2000	0.0011	0.0275	0.0104	0.0389
2001	0.0038	0.0157	0.0051	0.0246

年 份	第 一 产 业	第 二 产 业	第 三 产 业	劳动力重置效应
2002	−0.0002	0.0208	0.0053	0.0260
2003	−0.0009	0.0357	0.0031	0.0380
2004	0.1344	0.0160	−0.0026	0.1478
2005	−0.0141	0.0324	0.0222	0.0406
2006	0.0240	0.0330	0.0110	0.0680
2007	0.0363	0.0297	0.0114	0.0774
2008	0.0101	0.0287	0.0107	0.0495
2009	0.0176	0.0219	0.0115	0.0510
2010	0.0274	0.0182	0.0076	0.0532
2011	0.0290	0.0238	0.0088	0.0616
2012	0.0259	0.0176	0.0090	0.0526
2013	0.0071	0.0117	0.0078	0.0267

由表 5-6 可知，除了 1990 年之前有四个年份的值为负数外，1978—2013 年这一期间劳动力转移所带来的总重置效应总体上为正。从数值大小来看，虽然各年份劳动力转移的重置效应在不断地波动，但整体上是增加的，尤其是 2004—2012 年的劳动力总重置效应要普遍高于其他绝大多数年份。这说明自改革开放以来我国劳动力转移的结构红利效应确实是存在的，劳动力在不同产业之间转移能够提高我国的劳动生产率，促进经济增长。分产业来看，不同产业间劳动力转移所带来的重置效应差异很大。除少数几个年份外，第一产业的劳动力重置效应都为正，农村剩余劳动力从第一产业流向第二、三产业，减少了第一产业剩余劳动力数量并提高该产业的劳动生产率，产生劳动力转移的结构红利。第二、三产业的劳动力重置效应在1991 年之前基本上为负值，这一时期虽然有大量的农村劳动力从第一产业涌向第二、三产业，但此时很大一部分劳动力的流动是盲目的。他们虽然离开了农村，从土地和农耕中解放出来，但并没有掌握从事第二、三产业工作所需的基本技能和专业知识，劳动生产率极其低下，导致第二、三产业的边际产出份额要低于实际的劳动投入成本份额，这也是这一阶段第二、三产业劳动力重置效应为负的主要原因。第三产业的这种负效应持续时间更长，直至 1997 年。可见，这一阶段总的结构红

利主要来源于第一产业农村剩余劳动力的减少和劳动生产率的提高。此后，国家相关部门采取了多项政策措施逐步引导农村剩余劳动力向第二、三产业规范有序流动。如出台《2003—2010 年全国农民工培训规划》、《关于进一步加强农村工作提高农业综合生产能力若干政策的意见》等文件加强对农村剩余劳动力的培训，提高其职业技能，引导他们合理地向第二、三产业流动。这些引导政策是富有成效的，表现为后一阶段第二、三产业劳动力转移的重置效应逐渐由负转正，总效应在整体上得到提升。另外，2013 年劳动力的重置效应比前一年份确实有所下降，但 1979—2013 年期间劳动力的重置效应一直处于波动状态，所以 2013 年劳动力重置效应的下降并不能从某种程度上说明我国人口红利的拐点已经到来。

以上我们通过建立随机前沿生产函数模型，使用 1978—2013 年的宏观经济数据对三次产业间劳动力转移带来的结构红利进行估算，实证结果证明了这一期间劳动力转移的结构红利效应确实存在。除了少数几个年份外，三次产业间劳动力转移所引致的结构红利整体上为正值，有效促进了我国经济的发展。分产业看，第一产业的结构红利变化趋势与总的结构红利效应类似，其值基本上为正数，体现出第一产业中的确存在剩余劳动力，这些劳动力向第二、三产业的转移能够提高第一产业的劳动生产率。同时，由于这一期间中国劳动力的流动经历了由盲目流动转变为规范有序转移的过程，第二、三产业的结构红利呈现出由负转正的变动趋势。在劳动力的盲流阶段，剩余劳动力从第一产业大量涌入到城市的第二、三产业中，但大部分劳动力并不具有城市空缺岗位所要求的基本劳动技能，他们在城市中处于失业状态，城市空缺岗位也并没有因为大量农村剩余劳动力的流入而得到填补。此时，第二、三产业的结构红利效应是负的。在劳动力进入到规范有序转移的阶段后，流入到城市中的农村剩余劳动力一方面经过了简单的技能培训，具备城市第二、三产业空缺岗位所需的基本劳动技能。另一方面这些劳动力对流入到城市寻求工作有了较为客观的认识。这一阶段农村剩余劳动力的流入填补了城市部分岗位的空缺，第二、三产业的结构红利逐渐由原来的负值转变为正值。特别值得关注的是，2013年产业的结构红利比前一年度均有下降。但是，实证结果显示结构红利在 1978—2013 年整个周期均存在着波动性。因此，这次下降并不能充分说明结构红利即将消失，2013 年将出现人口红利拐点的这一观点并未被证实。

第三节　省际三次产业劳动力配置分析

劳动力作为一种重要的生产投入要素，在经济发展的过程中起着举足轻重的作用。在经济发展的不同阶段及不同地区，劳动力在第一、二、三产业间的配置状况存在很大的差异，不同产业和部门之间的劳动力会发生相互流动。1940 年克拉克提出了随着经济的发展进步劳动力会在三次产业间依次转移的著名论断，之后诸多的国内外学者便围绕相关问题进行了研究。对于劳动力在不同产业和部门之间的配置问题，当前已有的研究主要有以下两个方面：

其一，劳动力在不同部门和产业间的配置效率研究。劳动力作为生产过程中的一种重要的投入要素，其在不同部门和产业之间的配置效率并不一致。Shenggen fan，et al.（2003）等学者认为促进劳动力在不同部门和地区之间的有效流动是提升整体配置效率的关键所在。M. Kamau，et al.（2007）等通过测算农业部门和非农部门的劳动力配置效率，得出农业部门的劳动力配置效率平均来说是无效的结论，并认为只有一部分劳动力向非农部门转移之后农业部门的劳动力配置效率才会提高。国内学者夏业良（1999）则认为三次产业之间劳动力的配置效率关键要有一个合理的就业比例并发挥各自产业的比较优势。吴建新和刘德学（2014）的研究发现不同行业部门间劳动力的流动障碍除了市场因素之外，还受制于诸多非市场因素的制约，这些约束条件的解除能够有效提升劳动力的配置效率。

其二，劳动力在不同部门和产业之间的错配对全要素生产率和经济发展的影响。一般认为，劳动力在不同部门和产业之间的错配会起到降低全要素生产率的作用，阻碍当地经济的发展。Chang-Tai Hsieh & Peter J. Klenow（2009）、Shuhei Aoki（2012）分别对不同类型国家不同部门的劳动力错配所产生的影响进行了研究，研究结果较为一致，均发现劳动力错配对全要素生产率及总生产率增长的负面影响十分大。类似地，国内学者袁志刚和解栋栋（2011）测算了改革开放以来农业部门高就业占比对全要素生产率所产生的负面影响，并认为这种负面影响来源于不同部门之间的工资差异；梁泳梅、李钢和董敏杰（2011）的研究发现东部地区和中西部地区的劳动力资源与当地的经济发展存在着区域错配的问题；姚毓春、袁礼和董直庆（2014）用十九个行业的数据测算了劳动力与资本的错配效应，并把中国劳动力配置效率较低的原因归结为劳动力资源稀缺和剩余并存的现象；董直庆、刘迪钥和宋伟（2014）则认为各个行业均存在着要素错配的现象，劳动力的有偏性配置导致了全要素生产率的下降。

从已有的这些国内外文献来看，研究劳动力配置效率及错配对经济发展负面影响的文献相对较多，而研究三次产业劳动力错配现状的文献相对较少。本部分试图对我国不同省份三次产业劳动力的理想配置状态和实际配置状况进行分析，进而揭示不同地区和省份的劳动力配置偏离状况。

一、模型、变量与数据

(一) 估算模型与变量解释

为了更好地估算各省份三次产业劳动力的理想配置状态，假设由资本和劳动两投入要素组成的符合规模报酬不变的三次产业生产函数如下所示：

$$Y_i = A_i K_i^{1-\alpha_i} L_i^{\alpha_i} \quad (i = 1, 2, 3) \qquad 式(5-16)$$

其中，Y 代表生产函数的产出，A 代表生产效率系数，K 代表资本要素投入，L 代表劳动要素投入，α 和 $1 - \alpha$ 分别代表劳动和资本的产出弹性，i 代表三次产业。同时，引入任涛、王文举 (2014) 关于三次产业间劳动力合理配置数量的模型：投入要素在三次产业之间的合理配置就是在投入要素总量不变的前提下获取到最大总产出。即

$$MaxY = \sum_{i=1}^{3} Y_i + \gamma \left(L - \sum_{i=1}^{3} L_i \right) + \eta \left(K - \sum_{i=1}^{3} K_i \right) \qquad 式(5-17)$$

根据上式分别对投入要素 K 和 L 求一阶导数求最优解，整理后可以得到如下公式：

$$Y_i = \gamma L_i + \eta K_i \quad (i = 1, 2, 3) \qquad 式(5-18)$$

进一步调整，可以得到如下三次产业劳动力配置最优占比 φ_i，式中 η 为资本的边际报酬率。

$$\varphi_i = \frac{L_i}{L} = \frac{Y_i - \eta K_i}{\sum_{i=1}^{3} (Y_i - \eta K_i)} \qquad 式(5-19)$$

参照郭熙保、罗知 (2010) 对于资本边际报酬率的估算方法，对于已有的生产函数：$Y = AK^{1-\alpha}L^\alpha$，可以求出资本的边际报酬率为：

$$MPK = (1 - \alpha) \frac{AK^{1-\alpha}L^\alpha}{K} = (1 - \alpha) \frac{Y}{K} \qquad 式(5-20)$$

若考虑土地等自然资本 N，则资本的边际报酬率可进一步调整为：

$$MPK = (1 - \alpha) \frac{Y}{K} \frac{K}{K + N} = (1 - \alpha) \frac{Y}{K + N} \qquad 式(5-21)$$

如前所述，α 为劳动的产出弹性，此处用劳动在产出中所占的份额表示。用 R 表示劳动者报酬，则劳动所占份额的具体计算公式如下：

$$\alpha = \frac{R}{GDP} \qquad 式(5-22)$$

由于三次产业的劳动份额并不一致，因此资本边际报酬率 η 可以表示为式 5-23

及式 5-24：

$$\eta_i = (1 - \alpha_i)\frac{Y_i}{K_i} \quad (i = 1,\ 2,\ 3) \qquad\qquad \text{式}(5\text{-}23)$$

$$\eta_i = (1 - \alpha_i)\frac{Y_i}{K_i + N_i} \quad (i = 1,\ 2,\ 3) \qquad \text{式}(5\text{-}24)$$

把资本边际报酬率 η 的两种计算方式 5-23 和 5-24 分别代入到公式 5-19 中，公式 5-19 可以分别进一步调整成公式 5-25 和 5-26。

$$\varphi_i = \frac{L_i}{L} = \frac{\alpha_i Y_i}{\sum_{i=1}^{3} \alpha_i Y_i} \qquad\qquad\qquad \text{式}(5\text{-}25)$$

$$\varphi_i = \frac{L_i}{L} = \frac{Y_i - \dfrac{(1-\alpha_i)Y_i K_i}{K_i + N_i}}{\sum_{i=1}^{3}\left(Y_i - \dfrac{(1-\alpha_i)Y_i K_i}{K_i + N_i}\right)} \qquad \text{式}(5\text{-}26)$$

同时，假设三次产业的实际就业人数占比为 φ_i：

$$\varphi_i = \frac{L_{ai}}{L_a} \quad (i = 1,\ 2,\ 3) \qquad\qquad\qquad \text{式}(5\text{-}27)$$

其中 L_{ai} 为三次产业实际的劳动就业人数，L_a 则代表的是三次产业实际的总就业人数。根据上述公式，并结合公式 5-19 三次产业劳动力最优配置占比，可以估算出三次产业劳动力的配置偏差值 ε：

$$\varepsilon = \varphi_i - \phi_i = \frac{L_i}{L} - \frac{L_{ai}}{L_a} \qquad\qquad\qquad \text{式}(5\text{-}28)$$

（二）数据来源及估算说明

根据上文的估算模型，要估算各个省份三次产业理想的劳动力配置占比以及与实际的劳动力配置占比的偏差值，需要获取各省份三次产业历年的国内生产总值、资本存量、实际就业人数、劳动报酬份额以及自然资本这一系列数据。鉴于我国劳动力大规模有序地在不同地区和产业之间的流动始于 1990 年之后，同时又考虑到各类数据的可获性，本部分对各个省份三次产业劳动力配置的估算时间范围为 1992—2013 年期间。另外，由于西藏和海南两个省份部分数据缺失较多，所以没有包含在估算范围之内。重庆由于 1997 年才正式成为直辖市，而本部分的估算起始年份为 1992 年，所以把重庆合并入四川进行计算。下面分别对各类数据的来源及估算情况作简单说明。

三次产业资本存量。各个省份三次产业资本存量的估算借鉴单豪杰（2008）

永续盘存法的估算方法。对于 1992 年的基期资本存量，首先计算出 1992—1997 年间五年间的投资的平均增长率，这一增长率用固定资本形成额的增长率来代替。同时根据 1992 年的资本形成总额及 1993 年的资本发展速度计算出 1993 年的实际资本形成总额，最终通过 1993 年的实际资本形成总额与 1992—1997 年五年投资平均增长率和折旧率之和的比值，估算出 1992 年各个省份的基期资本存量。对于每一年度的投资额，本部分用各个省份 1992—2013 年的实际固定资本形成额来替代。对于实际固定资本形成额的计算，首先从统计资料上获取到各个年份的名义固定资本形成额，再把各个年份的固定资产形成价格指数换算成以 1992 年为基期的固定资产形成价格指数，最终计算出各个年份的实际固定资本形成额。对于折旧率，单豪杰（2008）一文估算中使用了两种折旧率，一种是每年统一固定的折旧率，另一种是每年变化的折旧率，本部分中采取每年固定不变的折旧率 10.96%。

三次产业劳动报酬份额。对于三次产业劳动份额占比的计算，我们按照肖文、周明海（2010）的做法，将国民收入核算法中各省历年的劳动者报酬与国内生产总值 GDP 作比，所得的比值即为三次产业对应年份的劳动份额占比。从公布的各类统计资料上看，我们可以获取到 1992—2004 年各个省份按收入法计算的三次产业劳动者报酬和三次产业的 GDP 值。自 2005 年起，国家统计局公布的统计年鉴中只有 2005—2013 年历年总的国内生产总值和劳动者报酬值，而没有按三次产业分别公布相应的数值。为了能够计算 2005—2013 年各省三次产业的劳动份额占比，本部分把各个省份 1992—2004 年三次产业 GDP 占历年总 GDP 的比重和三次产业劳动者报酬占总劳动者报酬的比重分别采用成分数据降维的方法，并建立灰色预测模型 GM（1，1）来估算 2005—2013 年三次产业 GDP 占总 GDP 的占比和三次产业劳动者报酬占总劳动报酬的占比。计算出历年三次产业的 GDP 占比和劳动者报酬占比之和，便可以用对应年份总的 GDP 值和总的劳动者报酬与相应的占比相乘，得出三次产业历年的劳动者报酬和 GDP 值，估算出三次产业劳动者份额的占比。

三次产业自然资本。对于三次产业自然资本的计算，本部分参照任涛、王文举（2014）的做法，对于第一、二产业的自然资本，分别用农林牧渔业和采矿业的总产值与对应产业职工工资总额的差值替代，而第三产业的自然资本设置为零。对于各个省份三次产业的国内生产总值和实际就业人数，直接可以从各个年份的《中国统计年鉴》或各个省份历年的统计年鉴中获取。对于各个省份三次产业的国内生产总值，需要通过 GDP 平减指数折算成以 1992 年为基期的国内生产总值。此外，以上各项数据估算过程的数据来源还有《中国国内生产总值核算历史资料》、《中国劳动统计年鉴》、《中国工业统计年鉴》、国家统计局新版数据库等。

二、实证分析结果

在分析各个省份三次产业劳动力配置的偏差之前，本部分首先用公式 4-25 和 4-26 对各省份三次产业理想劳动力配置占比进行了估算，并用各个省份三次产业各自的理想劳动力配置占比的均值与实际劳动力配置的均值来描述两者之间的关系，从而可以对两者之间的关系有较为直接的感受。

图 5-4 和图 5-5 表示的均是以各个省份三次产业的劳动力理想就业人数占比均值为横坐标、以对应省份三次产业的实际就业人数占比均值为纵坐标的散点图，图中的每一个小圆圈代表了一个省份。其中，图 5-4 在估算过程中采用的是对资本边际报酬率的测算，没有考虑自然资本的方法，而图 5-5 则是在估算过程中考虑了自然资本。从整体分布图上来看，无论是采取哪种估算方法，最终估算出的各个省份三次产业劳动力理想就业人数占比均值十分接近，这也在一定程度上说明了估算结果的稳定性和可靠性。下面分别对三个产业劳动力理想就业人数占比和实际就业人数占比的情况进行分析。

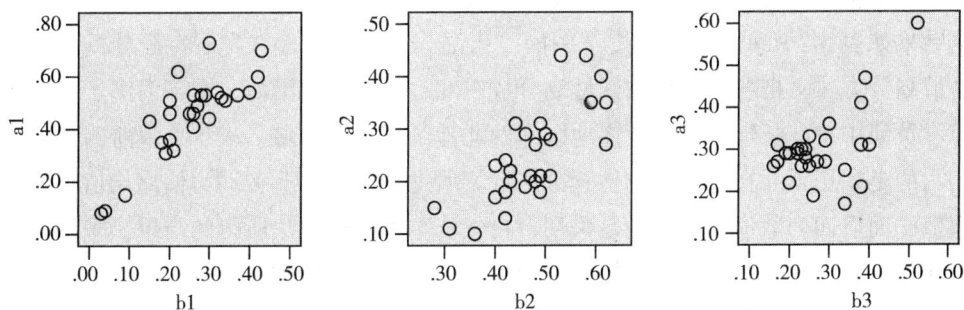

图 5-4　用不含自然资本方法估算的理想劳动力配置与实际劳动力配置

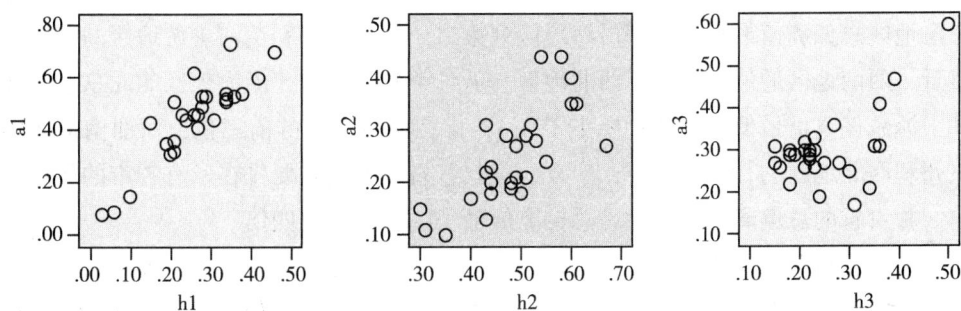

图 5-5　用含自然资本方法估算的理想劳动力配置与实际劳动力配置

从第一产业的散点图（图 b_1、h_1）中可以发现，所有代表省份的小圆圈均出现在纵坐标的值高于横坐标的位置。这说明各个省份第一产业的实际就业人数占比的均值均要大于理想的劳动力配置占比均值，由此看来各个省份第一产业的实际就业劳动力存在着"冗余"的情形。进一步观察第二产业的散点图（图 b_2、h_2），可以看到出现的情形与第一产业的情况完全相反，所有代表省份的小圆圈均出现在横坐标的值要高于纵坐标的位置，即各个省份第二产业的实际就业人数占比的均值均要低于理想的劳动力配置占比均值，反映出各个省份第二产业的实际就业劳动力存在着"不足"的情形。最后，第三产业的散点图（图 b_3、h_3）则既不同于第一产业全部纵坐标值高于横坐标的情况，也不同于第二产业全部横坐标值高于纵坐标的情形，而是出现了既有纵坐标值高于横坐标值的省份，同时又有横坐标值高于纵坐标值的省份，体现出部分省份第三产业的实际就业人数占比的均值要大于理想的劳动力配置占比均值，而另一部分省份第三产业的实际就业人数占比的均值则要低于理想的劳动力配置占比均值，也就是说第三产业的实际就业劳动力存在着"冗余"和"不足"并存的情形。

根据估算模型计算的 1992—2013 年期间各个省份三次产业劳动力配置偏离均值结果如表 5-7 所示。表 5-7 按《中国（大陆）区域社会经济发展特征分析》中的区域划分方式，把各个省份按区域划分成东北地区、北部沿海、东部沿海、南部沿海、黄河中游、长江中游、西南地区和西北地区这八个区域。表 5-7 中前四列数值表示的是采用不含自然资本的估算方法计算所得的三次产业劳动力偏离均值及总偏离值，而后四列数值则表示的是采用含自然资本的估算方法所得的结果。采用两种方法进行估算在一定程度上也可以说明估算结果的稳定性和可靠性。

从估算结果可以看到以下几个方面：

第一，从整体上来看，沿海地区和东北三省的总偏离值相对较低，长江中游和黄河中游地区的总偏离值次之，西南地区和西北地区的总偏离值最高。其中，北部沿海地区总偏离值最小，东部沿海地区列第二。长江中游和黄河中游地区的值较为接近，西南地区的值又要小于西北地区。从各个省份来看，沿海地区的北京、天津和上海总偏离值最低，其值均要小于 0.3，排在所有省市的前三位，而西南地区的贵州和西北地区的甘肃、青海、宁夏、新疆各省份的值则要排在所有省市的最后五位。甘肃省的总偏离值最大，是总偏离值最小的天津市的四倍。

第二，从第一产业来看，所有地区及所辖省份的偏离值为正值，即我国第一产业的劳动力配置存在着"冗余"的现象。各个地区偏离值由小到大的顺序依次是：东部沿海地区、北部沿海地区、东北地区、南部沿海地区、长江中游地区、黄河中游地区、西南地区和西北地区。东部沿海地区的偏离值最小，两种估算方法所得的值分别为 0.11 和 0.10。北部沿海地区的偏离值与东部沿海地区较为接近，两种方法的估算值分别为 0.14 和 0.13。西南地区的偏离值则相对较高，分别是 0.28 和 0.26，而西北地区的偏离值则最高，分别为 0.38 和 0.36。其余几个地区的偏离值相差不大，均在 0.14 至 0.19 的范围之内。从不同省份可以看到，偏差值最小的是北京市，两种方法的估算值分别是 0.04 和 0.03，偏差值最大的是贵州省，两个估计值分别是 0.43 和 0.38，各个省份第一产业就业人数偏差值相互之间差距较大。

第三，从第二产业来看，所有地区及所辖省份的偏离值为负值，即我国第二产业的劳动力配置存在着"不足"的现象。除了北部沿海地区的偏离值略小于东部沿海地区的偏离值之外，其他各个地区偏离值的大小排序与第一产业的排序情况类似。其中，北部沿海地区的偏离值最小，两种方法的估算值分别是 -0.15 和 -0.17，其他所有地区的偏离值相互之间差异并不大，均在 -0.20 至 -0.28 范围之内。从不同省份可以看到，偏差值最小的是天津市，两种方法的估算值分别是 -0.09 和 -0.10，偏差值最大的是山西省，两个估计值分别为 -0.30 和 -0.34，各个省份第二产业就业人数偏差值之间存在一定的差距，但总体上看这类差距比第一产业要小。

第四，从第三产业来看，与前面描述性统计部分所述类似，不同地区和省份第三产业的偏离既有正值，又有负值，即我国第三产业的劳动力配置存在着"冗余"和"不足"并存的现象，既有部分省份和地区存在着劳动力配置的"冗余"，又有部分省份和地区存在着劳动力配置的"不足"。无论是"冗余"还是"不足"，各个地区三次产业劳动力的偏离绝对值非常接近，在 0.06 和 0.10 之间。其中，西北地区所有省份第三产业的配置偏离值均为负数，说明西北地区所有省份的第三产业劳动力的配置均存在"不足"的情况。从不同省份来看，除了北部沿海地区的河北省、西南地区的云南和贵州省以及西北地的甘肃、青海、宁夏、新疆这几个省份第三产业的劳动力配置偏差值为负值以外，其他所有省份的劳动力配置偏差值均为正数。

第五，从各个省份第一、二、三产业劳动力配置偏离状况来看，主要有三种类型：第一种是第一产业和第三产业的劳动力配置均为"冗余"状态，并且第一产业的劳动力配置"冗余量"要高于第三产业，由此造成了第二产业的劳动力配置的严重不足。符合这种类型的省份占了大多数，具体包括了北部沿海地区的天津和山东、东部沿海地区的江苏和浙江、西南地区的广西和四川以及东北地区、南部沿海地区、黄河中游地区、长江中游地区所辖的所有省份。第二种类型是第一产业和第三产业的劳动力配置均为"冗余"状态，但第一产业的劳动力配置偏离值要小于第三产业，而第二产业的劳动力配置则呈现"不足"。符合这一类型的省份很少，只有北京和上海两个城市。第三种类型是第一产业的劳动力配置为"冗余"状态，但第二、三产业的劳动力配置则存在着"不足"，并且第二产业的劳动力配置不足状态要比第三产业严重。

　　综上看来，我国经济较为发达的沿海地区三次产业的劳动力配置偏离程度相对较轻，而经济欠发达的西南和西北地区三次产业的劳动力配置偏离程度相对较高。我国不同地区和省份仍然存在着第一产业劳动力配置"冗余"的现象。随着剩余劳动力从第一产业转移出来，并开始在不同地区和产业之间逐步有序和规范地流动，沿海地区、东北地区和部分西南地区省份第三产业的劳动力配置也出现了"冗余"现象，而只有少数几个省份的第三产业劳动力依旧缺乏。另一方面，我国各个地区不同省份第二产业的劳动力配置则是明显"不足"的。结合第一、三产业劳动力配置的情况，可以发现我国劳动力的转移更多的是从第一产业转向了第三产业，而第二产业的劳动力配置状况却并没有得到较大的改善。

表 5-7　　　　1992—2013 年各个省份三次产业偏离均值及总偏离均值

地区	不含自然资本				包括自然资本			
	一产	二产	三产	总偏离	一产	二产	三产	总偏离
东北地区	0.16	-0.22	0.06	0.43	0.14	-0.23	0.09	0.46
辽宁	0.12	-0.18	0.06	0.36	0.11	-0.20	0.09	0.40
吉林	0.21	-0.29	0.08	0.58	0.19	-0.29	0.10	0.58
黑龙江	0.15	-0.18	0.03	0.36	0.13	-0.20	0.07	0.40
北部沿海	0.14	-0.15	0.06	0.36	0.13	-0.17	0.06	0.36
北京	0.04	-0.13	0.09	0.26	0.03	-0.13	0.10	0.26
天津	0.05	-0.09	0.04	0.18	0.05	-0.10	0.05	0.20
河北	0.26	-0.17	-0.09	0.52	0.23	-0.18	-0.05	0.46
山东	0.20	-0.23	0.03	0.46	0.20	-0.25	0.05	0.50
东部沿海	0.11	-0.20	0.09	0.41	0.10	-0.20	0.09	0.39
上海	0.06	-0.14	0.08	0.28	0.05	-0.13	0.08	0.26
江苏	0.16	-0.26	0.10	0.52	0.14	-0.26	0.12	0.52
浙江	0.12	-0.21	0.09	0.42	0.12	-0.20	0.08	0.40

续表

地区	不含自然资本				包括自然资本			
	一产	二产	三产	总偏离	一产	二产	三产	总偏离
南部沿海	0.16	-0.22	0.07	0.45	0.15	-0.23	0.08	0.46
福建	0.15	-0.21	0.06	0.42	0.14	-0.22	0.08	0.44
广东	0.17	-0.24	0.07	0.48	0.16	-0.24	0.08	0.48
黄河中游	0.19	-0.26	0.07	0.52	0.18	-0.25	0.07	0.50
山西	0.20	-0.30	0.10	0.60	0.22	-0.34	0.12	0.68
陕西	0.23	-0.28	0.05	0.56	0.20	-0.24	0.04	0.48
内蒙古	0.14	-0.24	0.10	0.48	0.12	-0.20	0.08	0.40
河南	0.18	-0.22	0.04	0.44	0.17	-0.21	0.04	0.42
长江中游	0.18	-0.24	0.06	0.48	0.17	-0.25	0.07	0.50
安徽	0.16	-0.26	0.10	0.52	0.17	-0.28	0.11	0.56
江西	0.14	-0.22	0.08	0.44	0.13	-0.22	0.09	0.44
湖北	0.22	-0.27	0.05	0.54	0.21	-0.28	0.07	0.56
湖南	0.20	-0.20	0.00	0.40	0.18	-0.21	0.03	0.42
西南地区	0.28	-0.26	0.09	0.64	0.26	-0.26	0.08	0.60
广西	0.19	-0.29	0.10	0.58	0.19	-0.29	0.10	0.58
四川	0.24	-0.28	0.04	0.56	0.24	-0.29	0.05	0.58
贵州	0.43	-0.26	-0.17	0.86	0.38	-0.25	-0.13	0.76
云南	0.27	-0.20	-0.07	0.54	0.24	-0.20	-0.04	0.48
西北地区	0.38	-0.28	-0.10	0.76	0.36	-0.26	-0.10	0.71
甘肃	0.40	-0.26	-0.14	0.80	0.40	-0.28	-0.12	0.80
青海	0.39	-0.30	-0.09	0.78	0.34	-0.26	-0.08	0.68
宁夏	0.36	-0.28	-0.08	0.72	0.32	-0.26	-0.06	0.64
新疆	0.36	-0.26	-0.10	0.72	0.36	-0.24	-0.12	0.72

注：表中正值表示实际就业人数占比高于理想就业人数占比，即劳动力配置的"冗余"，负值表示实际就业人数占比低于理想就业人数占比，即劳动力配置的"不足"。对于一个地区某一产业既有正值又有负值的情形，取其所辖地区省份绝对值的均值，此时只表示劳动力配置的偏离程度，不表示偏离的状态是"冗余"还是"不足"，总偏离值计算方式及含义同此类似。

　　至此，本部分通过估算对我国各个省份三次产业理想就业人数占比和实际就业人数占比进行了对比分析，并对两者的偏差程度进行了进一步的考察。实证分析的结果表明：第一，我国各个省份三次产业的劳动力配置均没有达到理想的状态，第一产业劳动力配置存在"冗余"现象，第二产业劳动力配置则存在"不足"现象，而第三产业的劳动力配置则是"冗余"与"不足"并存的状态。第二，我国经济较为发达的沿海地区省份三次产业劳动力配置的偏离程度相对较轻，而经济欠发达的西南和西北地区省份三次产业劳动力配置的偏离程度相对较为严重。三次产业之间劳动力的合理配置能够有效促进当地经济的发展。第三，随着各个省份第一产业实际劳动力就业人数占比的逐步下降和第三产业实际劳动力就业人数占比的逐渐上升，第一产业劳动力"冗余"的现象有所缓解，部分省份的第三产业劳动力配置出现"冗余"现象。

　　由此看来，我国各个省份三次产业的就业结构还不尽合理，本部分认为可以从以下两点着手进行三次产业劳动力配置优化：（1）由前文的分析可以知道，第一产业的农业冗余劳动力大量涌入第三产业的低端服务业，而向第二产业转移的劳动力数量相对较少，这主要是由于这类转移的劳动力自身的知识储备欠缺，所具备的技能不足以胜任一些技术岗位所导致的。因此，针对这种现象，政府相关部门应该针对转移劳动力展开针对性的职业技能教育和培训。这方面的教育和培训可以大致细分为三类：第一类是加大对中等职业院校和高等职业院校技能应用类专业的建设和人才的培养，对相关专业的学生加强实际操作技能的培训，并把到对应岗位的实习经历作为关键环节进行考核；第二类是针对转移前的第一产业冗余劳动力进行职业技能培训。具体做法是可以在所在的乡镇开设电脑操作、烹饪、小家电维修等一些传授常用技能的短期免费培训班，让那些试图从农业生产中转移出来的农村劳动力通过短期的这些技能培训能够掌握一技之长，使其在第二、三产业的一些简单技术岗位也能够谋生；第三类是对已经从第一产业转移出来的农村劳动力并有意向从事第二、三产业的基本技术岗，政府可以和相关企业开展"学徒制"培训的合作。具体做法是企业可以根据岗位的不同提供一名专业技术人员为新上岗的农村劳动力提供一至三个月的岗位指导，而对于这一段时间的学徒生活，由政府为其提供基本生活补贴。（2）当前第一产业的部分农村劳动力不能顺利向非农产业转移，原因之一在于农村劳动力在城市生活的成本远比其在农村生活的成本要高，而他们在城市非农产业所从事工作的收入虽然高于农村，但生活成本的开支消耗了大部分的收入。这也阻碍了部分农村劳动力向非农产业的转移。针对这种现象，政府相关部门应该进一步做好进城务工人员廉租房、基本医疗和随迁子女入学等一系列的基本公共服务工作，并尽可能地消除阻碍农村劳动力向非农产业转移的一些制度和政策障碍，为实现农村劳动力向第二、三产业自由转移提供政策支持；相关企业则可以在自身力所能及的前提下出台一些吸引农业转移劳动力留企的优惠政策和条件，鼓励农业劳动力积极尝试从事一些简单的基本技术岗位。总之，只有从上述几个方面积极调整，我国各个省份三次产业间的劳动力配置结构才会更加合理。

第六章　新型人口红利：经济增长的延续

很多学者从人口因素角度对我国经济增长进行了研究，并说明了人口因素对我国经济增长的影响情况。在众多学者的研究中，大部分学者肯定了人口红利是中国经济快速发展的重要因素。如王德文（2007）认为，由于劳动分工能够带来规模效应，劳动力供给数量下降将减弱分工效应，劳动力比例和规模增大会带来总产出的增加和人均收入水平的提高。蔡昉（2004）的研究认为我国劳动力充足，劳动力价格便宜，由此产生的人口红利是改革开放以来创造中国经济增长奇迹的重要因素，并通过实证研究得出改革开放30年来我国人均GDP增长率中有27%的贡献来自于人口红利。蔡昉同样认为，人口结构非常重要，不同年龄的人群具有不同的经济行为，因而不同的年龄结构阶段对经济增长的影响不同。王丰（2007）通过回归分析得出中国近20年人均收入增长约15%可归源于人口红利。汪小勤等（2007）认为，劳动参与率随人口年龄结构的变化而递增。这种高劳动参与率会促进储蓄率和投资率的提高，进而加速经济发展。王金营（2010）等通过计量检验证明人口年龄结构变动所产生的促进经济增长的人口红利是存在的，劳动负担比每下降1个百分点，经济增长将提高1.06个百分点，在过去的30年里劳动负担降低累计带来的经济增长占总增长的27.23%。Sarah Cook认为，亚洲国家尤其是中国和越南经济的高速增长与经济结构和人口转型相伴而生，因此经济结构从农业向以城市化为基础的工业转变以及有利的人口年龄结构对于经济增长无疑有着重要意义。另一类则是没有人口红利对我国经济增长的作用，同时认为经济增长更多的是通过资本、制度等因素作用。

另外，也有学者并不认同改革开放以来人口红利对我国经济增长具有很大的促进作用。如侯东民（2011）认为中国经济发展得益于廉价劳动力，而与特定人口年龄结果对应的人口红利毫无关系。王文举等（2007）对2002—2005年全国经济增长因素分解的结果为，对经济增长贡献率最大的是资本，为72.44%，其次是市场化改革，劳动贡献率仅为7.79%。这些研究均说明人口红利对经济增长的贡献率是比较低的。车士义等（2011）的研究也表明人口红利对中国经济增长的解释力度较小。

综观以上众多学者的研究，发现这些研究通常把人口变化视为稳态的过程，仅仅关注我国人口年龄结构、劳动力比例及抚养比的变化，而忽略了人口转变过程中人口素质、人口城乡结构和产业结构转换的作用。

我国人口众多，区域经济发展不平衡，伴随改革开放的深入推进，人口对经济增长的影响也日趋复杂。人口结构转变过程中所带来的人口质量红利和人口结构红利都会通过不同的途径对经济增长起作用。而在当前的人口转变背景下，人口质量红利和人口结构红利已经或多或少地对现实经济增长起到了一定作用。但现有文献中对于这两种类型的红利对经济增长的影响机理、贡献率的大小以及如何进行测算的内容研究较少。因此，本部分依据三维人口红利分析框架，在传统人口红利研究的基础上，把人口质量红利和人口结构红利也纳入新型人口红利框架中，总体上分析不同维度人口红利对我国经济增长的作用。

第一节　新型人口红利：我国经济增长延续的动力

Bloom 和 Williamson（1998）认为人口红利作用的中间变量为人均劳动时间投入，他们通过将人均劳动时间投入分解为劳动人口占比、劳动参与率、劳动时间以进一步分析其作用机理。Bailey（2006）、Canning（2007）通过分析生育率和女性劳动参与率认为，较低的生育率将减少家庭的抚养负担进而直接促进女性劳动力参与率。Finley（2005）研究认为经济增长的动力源泉是长期积累的人力资本。由于生育率的下降，单个孩子所享有的资源也随之增加，随着教育年限的不断增加，人力资本得到有效积累，进而提高生产效率。Farquee 等（2003）研究认为，从微观角度个人在其生命的不同阶段所表现的劳动生产率有一定的差异，年轻时由于经验知识不够，生产率较低，随着年龄的增长，劳动力越来越适应社会，表现出的劳动生产率也日趋提高，而后在渐入老年阶段时，劳动生产率也随之下降。Joshi 和 Schultz（2007）从微观层面入手，探讨随着少年抚养比的下降，单个家庭对子女的要求由追求数量逐渐转变为追求质量，以提高子女的人力资本。国内学者也一直致力于探讨这一作用机制。王德文（2007）的研究认为劳动力比例以及分工是影响经济增长至关重要的中间变量，劳动力比例的提升以及劳动分工会促进人均经济产出增加。同样也有学者认为人口年龄转变通过劳动力参与率的提升加速经济发展。车士义和陈卫等（2011）通过全要素生产函数对近三十年人口红利的经济贡献进行分解，其中劳动力质量对经济的贡献占到 10.4%，从而得出若要使人口红利得以充分的发挥，需要制定关于提高人力资本和劳动力参与率方面的经济政策。针对中国典型的二元经济体制下的人口空间转变对经济的影响，目前国内已有一些研究。蔡昉（2008）研究认为中国大量农村劳动力随着二元经济制度改革参与到经济建设中来，充分发挥了人口红利价值。马晓薇等（2004）通过以北京建筑业外来务工人员为研究对象，测算出 1997—2003 年这部分人群对北京 GDP 的贡献率达到 6.29%。冯晓英（2005）认为中国未来城市新增劳动力供给来源于农村，农村劳动力流入城市将持续推进城市发展。蔡昉（2010）认为城市化率还不够高，仍有相当比重的农业户籍人口，随着户籍制度等公共政策的不断完善，可以通过城市化进一步挖掘潜在的人口红利。

以上研究主要是通过人口年龄变动作用于劳动力参与率、人力资本、劳动力占比等中间变量来探讨对经济增长的影响，这一研究思路主要是从劳动力供给的角度进行研究，这些中间变量均是人口结构转变本身直接引发的有关人口方面的变量，我们可以看成是人口红利对经济的"直接效应"。Nakajima 等（2001）发现人口年龄结构变动并非简单的具有"直接效应'，还需要储蓄率这个中间变量间接作用于经济增长。基于生命周期理论和抚养负担假说，Mason 等（1982）及 Mason（1998）通过利用少儿抚养比和储蓄率构造增长率模型，该模型假定在生命周期的不同阶段，少儿抚养比对储蓄率的影响是不同的。其后，Collins（1991）以及 Williamson（1990）等学者分别采用发展中国家和发达国家的样本对少儿抚养比和储蓄率的关系进行研究，并都得出了二者之间负相关的结论。Thornton（2001）研究在肯定少儿抚养比对储蓄率的负作用外，还发现了老年赡养比呈现同样的现象。Herbertsson 等（1999）通过建立"双缺口"模型试图解释由人口转变引发储蓄和投资变动作用于经常项目差额，进而影响经济增长的机制。Luhrmann（2003）基于一个开放的视角，通过对发生在 1960—1997 年间 141 个国家的人口年龄变动，探讨对国际资本流动的影响。多数学者利用"世代交叠"模型也得出了人口年龄变动通过储蓄和经常项目差额作用于经济。李克平（2006）在考察中国高储蓄率之谜时，也认为人口负担的减轻提高了家庭储蓄率，从而引发中国整体高储蓄率的现象。蔡昉（2004）认为少儿抚养比和老年赡养比均与储蓄率呈现反向变动关系。李扬等（2007）研究探讨了人口年龄结构作用于储蓄率的两种机制：一是抚养负担的下降使得社会财富积累增加，进而提高储蓄；一是劳动力比重增加增加了社会储蓄倾向。这两种作用机制与所谓的"第一人口红利"和"第二人口红利"的作用机制颇为相似。贺菊煌（2006）也通过"世代交叠"模型实证对比了少儿抚养比和老年赡养比对储蓄率的影响程度，结果发现后者的影响要大得多。汪伟

（2008）通过对总抚养比和城乡居民储蓄率的分解，利用1995—2005年省际面板数据研究得出与贺菊煌相似的结论，老年赡养比变动对储蓄率的影响更加显著，并且城镇居民储蓄率的回归系数约为农村的三倍。关于人口年龄变动如何作用于经常项目差额的研究，国内稍显不足。王仁言（2003）试图通过人口年龄结构和中国汇率政策来研究贸易差额的变动，最终他将中国的持续顺差归结为人口抚养比的下降，人口抚养负担减轻，作用于储蓄率和投资进而影响经常项目差额。钟水映等（2009）探讨了人口抚养比的下降通过储蓄、投资等一系列变量作用于经常项目差额。陈智君、胡春田（2009）基于中国实际情形建立修正的Blanchard-Fischer模型并通过实证研究认为，除了人均储蓄、人均消费、人均投资等变量外，人口年龄结构也是影响经常项目差额的一个至关重要的因素。王宇鹏等（2012）基于Ramsey模型实证研究了1990—2010年135个国家的面板数据，认为劳动力占比上升导致经常项目账户出现盈余，反之将导致经常项目账户出现亏损。

　　除了对储蓄和经常项目这两个中间变量的研究外，国内也出现了关于人口红利问题的公共投资视角研究，具体来说，主要研究人口年龄变动引发的医疗教育等领域的投资变动。不过在研究"人口红利对经济增长的作用机制"时，需要把握人口年龄变动引发的主要变量变动，如对教育医疗等领域的投资主要是通过提高人力资本进而影响经济，随着经济的不断发展，国民收入的提高、生育率的下降以及死亡率的下降进而促使平均预期寿命提高；又比如研究人口年龄变动的消费效应和投资效应，其实这里主要通过两种机制完成传导过程：一是通过人口年龄变动作用于储蓄，通过消费和投资的传导，最终作用于经济；一是人口年龄变动影响储蓄、消费、投资、财政等变量，进而影响经常项目差额（Herbertsson and Zoega，1999；Higgins，1998；钟水映、李魁，2009），当然这是基于一个长期性开放的视角。

　　以上相关研究主要基于新古典经济学的分析框架，分析人口年龄结构变化所引致的社会抚养负担的变化对经济增长的影响，重点考虑劳动力年龄人口数量对经济增长的促进作用。我国经济正处于转型阶段，长期以来，国内外研究者对于人口红利的研究重点放在劳动力数量、劳动参与率、劳动年龄比重及社会抚养比等因素上，忽略了人口增长的动态过程中所引起的年龄结构、人口素质等形态，造成了对人口红利测度的差异。从传统人口红利角度来看，我国的经济超速增长的主要推动力面临枯竭，哪怕最乐观的估计，也不过认为还能持续十余年（陈友华，2005）。但如果站在新型人口红利的角度，我国经济的人口推动力状况又如何呢？除了传统的人口数量红利，我们还需要弄清人口结构红利和人口质量红利对经济增长的影响方式和影响途径，这样才能更好地采取有效措施来促进它们对经济增长的作用，从而在一定程度上弥补劳动力数量优势消逝有可能带来的不利影响，尽可能地充分利用现有的劳动年龄结构优势并为未来人口红利的保持提供新的途径和方式。

首先是人口结构红利促进经济增长的可能。我国丰富的劳动力资源是否都充分转化为了生产力，用就业率来衡量并不合适。其原因是在很多行业没有充分市场化甚至根本没有市场化，很多人口处于隐性失业之中。如果简单以官方给出的失业率来衡量，会得到一个和实际情况偏离较大的结果。在这里，可以变换一个思路，通过估算我国的剩余劳动力来间接衡量我国的劳动力利用状况，剩余劳动力在劳动力人口中的比重越大，则说明人口结构红利状况越差。

目前主流看法普遍认为，在中国的东部沿海地带，劳动力配置已经基本实现最优，而在广大的中部和西部仍然存在相当数量的剩余劳动力（杨胜利、高向东，2014）。区域之间劳动力市场的不完全流动是造成这种现象的关键。另外城乡间的制度约束，特别是户口制度，造成了在中国城镇用工荒和农村剩余劳动力同时存在的局面（约翰·奈特、邓曲恒、李实，2011）。中国存在相当数量的剩余劳动力，这一事实是学者们普遍认同的，但这个数目究竟是多少，因为统计口径，概念理解和其他一些因素，学者们所给出的答案却有相当大的差异。持悲观态度的如蔡昉，其认为扣除农村基本劳动力、已转移劳动力和难以转移的老年劳动力之后，中国农村的剩余劳动力大约为 5800 万，剩余率仅为 11.7%（蔡昉，2007）。而也有学者的看法较为乐观，孙自铎（2008）就认为中国还存在 1.5 亿—2.1 亿的农村剩余劳动力，即剩余率依旧高达 30.2%—42.3%。虽然剩余劳动力的具体数目在短期看来是一个难有定论的学术话题，但就算以最少的 5800 万来预估，我国的人口通过城乡转移及就业转移进行劳动力匹配创造人口结构红利依旧有进一步提高的潜力。换言之，在人口结构红利上，以最保守的预测潜力估算，如果能够完全开发的话，能使得中国经济的劳动力投入增加 11.7%，虽然由于劳动力的边际报酬递减，我们并不期待这部分劳动力能够兑现成为 11.7% 的经济增长，但如果这部分人口结构红利能够完全挖掘兑现①，依旧能够产生不可忽略的经济推动力。如何消除限制劳动力完全流动的各种壁垒，让剩余劳动力和城镇用工荒相匹配，是获取这一部分人口结构红利的关键所在。

其次是人口质量红利对经济增长的作用。人力资本对经济增长的重要作用已经越来越明显地体现出来。关于此项内容的经验研究相当之多，例如丹尼森（Denlison，1962）就曾论述过美国 1909—1957 年间经济增长 23% 的贡献应该归功

---

① 当然，劳动力 100% 的利用在现实中是不可能实现的。

于教育，日本、德国等经济发达体也有类似的研究证实人力资本的重要作用。回到中国，长期以来我们仅以劳动力人口作为经济增长的动力是有现实原因的。改革开放后，中国接入世界产业转移的浪潮之中，东部沿海地区最先接受了来自发达国家的劳动密集型的设备制造业、轻纺工业和旅游服务业。在这些行业中，劳动力经过简单培训就可以上岗，人力资本存量发挥的作用相对较小，劳动力的绝对数量决定了经济增长的势头。步入新世纪加入 WTO 之后，中国整体的产业结构开始逐步升级，东部沿海更多地出现了外商直接投资的高新技术产业，同时对那些已有的传统制造业，外商投资不再局限于生产环节，而扩展到研发、销售等更需要人力资本的环节。而广大的中部和西部地区也开始进入"雁形"模式之中，接纳吸收来自东部的劳动密集型产业。在这样一个大背景之下，仅以劳动力的绝对数量作为经济增长的要素来衡量显然不再适宜。

目前我国的人力资本整体存量总量已经相当庞大，其对经济的影响作用不可忽视。但有学者也同时指出，中国的人均人力资本还停留在一个较低的水平上，仅相当于美国的6%，加拿大的9%（李海峥、梁赟玲、Barbara Fraumeni、刘智强、王小军，2005），由于中国的传统观念、社会制度、历史背景等原因，人力资本在性别、城乡和区域都呈现差距扩大的趋势。这种人口统计上的特征也给我们如何进一步获取人口质量红利指明了方向。有研究表明，我国人力资本存量与经济增长之间存在显著的正相关，当人均受教育年限增加一年，经济增长率将提高 0.183（赖明勇、张新、彭水军、包群，2005）。中山大学社会科学调查中心（2013）发布的《中国劳动力动态调查：2013 年报告》显示，目前我国的劳动力平均受教育年限为9.76 年，这大概相当于刚刚初中毕业。而教育对经济增长的影响有明显的门槛效应，在受教育程度达到大专（平均受教育年限 15 年）后，其对经济的推动作用开始明显减弱。从以上分析可以看出，在人口质量红利上，中国的经济存在巨大潜力，如能充分发掘，至少在相当长的一段时间内，可以保证高速的经济增长。

第二节 新型人口红利的现状与潜力

从众多学者对经济增长的研究中可知，人口因素对经济增长的影响不是独立的，是同其他因素一起对经济产生作用，同时它对经济的影响方向也是不确定的，在不同时期对经济可能产生或正或负的效应。很多经典经济增长模型均是建立在对全要素生产函数的修正的基础上，全要素生产函数反映了生产过程中投入要素与产出量之间的技术关系，其具体形式如下。$y = AF(K, L, H, \cdots, e)$ 其中，A 代表全要素生产率，即 TFP，其增长率 TFPG 即为技术进步率；F 代表组织方式；K 代表资本；L 代表劳动力；H 代表人力资本水平；e 代表随机和不可观测的因素。很多学者通过对以上模型进行假定和加入新的变量，从而形成了很多经济增长模型。如卢卡斯的人力资本模型，其具体形式为 $y = AK^\alpha H^{1-\alpha} h^\beta e^u$，其中 h 为从业人员平均受教育年限，即人力资本水平。

一、模型及变量选择

这里我们对全要素生产函数进行修正，将三维人口红利分析框架纳入模型中。建立以下综合模型：

$$Y_t = AK_t^\partial L_t^\beta H_t^\gamma F_t^\tau C_t^\xi e_t \qquad 式(6-1)$$

其中 A 代表全要素生产率；Y_t、K_t、L_t、H_t、F_t、C_t 分别代表 t 期的国内生产总值、资本存量、劳动力存量、人口质量红利指标、人口数量红利指标、人口结构红利指标。e_t 为随机误差项。α、β、γ、τ、ξ 均为生产函数的参数，假定规模收益不变以及希克斯中性。为了便于研究各指标对经济增长的贡献以及尽量满足古典假定，我们将上述各变量均取自然对数，模型演变为：

$$\ln Y_t = \ln A + \partial \ln K_t + \ln\beta L_t + \ln\gamma H_t + \ln\tau F_t \ln\xi C_t + \ln e_t \qquad 式(6-2)$$

为了分析新中国成立以后我国三维人口红利对经济的影响作用，初步对数据进行了邹氏断点检验，发现 1978 年是一个断点，因此，我们将数据分为两个时间段来分析我国新型人口红利对经济增长的影响，所选指标如下表 6-1。

表 6-1　　　　　　　　　　　**变量指标选择**

一级指标	名称	二级指标
经济总量	GDP	国内生产总值
资本存量	GDZ	固定资产投资
劳动力存量	JYR	就业人数
人口数量红利指标	ZFY	总抚养比
人口质量红利指标	DXB	十万人口中大学生数
人口结构红利指标	CXB	城乡就业比

本部分经济总量指标选择国内生产总值，劳动力存量指标选择总就业人口，从有效生产来讲，就业人口要比劳动力人口更能真实地反映与经济增长的关系。反映

人口数量红利的总抚养比，总抚养比由少儿抚养比和老年抚养比求和得到。反映人口结构红利的城乡就业比，城乡就业比根据城镇就业人数和乡村就业人数计算而来。反映人口质量红利的指标选取每十万人口中大学生数。其中，国内生产总值、总就业人口、少儿抚养比及老年抚养比来自世界银行 WDI 数据库。城乡就业人数以及十万人口中大学生数来自于国家统计局网站。1960—1980 年固定资产投资由于数据缺失，根据中国固定资产投资年鉴选择国有经济固定资产投资代替，1981—2013 年固定资产投资数据来自于国家统计局网站。

二、1960—1978 年新型人口红利对经济增长的回归结果

本部分所用数据是 1960—1978 年的时间序列数据。在进行时间序列数据分析时，其前提是时间序列数据必须是平稳的，否则容易出现伪回归问题，即不存在经济意义的变量之间进行回归时，其结果会出现变量之间存在有意义的经济关系。为了避免伪回归问题的出现，在做计量分析之前要对数据进行平稳性检验，通常的检验方法有单位根检验、ADF 检验，本部分选择单位根检验。在回归前进行单位根检验，结果如表 6-2。

表 6-2   **1960—1978 年变量的单位根检验结果**

变量名	ADF 值	P 值	（C，T，L）	差分一次后的 ADF	P 值	（C，T，L）	检验结果
GDP	-4.8673	0.0065	（C，T，1）				I（0）
GDZ	-6.1133	0.0007	（0，T，1）				I（0）
JYR	-0.4362	0.8828	（C，0，0）	-4.1595	0.0227		I（1）
ZFY	0.8854	0.9993	（C，T，1）	-4.2301	0.0300	（C，T，5）	I（1）
DXB	-1.8773	0.6219	（C，T，0）	-2.6112	0.0127	（0，0，0）	I（1）
CXB	-1.1411	0.6753	（C，0，0）	-2.7063	0.0100	（0，0，0）	I（1）

根据单位根检验结果，由表 6-2 可知，除了 GDP、GDZ 外，其他变量均服从一阶单整，通过回归得到以下模型：

$$LnGDP_t = 11.8431_t + 0.3560 lnGDZ_t + 1.4841 lnJYR_t - 0.6500 lnZFY_t$$
$$(6.6200) \quad (13.3133) \quad (21.8134) \quad (-1.8564)$$

$$+0.0466\mathrm{lnDXB}_t-0.4913\mathrm{lnCXB}_t \qquad 式（6-3）$$
$$(5.5952) \qquad\quad (-4.3211)$$

Adj-R^2=0.9980　F=1317.405　DW=2.5772

对回归的残差序列 et 进行平稳性检验得到 ADF=-4.8118，经查 Mackinnon 协整检验临界值表，1%显著性水平上临界值为-3.9591，说明回归方程协整关系成立，不存在伪回归现象。从调整的可决系数可以看出，模型拟合优度较高，说明模型整体的解释力较强。同时 F 检验统计量也说明模型拟合较好。同时 DW 值为2.5772，经 DW 表得知，可以认为残差不存在自相关。

三、1979—2013 年新型人口红利对经济增长的回归结果

同样，我们首先对 1979—2013 年这一阶段的数据进行平稳性检验，其单位根检验结果如表 6-3 所示。

表 6-3　　　　　　　　　　　**1979—2013 年变量的单位根检验**

变量名	ADF 值	P 值	(C, T, L)	差分一次后的 ADF	P 值	(C, T, L)	检验结果
GDP	-4.5469	0.0053	(C, T, 3)				I (0)
GDZ	-0.0852	0.9430	(C, 0, 1)	-3.6807	0.0092	(C, 0, 0)	I (1)
JYR	-3.2263	0.0270	(C, 0, 0)				I (0)
ZFY	0.8549	0.7911	(C, 0, 4)	-3.9348	0.0052	(C, 0, 3)	I (1)
DXB	-2.2943	0.4255	(C, T, 0)	-5.8046	0.0002	(C, T, 0)	I (1)
CXB	1.7292	0.9997	(C, 0, 1)	-3.7436	0.0331	(C, T, 0)	I (1)

经过单位根检验，发现除了 GDP 和 JYR 外，其他指标均服从一阶单整，回归结果如下：

$$\mathrm{LnGDP}_t=21.3167+0.3351\mathrm{lnGDZ}_t+0.5051\mathrm{lnJYR}_t-0.2117\mathrm{lnZFY}_t$$
$$(12.22121)\quad(11.092)\quad(2.7321)\quad(-1.4268)$$
$$+0.0758\mathrm{lnDXB}_t+0.3521\mathrm{lnCXB}_t \qquad 式（6-4）$$
$$(1.7693)\quad\quad(2.7190)$$

Adj-R^2=0.9987　F=5267.085　DW=0.8497

对回归的残差序列 e_t 进行平稳性检验得到 ADF=-3.1902，经查 Mackinnon 协

整检验临界值表，1%显著性水平上临界值为-2.6347，说明回归方程协整关系成立，不存在伪回归现象。从调整后的可决系数可以看出，模型拟合优度较高，说明模型整体的解释力较强，F检验统计量也说明模型拟合较好。同时DW值为0.8497，经DW表得知，可以认为残差不存在自相关。

第三节　新型人口红利的经济增长贡献

从以上回归结果来看，改革开放前对经济影响起到促进作用的是资本、就业人口和人口素质存量。其中最显著的因素是就业，其次是资本存量。但是人口数量红利中的人口负担比和人口结构城乡就业比对经济增长起到了负面作用。从抚养比上分析，总抚养比体现了社会人口的负担比。1960—1978年间，我国总人口抚养比从最大值80.53%降低到72.00%。人口抚养比对经济增长的影响，既通过抚养比与经济增长之间的数量关系直接表现出来，又作用于资本、人力资本和劳动力要素，通过这些要素对经济增长的贡献间接地表现出来。人口抚养比提高，抚养负担加重，引起净收入减少，社会收入减少又会引起消费需求降低，消费需求的萎缩制约储蓄转化为投资，投资需求不足，结果导致有效需求不足；就要素供给而言，抚养比提高，导致劳动力和收入减少，收入的减少引起储蓄和人力资本投资减少，人力资本减少制约技术进步，储蓄和储蓄率的降低制约资本的形成，最终造成要素供给不足。要素需求和供给的不足共同制约了经济的增长和发展。

人口质量红利方面，1960—1978年我国人口质量红利对经济影响的弹性系数是0.0466；1979—2013年人口质量红利对经济影响的弹性系数是0.0758，这说明人口质量是推动中国经济增长的重要因素，即人口质量水平每提高一个百分点，产出将提高0.0758个百分点。人口质量的提升，一方面会直接提高劳动力的生产效率促进一国或地区经济增长，同时也会提高一个国家整体的创新水平和技术进步，这也间接地促进了经济发展。

人口结构红利指标对经济影响弹性系数在两个阶段变化最大，1960—1978年为-0.4936，1979—2013年为0.3521，这说明由于经济的发展，农村人口进入城市就业给经济带来了显著的影响。改革开放后，城乡就业比每提高1个百分点，产出将提高0.3521个百分点，其对经济增长的贡献甚至超过了资本。

为了进一步分析三维人口红利对经济增长的贡献，我们参考车士义等（2011）的研究计算出各维度人口红利对经济增长的贡献率，如表6-4所示。

表 6-4　　　　　　　　不同维度人口红利的经济增长贡献率

类　别	主要变量	1960—1978 年		1979—2013 年	
		系　数	贡 献 率	系　数	贡 献 率
人口数量红利	总抚养比	−0.650	−0.575%	−0.2117	4.32%
人口质量红利	十万人中大学生数	0.0466	1.93%*	0.0758	10.62%
人口结构红利	城乡就业比	−0.4913	−18.13%	0.3521	12.51%

注：*表示在改革开放前由于我国十年"文化大革命"的影响，从而对贡献率做了修正。

　　从以上贡献率来看，在改革开放前我国人口数量红利对经济增长起的作用不大。然而这一时期我国人口劳动力数量绝对值却并不小，这说明改革开放前由于我国经济落后，工业基础差，大量的劳动力都集中到农村集体建设中，生产效率低，这极大地浪费了劳动力资源。同时城市工业部门规模小，不能有效吸收社会剩余的劳动力，社会上存在大量的剩余劳动力。改革开放以来我国人口数量红利对经济的贡献率提高到4.32%。虽然我国有丰富的劳动力资源，但是由于城乡二元结构的存在，大量农村劳动力资源浪费，这说明劳动力的充分利用是实现人口红利的关键。如果丰富的劳动力资源未得到充分利用，那么人口红利就难以兑现，社会也将承受巨大的就业压力。正如于学军（2003）所指出的，在人口红利期，机遇与挑战并存。如果劳动力人口不能充分就业，那么劳动力人口与未成年人口和老年人口就没有区别，不仅未能发挥劳动力优势，反而成为社会的负担人口。

　　城乡就业比对经济的贡献变化最大。在改革开放前，城乡就业比对经济的贡献为−18.13%，改革开放以来增长到12.51%。这也说明随着我国经济发展和城镇化水平的提高，农村劳动力到城市就业，提高了城市就业比重，这为经济增长做出了较大贡献。沈君丽认为，农村地区缺乏实现就业的经济环境，而二元户籍制度及其附加的就业福利制度切断了劳动力禀赋与经济机会的结合，农村剩余劳动力转移是关系到农村人口红利能否贡献于经济增长的重要因素，需要破除一切限制流动和转移就业的政策制度障碍。

　　新中国成立到改革开放间，由于经济发展水平和政治原因，我国教育水平及卫生健康水平提升幅度不大，但是有一定的提升。改革开放后，随着经济的迅速发展，我国人口素质提升速度加快。人口质量红利对经济的贡献率也提升到10.62%。但是第六次人口普查统计结果显示，我国人口的学历结构还是比较低的，大专学历人口比例只有8.93%，高中学历人口也仅有14.03%。这与发达国家相比差距还很大。因此，这方面仍有很大潜力。

我们第三章分析的最终结果也表明，以人力资本衡量的广义劳动力对经济的长期增长具有显著的促进作用，我国是个劳动力丰裕的国家，而人均人力资本水平还处在较低水平，因而人力资本总量还有很大的发展空间，这将成为中国未来经济增长的重要动力之一。此外，经济改革因素则对我国经济增长有着更为重大的影响，中国的增长奇迹受益于改革开放以来的各项改革政策，然而改革的效果也受到人力资本的制约，应通过各种措施诸如更多的教育支出、完善的教师培训体系、优良的教学设施以及更多的受教育的选择和机会等来加速人力资本积累从而推动改革更好地为经济增长做贡献。

第七章 统筹人口政策，持续释放人口红利

我国在 20 世纪 50 年代就已实行计划生育利益导向政策。广义上而言，计划生育利益导向政策实行的主要目的，是通过经济手段来调控家庭生育孩子的数量，给予实行计划生育的家庭相应的优惠和照顾。自实行计划生育利益导向政策以来，我国的计划生育利益导向政策也逐渐发生着变化。新中国成立初期主要是以宣传为主，鼓励大家"节制生育"，这期间计划生育利益导向政策范围比较狭窄，力度不大，激励措施大多数与节育手术有关，1982 年计划生育被确定为我国的一项基本国策，至此我国进入了严格的控制人口数量时期，从 1979 年到 2000 年期间我国取得了良好的控制人口数量的效果。21 世纪初至今，我国计划生育政策进入了以控制人口数量、提高人口素质、治理出生人口性别比失衡、建立计划生育困难家庭帮扶政策"四位一体"的综合治理时期。

本部分利用三维人口红利理论作为分析框架，分析新中国成立以来我国计划生育政策、人口红利与经济增长之间的关系。根据计划生育政策实施不同时段的特点，并考虑数据的可得性，我们将 1960—2013 年间划分为三个阶段，即 1960—1978 年严格计划生育政策实施前阶段，1979—2000 年严格计划生育政策实施阶段和 2001 年至今的计划生育利益导向政策阶段。首先分析计划生育政策实施不同时段人口红利衡量指标的变化，然后建立计量模型综合分析计划生育政策实施不同时段的人口红利对经济增长的影响。根据前述对三维人口红利的界定，我们选择以下指标（见表 7-1）来衡量不同维度的人口红利及其变化状况。

此外，为了更清晰地认识三维人口红利在计划生育政策实施不同阶段的变化趋势，我们将人口红利各维度的变量指标进行因子分析后综合为各维度的指标，得到三维人口红利的不同维度的因子得分，进而比较不同维度人口红利指标随时间变化的趋势。同时为了更直观地对比分析三个维度人口红利的变化趋势，我们把三个维度人口红利的因子得分进行了标准化处理，使其在每个阶段的因子得分值处在 1～

100 之间。①

表 7-1　　　　　　　　　　　　人口红利衡量指标

人口数量红利	人口总量	人口结构红利	城镇化率
	劳动力总量		农业人口
	劳动力占人口比重		非农业人口
	国民储蓄率	人口质量红利	总生育率
	自然增长率		出生率
	人口年龄结构		死亡率
	总人口抚养比、少儿人口抚养比、老年人口抚养比		每十万人口受高等教育人数

第一节　严格计划生育政策实施前的人口红利

我国早期鼓励人们少生孩子、实行计划生育的做法主要是与节育、流产和结扎手术有关的一些措施和办法。20 世纪 50 年代，中央提出节制生育后，卫生部就开始制定有利于人工流产和绝育手术的具体办法。1963 年全国第二次城市工作会议上不但提出了城市人口控制指标，而且还决定职工做节育和结扎手术一律免费，并给予短期休养时间，工资照发。1964 年国务院下发的《关于计划生育工作经费开支问题的规定》指出，对城乡群众施行放环、人流和结扎的全部手术费、挂号费、检验费和医药费实行减免。应该指出的是，这些早期的鼓励人们实行节育的办法措施就含有利益导向成分，只是范围比较狭窄，大多与节育手术有关。

1973 年在全国计划生育汇报会上正式提出夫妇生育孩子要实行"晚、稀、少"的计划生育政策，为此还做出了一些相应的规定。例如，高等学校不招收已婚青年入学；招工时，在同等条件下，优先照顾有女无儿户；农村实行男女同工同酬；农村口粮实行按人分等定量分配制度；后来，又提出奖励只生一个孩子的夫妇，对无子女的老人逐步实行社会保险。在城市住房分配和职工福利方面也采取了适当措

---

① 三个维度人口红利因子得分之间并没有相互比较的意义，且只是分析衡量人口红利综合指标的变化趋势，本章第四节将分析计划生育政策实施不同阶段、不同维度人口红利的经济增长贡献。

施，使有关政策有利于计划生育的开展。这些带有利益诱导性质的办法使当时提出的计划生育"晚、稀、少"政策迅速为多数群众所接受。自 1970 年至 1979 年，全国人口出生率由 33.4‰降到 17.82‰，人口自然增长率在死亡率相对稳定的情况下，由 25.83‰降至 11.61‰。

人们实行计划生育的措施和办法有了很大扩展，已不仅仅局限于与节育技术直接有关的方面，并且产生了很好的社会效果。但这些激励措施的实施范围尚不够广泛，实施力度及落实效果尚缺乏有效的保障。

由图 7-1 可以看出，从 1960 年到 1978 年中国人口呈快速增长的趋势，人口绝对量从 1960 年的 6.67 亿增长到 1978 年的 9.56 亿，这期间人口净增量为 2.89 亿。这期间我国人口并未实行严格的计划生育政策，主要是以鼓励"节制生育"为主。从人口增长率来看，人口增长率首先在 1961 年经历急剧下滑，出现了负增长，其原因可能是受当时自然环境等外在因素的影响导致人口出现负增长，根据相关学者的研究分析，1958—1961 年是我国的第一次生育低潮，之后人口增长率迅速上升，并于 1963 年达到接近 2.5% 的水平。1965 年人口增长率超过 2.5%，之后维持在 2.5% 到 3% 之间的高速增长阶段，这期间 1962—1972 年是我国的第二次生育高潮。人口增长率于 1972 年开始出现下滑现象，并逐步下滑到 1978 年的 1.34% 水平，综合计算可得，1960—1978 年我国人口平均年增长率为 2.02%。从图中可以看出这一阶段我国人口增速保持在较高水平，20 世纪 60 年代我国有大量人口出生，这一年代也被后来学者称之为"黄金年代"。

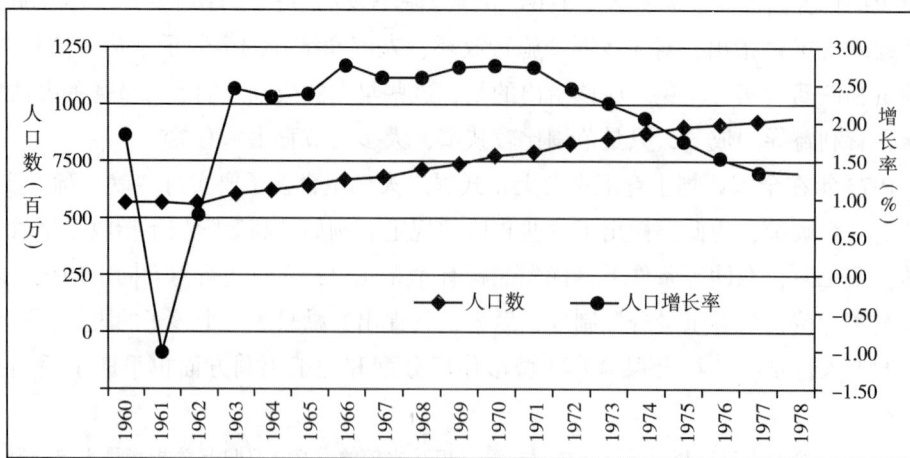

图 7-1 人口数量及人口增长率变化（1960—1978 年）

1960—1978 年期间，随着我国人口数量的迅猛增长，我国人口结构也发生了变化，其最大的特征是劳动力适龄人口比重上升。15—64 岁劳动力人口增加量最大，其占总人口比例也是最大，由 1960 年的 3.76 亿增加到 1978 年的 5.50 亿，净增加量为 1.74 亿，所占总人口比例由 1960 年的 56.34% 上升到 1978 年的 57.82%；0—14 岁年龄段人口由 1960 年的 2.67 亿增加到 1978 年的 3.64 亿，净增加量为 0.97 亿。1960—1978 年间我国人口年龄结构属于年轻型结构，0—14 岁人口占到了总人口的 40% 左右；65 岁及以上年龄段人口净增量为 0.17 亿，所占总人口比例由 1960 年的 3.79% 上升到 1978 年的 4.85%。少儿人口比例的下降和劳动力人口比例的上升说明我国人口数量红利作用开始凸显，人口规模的增加对经济发展的促进作用开始显现（参见第二章图 2-4）。

从 1960 年到 1978 年我国总储蓄以现价本币来计算，由 573.2 亿增加到 1358.1 亿，净增加量为 784.9 亿。1960 年我国总储蓄为 573.2 亿，占 GDP 的比例为 39.34%，之后 1961 年和 1962 年总储蓄有所下降，并于 1962 年降至最低点，所占 GDP 比重下降到 16.65%，1963 年开始逐步回升，之后呈波动上升趋势，1978 年总储蓄占 GDP 的比重回升到 37.21%（图 7-2）。

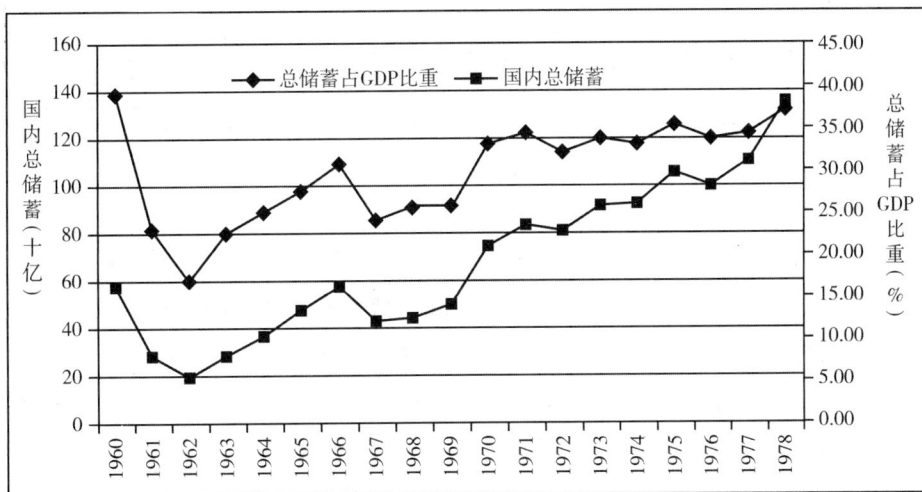

图 7-2 国内总储蓄及储蓄率的变化（1960—1978 年）

少儿抚养比在 1960—1978 年间是呈先增加后降低的趋势，其高峰出现在 1965 年，少儿抚养比最高为 74.45%，之后呈下降趋势。老年抚养比呈先下降后增加的趋势，1965 年老年抚养比下降到最低点，所占比例为 6.07%，其后逐渐上升，

1978 年老年抚养比增加到 7.44%（参见第二章图 2-6 和图 2-7）。1960—1978 年我国总抚养比呈先上升后下降的趋势，在这一阶段中，我国在 1966 年总抚养比达到最高点，之后总抚养比呈下降趋势。1979 年总抚养比下降到 73.58%。

从图 7-3 可以看出，我国城镇化水平从 1960 年的 16.2% 提高到 1978 年的 17.9%，说明在这期间我国城镇化水平幅度较小，我国城镇化率处于较低水平。城镇人口净增量为 63.06 万，农村人口净增量为 226 万，农村人口增量远大于城镇人口，说明这期间我国人口结构红利不明显。

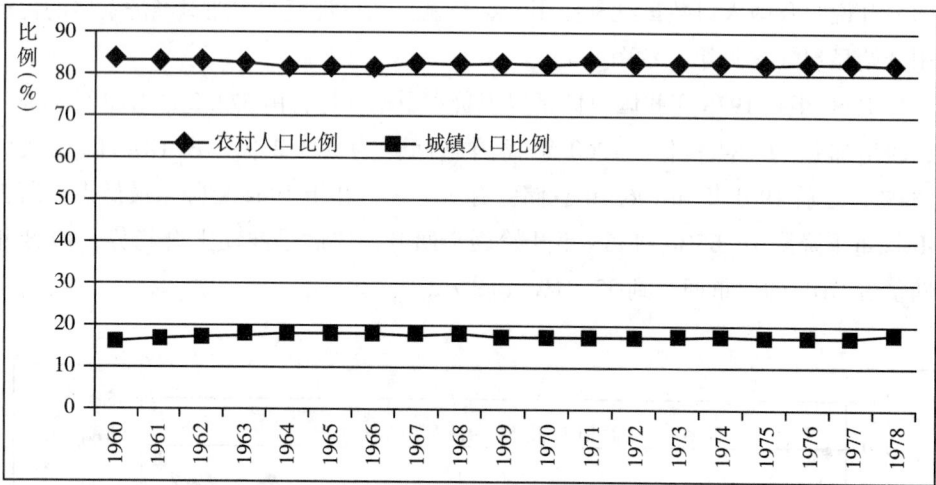

图 7-3　农村及城镇人口占比（1960—1978 年）

1960—1978 年我国人口出生率经历了先增长后下降的趋势，1963 年人口出生率达到最高点，为 43.37‰，之后逐渐呈下降趋势，并于 1978 年下降到 18.25‰。在这时间段内，我国人口死亡率从 1960 年的 25.43‰ 逐步下降到 1978 年的 6.25‰。出生率的下降将会使父母对孩子投入更多的资源，会使孩子享受到更好的教育水平，从而提高人口素质（图 7-4）。

图 7-5 显示了每十万人中受高等教育人数的变化，在 1970 年达到最低点，每十万人中仅 6 人，之后逐渐上升。到 1978 年，已达到每十万人中有 89 人受过高等教育。1960—1978 年间我国每十万人中受高等教育的人数总体上呈先下降后上升的趋势，这期间主要是受到政治因素的影响，可以看出我国人口受教育水平很低，人口总体素质不高。

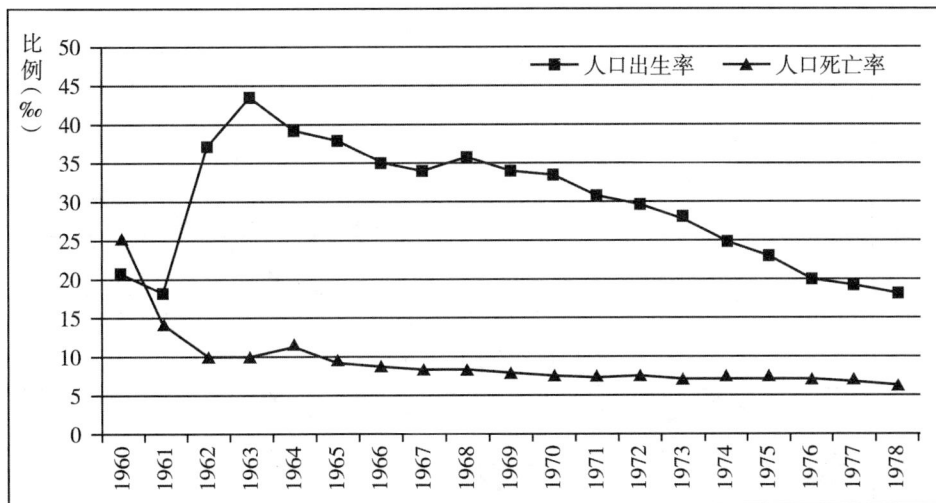

图 7-4　死亡率与出生率（1960—1978 年）

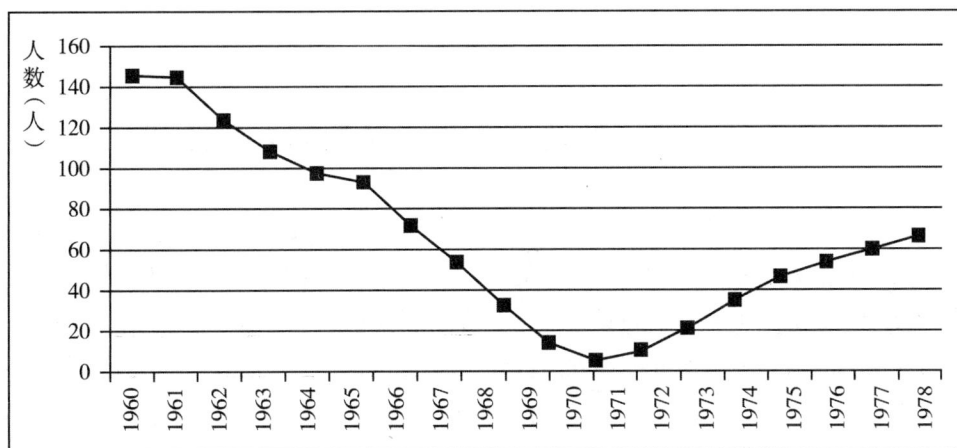

图 7-5　每十万人中受高等教育的人数（1960—1978 年）

如前所述，通过因子分析处理，这一阶段不同维度人口红利综合指标变化情况见图 7-6。可以看出，这一阶段人口数量红利指标在最初呈下降趋势，之后从 1965 年开始逐渐上升，到 1972 年又略有下降，但总体上增长趋势明显，增长速度迅速。人口结构红利指标在 1964 年之前增长速度较快，之后增速放缓，进入缓慢增长状

141

态。人口质量红利指标同样在 1965 年有下降趋势，之后开始逐渐上升。

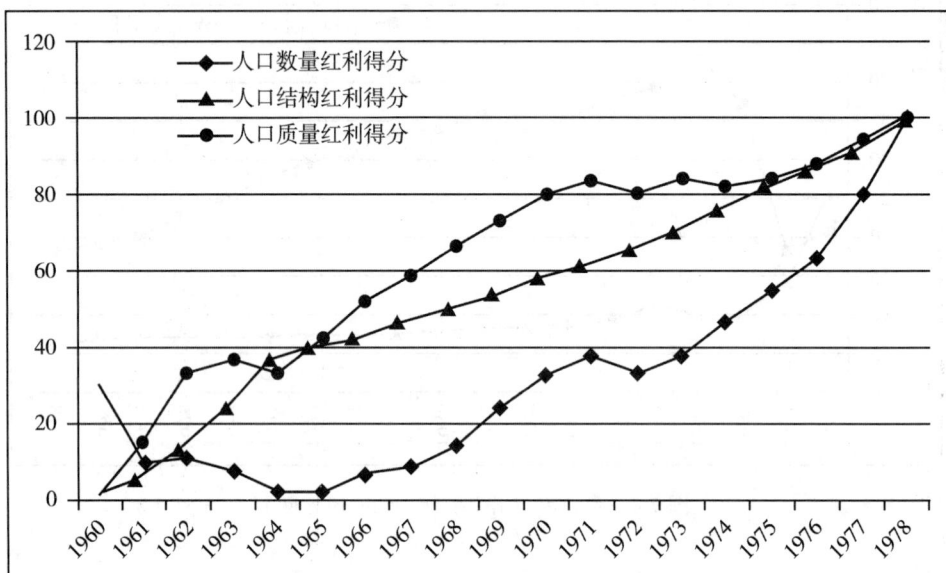

图 7-6 三维人口红利变化趋势（1960—1978 年）

第二节 严格计划生育政策时期的人口红利

1980 年，中共中央发出《关于控制我国人口增长问题致全体共产党员、共青团员的公开信》，"提倡一对夫妇只生育一个孩子"，并指出，"为了控制人口增长，党和政府已经决定采取一系列具体政策，在入托儿所、入学、就医、招工、招生、城市住房和农村住宅基地分配等方面，要照顾独生子女及其家庭"。1984 年，国家计生委发布《关于分居两省、市、自治区的独生子女父母领取保健费问题的意见》，明确保健费的领取"由夫妇双方所在单位各负担 50% 的原则办理，夫妇一方为无工作单位的城镇居民，保健费的 50% 暂由所在城镇街道计划生育事业费开支"。1988 年 3 月，中共中央召开政治局常委会议讨论计划生育工作，会议纪要在总结以往经验教训的基础上，对中国的计划生育政策作了全面的阐述，作为其中重要组成部分的奖励政策比较全面和比较完善。纪要指出，通过奖励，激发群众贯彻执行生育政策的光荣感，并与必要的限制办法相配合，形成实行计划生育的社会环境，逐步提高群众执行生育政策的自觉性。奖励政策包括：对响应国家号召只生育一个孩子的家庭给予奖励。具体办法是：发给荣誉证书；奖励现金，给独生子女母亲延长产假；在入托、入学、就医、打工、招生、分房或宅基地方面照顾独生子女家庭。1989 年国务院向各省、自治区、直辖市政府转发了《国家计划生育委员会、国务院贫困地区经济开发领导小组关于扶贫工作与计划生育工作相结合的报告》，要求各贫困地区制定相应的政策措施，建立必要的工作制度，努力使扶贫工作有利于计划生育的推行。这一时期，鼓励人们实行计划生育的措施更加明朗化、细致化、宽泛化，利益导向份量逐渐加重。1990 年，"为保障受术者安全、健康及生产、生活与家庭的幸福，推进计划生育工作健康发展"，国家计生委发布《节育并发症管理办法和节育并发症鉴定办法（试行）》。1999 年，国家计生委发布了《关于妥善解决城镇职工计划生育手术费用问题的通知》。1992 年党的十四大提出建立社会主义市场经济体制后，计划生育工作面临新的机遇与挑战，中央进一步明确提出计划生育工作既要抓紧又要抓好的工作方针。除了继续做好节育工作以外，在坚持社会制约的同时，积极探索使用利益导向这一杠杆，调动群众实行计划生育的积极性，使计划生育工作在新形势下上一个新台阶、新水平，成为这一时期计划生育工作的显著特点，也为计划生育利益导向政策奠定了坚实的理论基础与丰富的实践经验。

从图 7-7 可以看出，在严格计划生育时期我国人口从 1979 年的 9.68 亿增长到 2000 年的 12.63 亿，年均增长率为 1.33%。1979 年到 2000 年是我国严格实行计划生育的阶段，这期间我国人口数量增长得到了良好的控制，人口增长率在 1988 年之前呈波动增长趋势，并于 1988 年达到最高点，为 1.61%，其后人口增长率迅速下降，至 2000 年我国人口增长率降为 7.88‰。这一时期，我国劳动力供给充裕，劳动力成本低，由此产生的人口红利为我国改革开放之后经济的高速增长奠定了基础。

1979—2000 年期间，我国 15—64 岁年龄段人口增速最快，由 1979 年的 5.66 亿，增加到 2000 年的 8.62 亿，净增加量为 2.96 亿，其占总人口比例也由 58.66% 提高到 67.53%，15—64 岁年龄段是劳动力年龄段，由此可以看出这期间我国劳动力增加量巨大；0—14 岁年龄段总人口在这期间出现下降趋势，由 1979 年的 3.60 亿降为 2000 年的 3.16 亿，所占总人口比例降低了 10.77 个百分点；65 岁及以上老年人比例增加了 1.91 个百分点。成年型人口结构，人口年龄结构的这种变化，大大减轻了人口抚养负担，提高了人口结构的生产性（参见第二章图 2-4 和图 2-5）。

在 1979—2000 年间，我国总储蓄额在 1993 年出现快速增长的趋势，总储蓄额存量由 1979 年的 1447.7 亿元增加到 2000 年的 3.68 万亿元，这说明我国在这 21

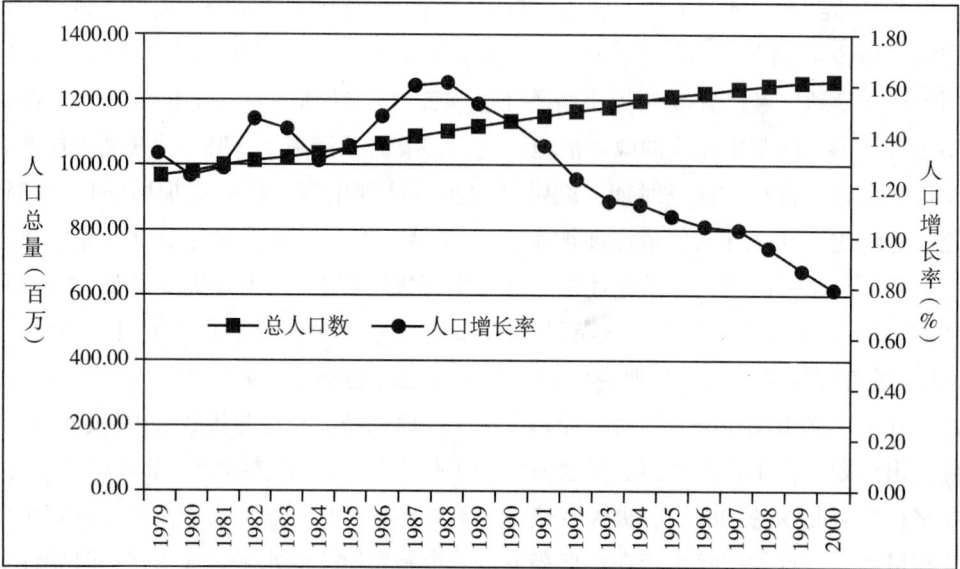

图 7-7　1979—2000 年间人口数和人口增长率变化

年间资本积累丰富（图 7-8）。

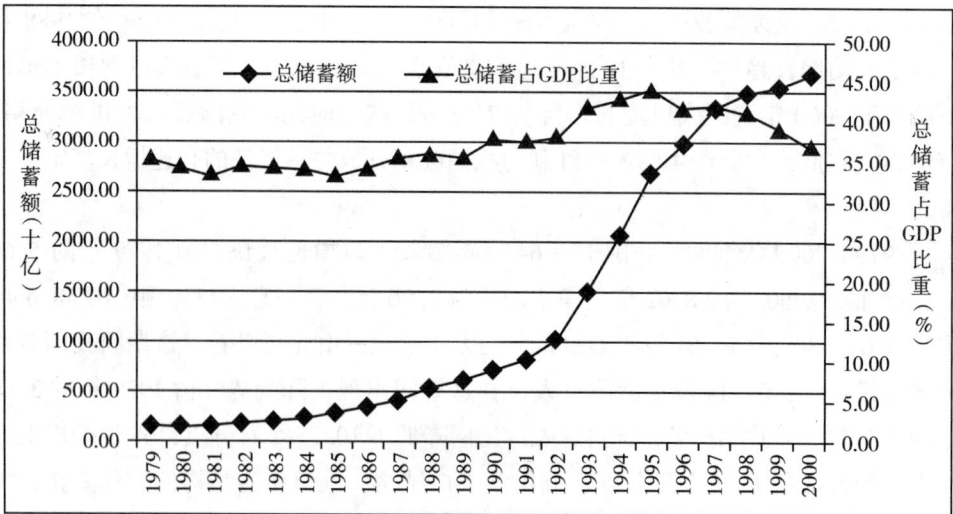

图 7-8　总储蓄及占 GDP 比重（1979—2000 年）

从抚养比来看（参见第二章图 2-6 和图 2-7），这一阶段年龄结构变动形成的年龄结构"金字塔"中，塔身最宽处大部分为 1962—1973 年第二次生育高潮期间出生的人口，扣除死亡人口后至今尚存 3 亿左右，这是包括人口老龄化在内人口变动最值得关注的人口组群。这 3 亿人口组群于 1980—1991 年成长为正常的劳动力，从此开始了劳动年龄人口所占比例高、老少被抚养人口比例低的人口年龄结构的"黄金时代"，成为可获取"人口红利"的经济发展最佳时期。1999 年 10 月，中国人口年龄结构已完成由成年型向老年型的转变。人口老龄化的出现，是生活质量提高、医疗卫生技术进步和社会福利改善带来寿命延长的结果。在老龄化程度达到较高水平之前，"高出生、低死亡、高增长"形成一个有利于经济发展的人口年龄结构——总人口"中间大、两头小"，使得劳动力供给充足，而且社会负担相对较轻，并会持续较长一段时间，即人口年龄结构变动的"黄金时代"。年龄结构的这种变化将带来劳动力增加、储蓄和投资增长、人力投资增加和妇女就业机会增加等，从而对社会经济发展有利，已有的经验表明，这个时期大概有 40 年。

这一时期我国城镇化率水平几乎呈线性速度上升，从 1979 年的 18.62% 上升到 2000 年的 35.88%，在这 21 年间，农村人口增加量仅为 210 万，而城市人口则增加了 2.73 亿，这说明农村大量劳动力进入城市（图 7-9）。

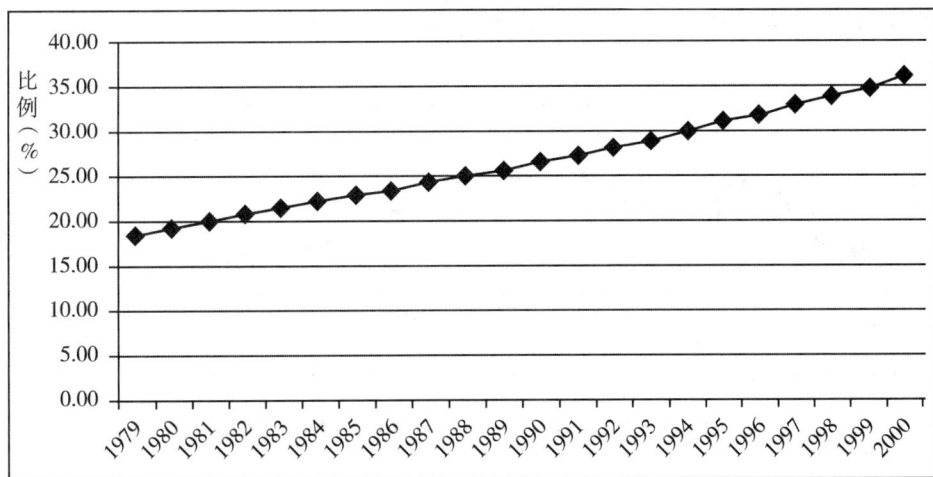

图 7-9　城镇人口比例（1979—2000 年）

从图 7-10 来看，1979—1989 年我国每十万人中受高等教育人数增速在 1979—1989 年间比较平缓，1989 年开始增速加快，这一阶段我国每十万人中受高等教育人数从 1979 年的 100 人增加到 2000 年的 700 多人，由此可以看出在这期间我国人口素质得到了很大的提升。

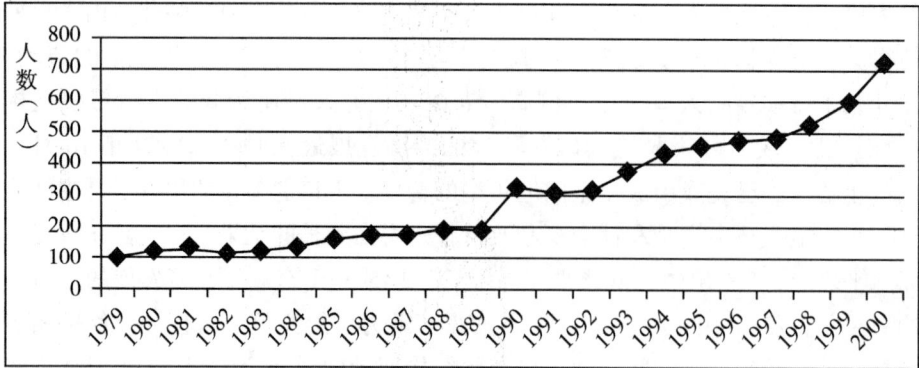

图 7-10　每十万人中受高等教育人数（1979—2000 年）

　　这一阶段，我国人口死亡率变化不大，基本保持在 6% 左右水平，但是我国人口出生率存在明显变化。从图 7-11 中可以看出我国人口出生率在 1987 年之前呈波动变化，1987 年之后呈下降趋势，1987 年达到最高峰，其出生率为 23.33%，之后逐步下降至 2000 年的 14.03%。从中可以看出这一阶段我国计划生育政策对人口的增长实行了严格的控制，人口出生率大幅下降（图 7-11）。

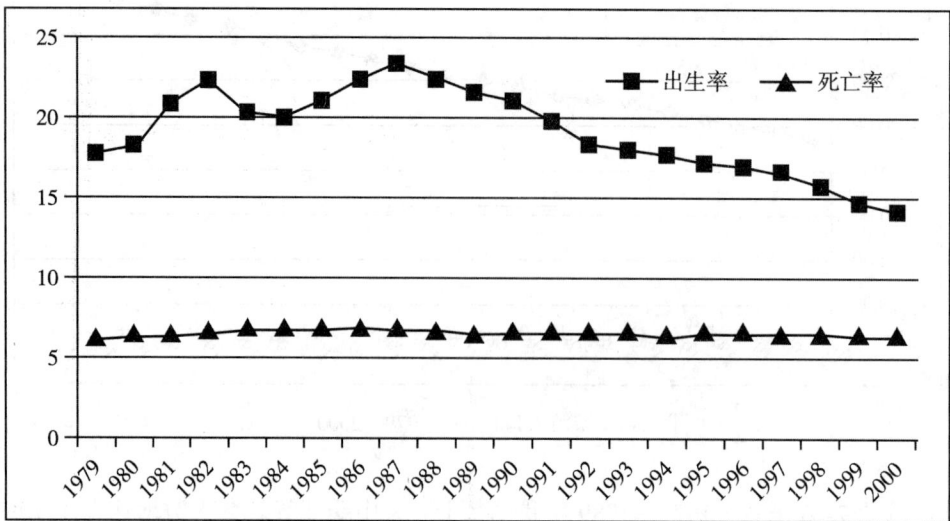

图 7-11　出生率与死亡率（1979—2000 年）

这一阶段不同维度人口红利综合指标变化情况见图7-12。可以看出，这一阶段增速最快的是人口质量红利指标；从1979年到1983年，人口质量红利指标略有下降，从1983年开始人口质量红利指标开始逐渐上升，之后上升迅速。人口数量红利指标和人口结构红利指标均呈平稳上升态势。

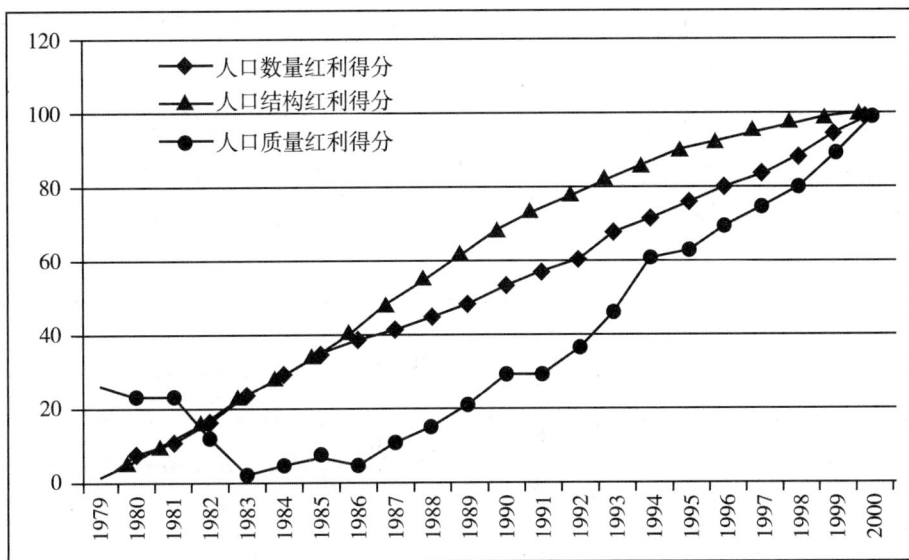

图7-12 三维人口红利变化趋势（1979—2000年）

第三节 计划生育利益导向政策与人口红利

进入新世纪后，党中央和国务院高度重视建立和完善计划生育利益导向政策。2000年3月，中共中央国务院发布《关于加强人口与计划生育工作稳定低生育水平的决定》，在国家层面上明确提出"建立计划生育利益导向机制"，强调要优先扶持计划生育家庭经济发展、落实对计划生育家庭的奖励和优惠政策；2001年12月出台的《中华人民共和国人口与计划生育法》规定："国家建立、健全基本养老保险、基本医疗保险和社会福利等社会保障制度，促进计划生育。"经过几十年的探索，党和国家最终以国家法律的形式，首次将调节生育行为的主要措施定位在了利益导向上。这些法律规定说明，国家从制度上保障计划生育家庭的合法权益，利益导向措施已成为人口与计划生育工作的重要手段。

2004 年，农村部分计划生育家庭奖励扶助制度开始实施；2006 年该试点工作在全国全面铺开，同时开始全面实施西部地区计划生育"少生快富"工程；2007 年，开始在全国实施独生子女伤残死亡家庭扶助制度试点，该项制度于 2008 年下半年在全国普遍推行实施。2011 年 6 月，国家人口计生委、财政部发布《关于将符合规定的"半边户"农村居民一方纳入农村部分计划生育家庭奖励扶助制度的通知》，将一方为农村居民、一方为城镇居民的夫妇（即"半边户"）中符合条件的农村居民一方，纳入农村奖励扶助制度。

2001 年我国开始实行计划生育利益导向政策，从图 7-13 可以看出我国这一阶段人口增长率呈下滑趋势，人口增长率从 2001 年的 7.26‰下降到 2014 年的 5.06‰，人口增速缓慢，人口从 2001 年的 12.72 亿增加到 2014 年的 13.64 亿。

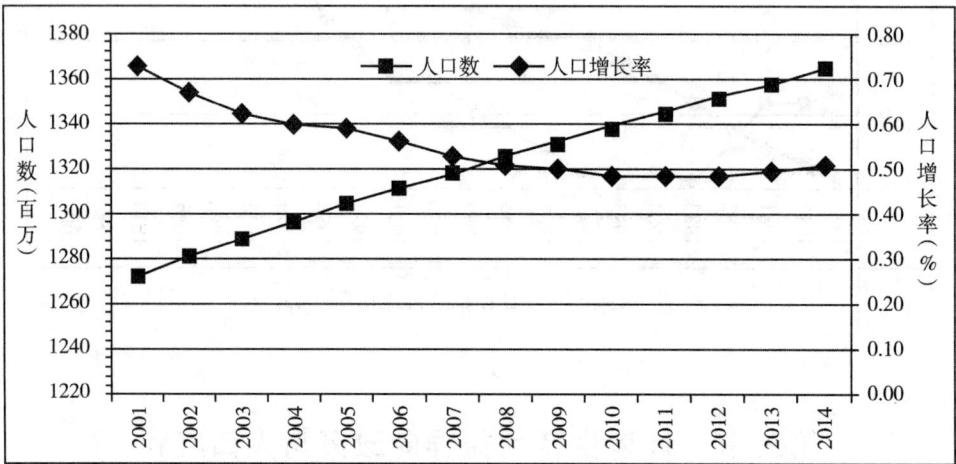

图 7-13　人口总量及人口增长率（2001—2014 年）

由表 7-2 可以看出劳动力（15—64 岁）占人口总比重在 2010 年达到最高，所占比例为 73.51%，之后所占比例呈现递减趋势；0—14 岁人口总量减少，所占总人口比例也趋于下降趋势。联合国的传统标准是一个地区 60 岁以上老人达到总人口的 10%，新标准是 65 岁老人占总人口的 7%，即该地区视为进入老龄化社会。我国在 2001 年 65 岁及以上人口比例为 7.03%，说明我国在 2001 年步入了老龄化社会。中国老龄化进程在时间上具有阶段和累进的性质。这主要是由以往人口出生、死亡、自然变动造成的人口年龄结构所决定的。

表 7-2　　　　　　　　　　　　　**2001—2013 年各年龄段结构情况**

年份	0—14 岁		15—64 岁		65 岁及以上	
	人口数（百万）	比例（%）	人口数（百万）	比例（%）	人口数（百万）	比例（%）
2001	307.84	24.63	877.15	68.34	86.86	7.03
2002	297.01	23.56	893.69	69.24	89.70	7.19
2003	284.73	22.45	911.19	70.18	92.48	7.36
2004	272.66	21.41	928.28	71.06	95.14	7.52
2005	261.91	20.51	944.14	71.82	97.68	7.67
2006	254.36	19.76	956.60	72.43	100.06	7.81
2007	247.01	19.17	968.46	72.89	102.41	7.94
2008	240.68	18.71	979.15	73.22	104.82	8.07
2009	235.94	18.38	987.90	73.42	107.42	8.20
2010	232.96	18.14	994.44	73.51	110.31	8.35
2011	231.20	18.01	999.40	73.48	113.53	8.51
2012	231.34	17.98	1002.47	73.34	116.89	8.68
2013	232.85	18.03	1003.87	73.09	120.66	8.88

　　2001 年以来我国总抚养比呈下降趋势，这一阶段少儿抚养比下降趋势明显，下降了 11.38 个百分点，老年抚养比上升了 2.12 个百分点。2001 年我国总抚养比为 45.95%，到 2013 年下降到 36.69%，2010 年我国传统人口数量红利达到巅峰，人口总抚养比降至历史最低水平，总抚养比为 35.77%。少儿抚养比下降与老年抚养比上升之间的间隔很短，使得总体抚养比只在相对短暂的时期内处于较低的水平，2011 年总抚养比开始增加，传统的人口红利出现拐点（参见第二章图 2-6 和图 2-7）。

　　2001—2013 年，在这 12 年间总储蓄额增加量巨大，从 2001 年的 4.16 万亿增加到 2013 年的 29.65 万亿，净增加量为 25.49 万亿，总储蓄占 GDP 比重也从 2001 年的 37.76% 增加到 2013 年的 50.42%，可以看出这一阶段我国资本积累增量巨大（图 7-14）。

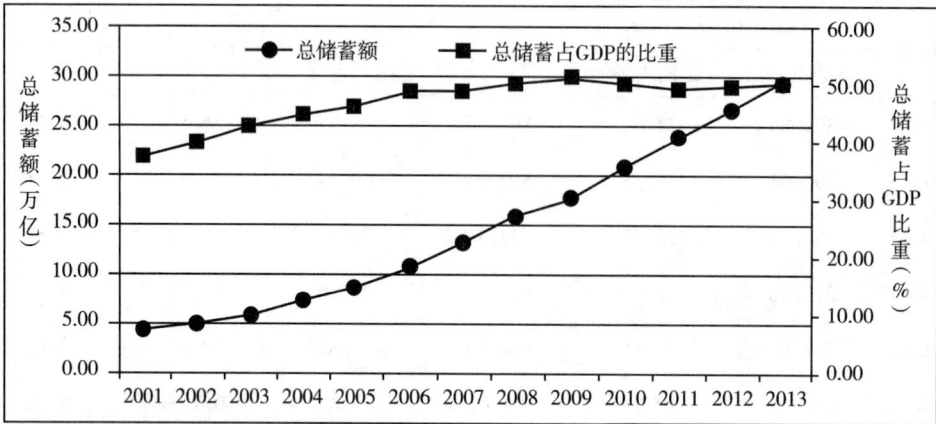

图 7-14　总储蓄及其占 GDP 比重（2001—2013 年）

表 7-3　　　　　　　　　　　**2001—2014 年人口城乡结构**

年　份	农　村		城　镇	
	农村人口	所占比例	城镇人口	所占比例
2001	800.08	62.91	471.77	37.09
2002	788.41	61.58	491.99	38.43
2003	775.93	60.22	512.47	39.78
2004	762.82	58.86	533.26	41.14
2005	749.35	57.48	554.37	42.52
2006	735.90	56.13	575.12	43.87
2007	722.21	54.80	595.67	45.20
2008	708.17	53.46	616.48	46.54
2009	693.85	52.12	637.41	47.88
2010	679.21	50.77	658.50	49.23
2011	664.36	49.43	679.77	50.57
2012	649.83	48.11	700.86	51.89
2013	635.69	46.83	721.69	53.17
2014	621.97	45.59	742.30	54.41

这期间农村人口总量从 2001 年的 8.00 亿减少到 2014 年的 6.22 亿，绝对数减少了 1.78 亿，城镇人口从 2001 年的 4.72 亿增加到 2014 年的 7.42 亿，城镇化率也从 2001 年的 37.09% 增加到 2014 年的 54.41%。

表 7-4 显示，我国出生率和死亡率在这一阶段变化趋势不大，其中出生率在 2007 年之前呈下降趋势，并于 2007 年之后趋于稳定，保持在 12.0‰ 左右水平；死亡率基本稳定，保持在 7‰ 左右水平。

表 7-4　　　　　　　　　　　**2001—2013 年人口死亡率及出生率**

年　　份	出　生　率	死　亡　率
2001	13.38	6.43
2002	12.86	6.41
2003	12.41	6.4
2004	12.29	6.42
2005	12.4	6.51
2006	12.09	6.81
2007	12.1	6.93
2008	12.14	7.06
2009	12.13	7.08
2010	11.9	7.11
2011	11.93	7.14
2012	12.1	7.15
2013	12.1	7.2

此阶段我国每十万人受高等教育水平人数几乎呈线性增长（如图 7-15），从 2001 年的每十万人中有 931 人受过高等教育，到 2014 年的每十万人中有 2488 人受过高等教育，是 2001 年的 2.67 倍，由此可以看出我国受高等教育的人数总量得到快速增长。同人口数量增加相比，提高人口受教育程度、加大人力资本投资，将会对我国未来经济有效、持久的发展发挥更加重要的作用。

这一阶段不同维度人口红利综合指标变化情况见图 7-16。可以看出，这一阶段人口数量红利指标增速逐渐放缓，后期变化平稳，而人口质量红利指标和人口结构红利指标均呈持续增长的态势。

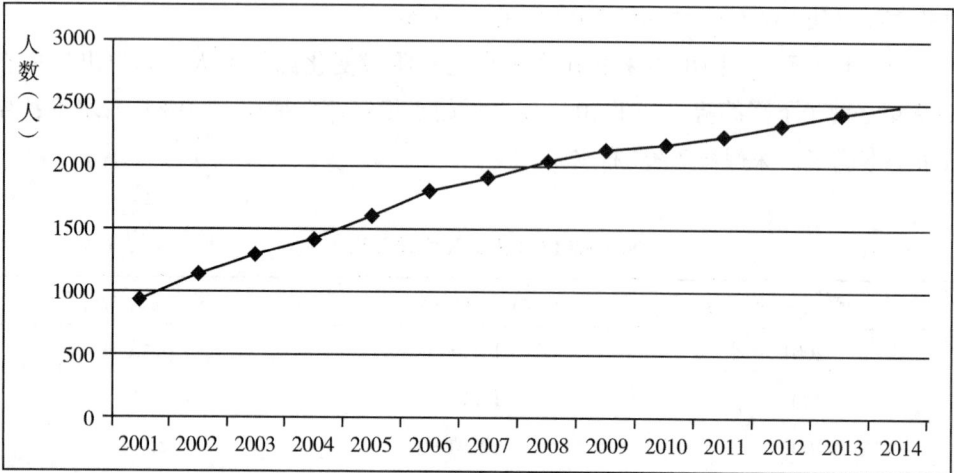

图 7-15　每十万人受高等教育人数（2001—2014 年）

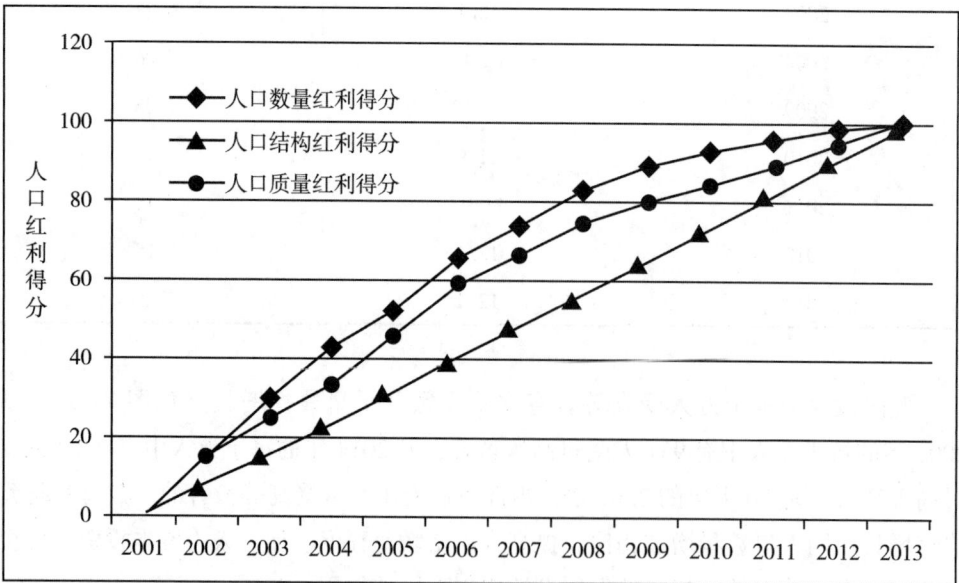

图 7-16　三维人口红利变化趋势（2001—2013 年）

第四节　计划生育政策、人口红利与经济增长

新中国成立后，随着社会趋于安定和经济社会建设作用，我国人口特征最主要的表现是死亡率的下降和出生率的上升，这一阶段我国人口自然增长率大幅度上升。总死亡率由1949年的20‰降低到1957年的10.8‰，婴儿死亡率由1949年的195‰下降到1957年的61‰，1971年降低到51‰（黄荣清、刘琰，1995）。这期间人口出生规模较大，仅1966—1971年期间人口年平均出生规模高达2650万。同时人口的出生预期寿命得到延长，在1971年达到64岁。1973年国家出台了"晚、稀、少"的计划生育政策，才使我国人口出生率逐渐降低。1973—1979年妇女总和生育率大幅度下降，由1971年的5.44迅速下降到1978年的2.72。1970—1979年，全国人口出生率由33.4‰下降到17.82‰，人口自然增长率在死亡率相对稳定的情况下，由25.83‰降至11.61‰。

1980年代以后，在改革开放加快了经济和社会发展的同时，计划生育政策在城乡全面严格执行，进一步大幅度地降低了人口出生率，人口自然增长率也相应下降，以致1998年以后自然增长率降低到1‰以下。

在人口转变的同时，人口的年龄结构也相应发生了变化，即首先是少儿年龄人口比重逐渐下降，劳动年龄人口比重上升，并且在很长时期里，老年化程度的提高并不严重。从1953年第一次人口普查到2010年第六次人口普查期间，少年儿童（0—14岁）占人口的比例从36.3%降低到16.60%，劳动年龄人口（15—59岁）比重从59.3%提高到70.14%，而老年人口（65岁及以上）比重从4.4%上升到8.87%。国际上的通常看法是，当一个国家或地区60岁以上老年人口占人口总数的10%，或65岁以上老年人口占人口总数的7%，即意味着这个国家或地区的人口处于老龄化社会。这说明我国已进入老龄化社会。我国劳动力数量比重也在2011年达到最大值0.7435，之后劳动力数量比重呈逐年下降趋势。

根据第二次人口普查公报数据，1964年6月30日，28个省、市、自治区的人口中，具有大学文化程度的仅占总人口的0.4%，具有高中文化程度的比例为1.31%，13岁以上不识字率高达33.58。1986年我国开始实施义务教育，到1999年我国加快高等教育发展步伐，再到2005年我国开始建立农村义务教育保障机制，一直到2007年全国农村义务教育阶段学生免除课本费，改革开放以来，我国的教育事业得到了快速的发展。同时在这期间政府不断加大公共卫生事业建设力度。至2010年第六次人口普查，我国大学文化程度人口比例上升为8.92%，高中文化程

度占总人口比例为 14.03%，文盲率为 4.08%。在卫生健康方面，2010 年我国人口平均预期寿命达到 74.83 岁。这些数据均表明我国人口素质得到了明显的提升。

1960 年我国城镇化率仅有 16.203%，这说明我国有近 85% 的人口集中在农村。城乡就业比为 0.3096。在改革开放之际的 1978 年，我国城镇化率为 17.9%，城乡就业比为 0.3105，这说明改革开放阶段，我国城镇化水平几乎没有提升，城乡就业分布也没有明显变化。改革开放后我国城镇化水平提升迅速，2000 年我国城镇化率为 35.88%。进入 21 世纪以来，我国城镇化步伐进一步加快，2011 年首次实现城市人口超过农村人口，2013 年城镇化率达到 53.17%。城乡就业比也由 1980 年的 0.3306，提升到 2013 年的 0.9871。

新中国成立以来我国计划生育政策主要经历了三个阶段，在不同计划生育政策实行阶段，其政策的实施对我国人口增长率、人口抚养比、劳动适龄人口等方面都会产生直接的影响，即产生传统的人口数量红利，这对我国经济发展产生了重要影响。同时我国城镇化推进过程中农业劳动力非农化所释放的人口结构红利和国民素质提高所产生的人口质量红利也对经济发展产生了影响。为了能更清晰地认识我国不同阶段计划生育政策实施期间，不同纬度人口红利对经济增长的贡献，我们利用 EVIEWS 软件对以上变量和我国经济发展水平（GDP）分别取对数，建立多元回归模型，进行多元回归分析，回归结果中发现存在多重共线性问题，因此，通过逐步回归法得到以下显著性变量。

表 7-5　　　　计划生育政策不同阶段人口红利与经济增长回归结果

时　　期	显著性变量	回归系数	T 值
1960—1978 年	劳动力适龄人口数	2.63	14.19 ***
	储蓄率	0.35	5.36 ***
	老年抚养比	-0.75	-2.67 **
1979—2000 年	城乡就业比	3.79	10.02 ***
	储蓄率	2.91	8.84 ***
	劳动力适龄人口数	3.96	10.30 ***
2001—2013 年	城乡就业比	2.23	19.1711 ***
	大学及以上学历人数	0.10	2.2973 **

注：***、**、* 分别代表 1%、5%、10% 的显著性水平

从回归结果来看，不同计划生育政策实施阶段，三维人口红利中不同纬度对经济的影响存在差异：1960—1978 年间，三维人口红利指标对经济增长产生显著影响的有劳动力适龄人口数、储蓄率、老年抚养比。这三个指标均反映人口数量红利，说明了这一阶段对经济增长影响最大的是人口数量红利。劳动适龄人口的弹性系数最大为 2.63，这也说明劳动适龄人口是人口红利中对经济增长影响最大的因素。储蓄率对经济增长的弹性系数为 0.35，说明储蓄率变动 1%，则会引起经济增长 0.35%的变动。老年抚养比的弹性系数为-0.75，说明老年抚养比对经济增长的影响是负方向的，这是因为老年抚养比的增加，意味着社会劳动人口的相对下降，即生产人数下降，但消费人数却相对增加，其结果给劳动者造成负担，进而对经济产生影响。

自改革开放到 2000 年期间，城乡就业比、储蓄率、劳动力适龄人口对经济增长产生了显著影响。城乡就业比反映的是人口结构红利指标，总储蓄率和劳动力适龄人口是人口数量红利指标。从回归结果分析，城乡就业比对经济增长的弹性系数为 3.79，这说明这一时期人口结构红利对经济增长作用明显。我国城乡就业比从 1979 年的 32.22%增长到 2000 年的 47.31%。其原因主要是随着经济发展，越来越多的农村劳动力到城市寻找工作，经济落后地区的劳动力转移到经济发达地区就业，提高了城市就业比例。劳动力适龄人口对经济增长的弹性分别为 3.96，储蓄率对经济增长的弹性为 2.91，这表明人口数量红利对经济增长仍起了较大作用。这一时期，我国劳动适龄人口比重高，人口生产性强，社会具有高储蓄率，而且劳动力成本低廉，由此产生的人口数量红利是经济增长的重要因素之一。

进入 21 世纪以来，我国经济总体上维持较高的增长速度。从回归结果分析，对经济增长产生显著影响的是城乡就业比和大学及以上学历人数。这说明人口结构红利和人口质量红利对经济影响显著。其中城乡就业比对经济增长的弹性系数为 2.2382，这说明人口结构红利对经济的影响较大。这一时期，我国城镇化步伐加快，城镇化率由 2000 年的 36.22%，提高到 2014 年的 54.77%，城乡就业比也从 2001 年的 49.56%增长到 2013 年的 103.36%，这说明目前我国城市居住人口超过了农村居住人口，同时城镇就业人口也超过乡村就业人口，因此在城镇化进程中农业劳动力非农化给社会释放了大量的劳动力，由此产生的人口结构红利效应明显。同时这一时期人口质量红利对经济增长也产生了显著影响，大学及以上学历人口对经济增长的弹性系数为 0.1。其主要原因是我国国民素质得到了很大的提升，随着 1999 年大学招生规模的扩大，大学生数量明显增长，我国高等教育水平明显提高。2006 年《中华人民共和国义务教育法》的修订，巩固了我国义务素质教育质量，这极大地提高了我国人口素质。与增加人口数量相比，提高人口素质、充分开发各年龄层次的人力资源则是我国经济增长更有效、更持久、可持续的人口动力和源泉。

　　综上所述，在我国计划生育政策实施的不同时期，所产生的三维人口红利对经济的影响作用不同：第一阶段主要是人口数量红利的影响，第二阶段是人口数量红利和人口结构红利对经济产生了较大的影响。第三阶段对经济起到更大作用的是人口结构红利和人口质量红利。可以预见，在今后一段发展时期，人口结构红利和人口质量红利的经济增长作用的发挥将会进一步持续。因此，如何统筹人口政策，在促进人力资本进一步提升的同时，兼顾人口就业的产业结构和乡城结构进一步转换，是我们持续释放人口红利的关键。

第八章　结论及政策含义

鉴于我国人口政策所导致的人口转变的特殊背景，传统人口红利理论在分析我国人口红利与经济增长时存在一定的局限性。计划生育政策、义务教育政策的实施和高等教育体制的改革，使得我国人口结构迅速转变的同时，人口受教育程度不断提高，人力资本得到较大提升。结合当前我国大规模人口乡城转换以及产业结构不断升级的现实，我们对传统人口红利的内涵进行了拓展，构建了一个包含数量型、质量型和结构型人口红利在内的新型人口红利分析框架，理论上阐述了数量型、质量型和结构型人口红利对经济增长的作用机理，实证上论证了计划生育政策对三维人口红利以及对我国经济增长的不同作用，得出了一些结论，也带给我们一些有益的启示。

第一节　主要研究结论

首先，理论分析表明，计划生育政策使得我们在收获一定数量传统人口红利的同时，也为新型人口红利的获得奠定了基础。自20世纪70年代推行严格的计划生育政策开始，我国人口出生率大幅度下降，人口年龄结构快速转变导致的劳动力人口的数量相对较多、劳动力资源相对充足对经济增长起到了非常重要的作用。受计划生育政策的后续影响，我国人口老龄化程度将越来越高，劳动力人口占总人口的比重不断下降，传统人口红利有枯竭之虞。但以新型人口红利角度来衡量，我国的人口红利还有很大的兑现空间。新型人口红利分析框架不仅考虑了传统人口红利中由于人口转变带来的劳动力人口数量相对增加所导致的经济增长效应，也分析了我国劳动力素质提升和劳动力在城乡及不同产业之间转移对经济增长的影响。如计划生育政策导致人们生育意愿与生育行为发生改变，家庭生育的孩子数量减少，使得人们有更多的财力和精力投资自身健康，提高家庭生产力，增加经济效益；在宏观社会层面，由于少儿人口数量减少，社会在教育与健康上的支出减少，社会储蓄增加使得社会生产性投资增加，有利于经济的持续增长。

　　其次，通过实证分析改革开放后我国经济增长奇迹中经济改革和人力资本的作用，我们得到人口质量红利在1993—2011年间对我国经济增长的促进作用约为27%，明显高于资本存量（约13%）。而且与其他国家相比，无论是人口质量红利还是经济改革在促进经济增长的作用方面，我国还有较大的提升空间：韩国1966—1977年经济改革对经济增长的促进作用高于我国（其经济改革相对于GDP的弹性系数为1.882，我国只有1.315），印度1992—2003年人力资本积累对经济增长的促进作用也高于我国（其人力资本积累相对于GDP的弹性系数为1.719，我国只有0.67）。

　　第三，劳动力在不同产业间转移使得我们在经济增长过程中获得人口结构红利。从分产业视角研究劳动力在不同产业间转移给各产业带来的结构红利效应，我们发现，三次产业间劳动力结构红利效应差异明显：第一产业劳动力结构红利效应随着剩余劳动力的流出而总体上呈正效应，第二、第三产业的劳动力结构效应随着劳动力转移经历了由负效应向正效应的转变过程。通过劳动力合理配置模型，我们发现，我国三次产业劳动力配置状况并没有达到最优状态：第一产业劳动力仍存在一定的剩余，第二产业劳动力配置仍存在一定的缺口，而第三产业的劳动力配置则呈现"冗余"和"不足"并存的局面。因此，劳动力在不同产业间的进一步转移可以实现更为丰富的人口结构红利。

　　第四，通过对全要素生产函数进行修正，并将三维人口红利同时纳入后构建综合模型，研究新型人口红利的经济增长贡献，我们发现，改革开放前我国人口数量红利对经济增长的贡献为负数（-0.575%），改革开放以来我国人口数量红利对经济的贡献率提高到4.32%；改革开放后我国人口质量红利对经济增长的贡献（10.62%）要高于改革开放前（1.93%）；改革开放后的人口结构红利对经济增长的贡献（12.51%）也远高于改革开放前（-18.13%），人口质量红利和人口结构红利是改革开放以来推动我国经济增长的重要因素。其中人口结构红利的主要指标体现在城乡就业比上，表明改革开放后我国人口结构乡城转换对经济增长的重要作用。

　　最后，对计划生育政策不同时期新型人口红利的经济增长贡献的研究表明，在严格的计划生育政策实施前，人口数量红利对经济增长起主要作用；在严格的计划生育政策时期人口数量红利和人口结构红利对经济增长具有较大的影响，而自计划生育导向政策实施以来，对我国经济增长起更大作用的是人口结构红利和人口质量红利。

第二节 政 策 含 义

　　根据人口转变过程中人口数量、质量及结构的变化情况，我国出台了一系列调控人口发展的政策。改革开放之初把计划生育政策作为基本国策，实现了对人口总量和人口增长速度的有效控制，出生率的降低加速了人口转变进程，提前形成了有利于我国经济增长的人口年龄结构优势，为获取人口数量红利创造了条件。因此，改革开放之初经济增长过程中实现的人口红利很大一部分来源于计划生育政策实施下对人口出生率的有效控制。随着人口形势的进一步发展变化，国家相关部门对人口政策作出了多次调整，如农村"一孩半"政策、2013 年的"单独二孩"政策以及 2015 年十八届五中全会最新提出实施的全面二孩政策。人口生育政策的多次调整旨在考虑人口发展规律的基础上协调人口增长与经济增长的关系，从而创造一个有利于经济发展的人口环境。

　　基于新型人口红利视角，目前我国人口红利并未完全发挥出来。从如何进一步获取人口质量红利来看，虽然多年来国家在加强教育方面投入了很大力量，我国人口素质已有显著的提高，但是我国总体人口素质与西方发达国家相比还有很大差距。树立人才资源第一的观念，把大力提高人口素质作为实施人口发展战略的关键环节，提高出生人口素质，提高全民健康素养，建立以预防为主的公共卫生体系，加大对农村基础教育和职业教育的投入，提高全国受教育水平，是充分发挥我国人口质量红利的基础。

　　在这一方面，我们首先可以对只能从事简单体力工作的劳动力进行技能培训，提高其劳动生产效率，同时这一举措也有助于缓解前一段中所提到的我国职业技工劳动力不足的问题。其次是推行相关政策来缩小现阶段我国人力资本在性别、城乡和区域间呈明显扩大的差距趋势。就目前的国情而言，最主要的手段还是国家财政投入，所以国家财政投入的力度还应不断加大。针对不同地区的人力资本存量和经济发展现状，财政投入的重点方向也应有所区别。在广大较为贫困的中西部地区，财政投入的重点应该是初级基础教育，而东部沿海富裕地区，财政投入应该向中高端教育倾斜。在城乡之间，教育经费则需要向广大农村地区倾斜。两性之间的人力资本差异，更需要把相关法律法规完善与落实。

　　从如何进一步获取人口结构红利来看，由于我国城乡二元经济结构和户籍制度限制等原因，我国劳动力未能实现充分的自由流动，这也极大地限制了劳动力就业范围，国家和政府应该积极推进城镇化战略，把解决符合条件的农业转移人口逐步在城镇就业和落户作为推进城镇化的重要任务，放宽中小城市和城镇户籍限制，促进农村剩余劳动力的转移。此外，进一步促进劳动力在不同产业和地区之间的转移，有利于改善我国三次产业间劳动力数量与结构配置偏离的状况，优化劳动力配置结构。因此，首先我们需要进一步加快城镇化进程，以适应新常态下的经济发展。城镇化进程需要通过第一产业的农村剩余劳动力不断向第二、三产业转移来实现，从而成为当前经济新常态背景下经济发展的重要推动力。根据我们实证分析的结果，我国第一产业的农村劳动力仍然存在剩余，城镇化进程的进一步推进有利于更多剩余劳动力的转移，从而获取到更多的结构红利，促进我国的经济发展。

第二，推进产业结构调整升级，实现劳动力资源的优化配置。产业结构的调整升级意味着包括资本和劳动力要素在内的各类生产要素的进一步优化配置，这有利于促进农村剩余劳动力资源更多地集中到城镇劳动密集型企业之中，实现资本要素和劳动力要素的优化组合，提升农村剩余劳动力的边际产出贡献，最终表现为结构红利效应的进一步扩大和经济发展速度和水平的进一步提升。

第三，加强基本公共服务均等化建设，加大城市基本公共服务对农村剩余劳动力的开放力度，消除可能阻碍农村剩余劳动力转移的各种壁垒。农村剩余劳动力在城市属于相对弱势的群体，虽然他们为当地的经济发展作出了一定贡献，但当前在享有城市基本公共服务方面仍存在一定的困难。要实现农村剩余劳动力进一步从传统农业中解放出来并向第二、三产业顺利转移，最为关键的一点是要给这些转移劳动力在城市生存和发展提供包括住房、医疗卫生和子女教育等诸多方面在内的基本生活保障，解决他们的后顾之忧。只有有效解决了这些可能影响剩余劳动力转移的障碍，结构红利效应才能进一步发挥作用。否则，这些农村剩余劳动力就不可能实现顺利转移，即便是已经转移到城市生活的那些劳动力，也会因为生活上的种种困境而退出这一转移过程，选择重新回到农村。

国家对于人口政策的进一步放开势必会释放一部分生育潜能，可以在一定程度上有效应对劳动年龄结构优势逐步减小的局面，有效延伸人口数量红利的存续时间。同时，应进一步优化与生育相关的配套政策措施，降低生育风险，提升生育质量。人口政策的完善，应在稳定低生育水平的前提下，因时、因地调整，出台适当的措施，使之更加适应建设国家发展、民族振兴、人民幸福的和谐社会。新时期我国人口发展战略要坚持以人为本，推进制度创新，优先投资于人的全面发展，包括稳定低生育水平，提高人口素质，改善人口结构，引导人口合理分布，保障人口安全，实现人口大国向人力资本强国的转变，实现人口与经济社会资源环境的协调和可持续发展。

主要参考文献

一、英文文献

[1] Andrew Mason, Ronald Lee. Reform and support systems for the elderly in developing countries: capturing the second demographic dividend. International Seminar on the Demographic Window and Healthy Aging: socioeconomic challenges and opportunities, China Centre for Economic Research, Peking University, Beijing, April 29, 2004.

[2] Andrew Mason. Capitalizing on the Demographic Dividend, September 2002.

[3] Andrew Mason. Population and the Asian Economic Miracle. Asia-Pacific Population & Policy, 1997, 43 (11): 1-4.

[4] Arellano M, Bond S R. Some Tests of Specification for Panel Data: Monte Carlo Evidence and an Application to Employment Equations. Review of Economic Studies, 1991, 58 (2): 277-297.

[5] Blundell R, Bond S. Initial conditions and moment restrictions in dynamic panel data models. Journal of Econometrics, 1998, 87 (1): 115-143.

[6] Bond S R. Dynamic panel data models: a guide to micro data methods and practice. Portuguese Economic Journal, 2002, 1 (2): 141-162.

[7] Blacker C P. Stages in Population Growth. The Eugenics Review, 1947, 39 (3): 88-101.

[8] Chang-Tai Hsieh, Peter J. Klenow. Misallocation and manufacturing TFP in China and India. The Quarterly Journal of Economics, 2009, 124 (4): 1403-1448.

[9] David E. Bloom, David Canning, Jaypee Sevilla. The Demographic Dividend: a new perspective on the economic consequences of population change. Rand Corporation, 2003, 82 (4): 509.

[10] David E. Bloom, Jeffrey G. Wissiamson. Demographic Transitions and Economic

Miracles in Emerging Asia. The World Bank Economic Review, 1998, 12 (3): 419-455.

[11] DE. Bloom, JE. Finlay. Demographic Change and Economic Growth in Asia. Asian Economic Policy Review, 2009, 4 (1): 45-64.

[12] Dudley Kirk. Demographic Transition Theory, Population Studies, 1996, 50 (3): 361-387.

[13] E. F. Denlison. The Sources of Economic Growth in the United States and the Alternatives Before Us. Committee for Economic Development, 1962.

[14] E. G. Ravenstein. The Laws of Migration, Journal of the Statistical Society of London, 1885, 48 (2): 167-235.

[15] E. S. Lee. A Theory of Migration. Demography, 1966, 3 (1): 47-57.

[16] Gary S. Becker, H. Gregg Lewis. On the Interaction between the Quantity and Quality of Children. Journal of Political Economy, 1973, 81 (2): S279-S288.

[17] Gary S. Becker, Kevin M. Muphy, Mark M. Tamura. Human Capital, Fertility, and Economic Growth. The Journal of Political Economy, 1990, 98 (5): S12-S37.

[18] Jones G, and Leete R. Asia's Family Planning Programs as Low Fertility Is Attained. Studies in Family Planning, 2002, 33 (1): 114-126.

[19] Li Hongbin, Zhang Junsen, Zhu Yi. The Quantity-Quality Trade-off of Children in a Developing Country: Identification Using Chinese Twins. Demography, 2008, 45 (1): 223-243.

[20] M. Kamau, K. Burger, K. Giller. Labour Allocative Efficiency and Factors Influencing Farm Households Interaction with the Labour Market. Paper Prepared for Presentation at the 106th Seminar of the EAAE, 2007, 10: 1-26.

[21] Nancy Qian, Quantity-Quality and the One Child Policy: The Only-Child Disadvantage in School Enrollment in Rural China. Review of Economic Studies, 2009.

[22] Rogers A. , L. J. Castro. Model Multiregional Life Tables and Stable Populations, International Institute for Applied Systems Analysis 2361 Laxenburg, Austria, 1976.

[23] Ronald Lee, Andrew Mason. Population Aging, Wealth, and Economic Growth: Demographic Dividends and Public Policy. WESS Background Paper, January

2，2007.

［24］Ronald Lee，Andrew Mason. What is the Demographic Dividend？ Finance and Development，2006，43（3）：1-9.

［25］Mark R. Rosenzweig，Zhang Junsen. Do Population Control Policies Induce More Human Capital Investment？ Twins，Birth Weight，and China's "One-Child" Policy. Review of Economic Studies，2009，76（3）：1149-1174.

［26］Rudolph Herberle. The Causes of Rural-Urban Migration a Survey of German Theories. American Journal of Sociology，1938，43（6）：932-950.

［27］Shenggen Fan，Xiaobo Zhang，Sherman Robinson. Structural Change and Economic Growth in China. Review of Development Economics，2003，7（3）：360-377.

［28］Shuhei Aoki. A Simple accounting framework for the effect of resource misallocation on aggregate productivity. Journal of the Japanese and International Economics，2012，26（4）：473-494.

［29］United Nations Population Fund. The State of World Population 1998：The New Generations. New York：United Nations，1998：1-66.

［30］Wang Feng，Andrew Mason. The Demographic Factor in China's Transition. The Paper Prepared for the Conference：China's Economic Transition：Origins，Mechanism，and Consequences，2004.

［31］William Arthur Lewis. Economic Development with Unlimited Supplies of Labour. The Manchester School，1954，22（2）：139-191.

二、中文文献

［1］蔡昉，王德文.中国经济增长可持续性与劳动贡献.经济研究，1999（10）：62-68.

［2］蔡昉，王美艳.中国人力资本现状管窥——人口红利消失后如何开发增长新源泉.人民论坛·学术前沿，2012（4）：56-71.

［3］蔡昉.破解农村剩余劳动力之谜.中国人口科学，2007（2）：2-7.

［4］蔡昉.人口红利与中国经济可持续增长.甘肃社会科学，2013，（1）：1-4.

［5］蔡昉.人口转变、人口红利与经济增长可持续性——兼论充分就业如何促进经济增长.人口研究，2004（2）：2-9.

［6］蔡昉.从人口学视角论中国经济减速问题.中国市场，2013（7）：12-16.

［7］ 蔡昉．未来的人口红利——中国经济增长源泉的开拓．中国人口科学，2009
  （1）：2-10．

［8］ 蔡昉．利用"人口红利"促进经济增长．中国人口报，2004-05-10（3）．

［9］ 车士义，郭琳．结构转变、制度变迁下的人口红利与经济增长．人口研究，
  2011（2）：3-14．

［10］ 车士义．人口红利问题研究．西北人口，2009，30（2）：11-14．

［11］ 车义士，陈卫，郭琳．中国经济增长中的人口红利．人口与经济，2011
  （3）：16-23．

［12］ 陈开军，赵春明．贸易开放对我国人力资本积累的影响——动态面板数据模
  型的经验研究．国际贸易问题，2014（3）：86-95．

［13］ 陈昆亭，周炎，姜神怡．内生人力资本机制与人口政策效应．世界经济，
  2008（4）：37-46．

［14］ 陈卫，都阳，侯东民．是人口红利？还是人口问题？人口研究，2007，31
  （2）：41-48．

［15］ 陈义才．农村计划生育工作的困境与对策．人口与经济，1989（4）：34-36．

［16］ 陈友华．人口红利与人口负债：数量界定、经验观察与理论思考．人口研
  究，2005（6）：21-27．

［17］ 陈友华．人口红利与中国的经济增长．江苏行政学院学报，2008（4）：58-63．

［18］ 陈友华．中国现行生育政策的法理依据研究．南方论坛，2009（3）：22-27．

［19］ 单豪杰．中国资本存量 K 的再估算：1952—2006 年．数量经济技术经济研
  究，2008（10）：17-31．

［20］ 丁焕峰，宁颖斌．要素流动与生产率增长研究——对广东省"空间结构红利
  假说"的实证分析．经济地理，2011，（09）：1421-1426．

［21］ 董丽霞，赵文哲．人口结构与储蓄率—— 基于内生人口结构的研究．金融研
  究，2011（3）：1-14．

［22］ 董直庆，刘迪钥，宋伟．劳动力错配诱发全要素生产率损失了吗？——来自
  中国产业层面的经验证据．上海财经大学学报，2014（5）：94-103．

［23］ 樊士德．中国劳动力流动社会经济政策演化脉络与效应研究．人口学刊，
  2013，（5）：71-80．

［24］ 干春晖，郑若谷．改革开放以来产业结构演进与生产率增长研究——对中国
  1978—2007 年"结构红利假说"的检验．中国工业经济，2009，（2）：55-65．

［25］ 高书国．第二次"人口红利"的内涵及其影响——基于全国第六次人口普查

数据分析．天津电大学报，2014（2）：1-5.

[26] 巩勋洲，尹振涛．人口红利、财富积累与经济增长．中国人口科学，2008（6）：33-39.

[27] 桂世勋．实现我国生育水平的适度回升需要"三管齐下"．华东师范大学学报，2009，41（4）：80-83.

[28] 郭剑雄．人力资本、生育率与城乡收入差距的收敛．中国社会科学，2005（3）：27-37.

[29] 郭进，杨建文．区域经济增长中的"结构红利假说"检验．贵州财经大学学报，2014，（3）：17-23.

[30] 郭熙保，罗知．中国省际资本边际报酬估算．统计研究，2010（6）：71-77.

[31] 郭震威，齐险峰．"四二一"家庭微观仿真模型在生育政策研究中的应用．人口研究，2008，02：5-15.

[32] 郭志刚．中国的低生育水平及其影响因素．人口研究，2008，32（4）：1-12.

[33] 郝虹生，刘金塘，高凌．人口分析与市场研究．北京：中国人民大学出版社，1997.

[34] 郝静．我国计划生育政策的演变及其发展趋势思考．2011年贵州省社会科学学术年会论文集，2011.

[35] 何天谷．把握"人口红利"机遇 推进四川和谐发展．四川党的建设（城市版），2006（3）：58-59.

[36] 黑田俊夫．亚洲人口年龄结构变化与社会经济发展的关系．人口学刊，1993（4）：5-11.

[37] 侯东民．国内外思潮对中国人口红利消失及老龄化危机的误导．人口研究，2011（3）：29-40.

[38] 胡鞍钢，才利民．从"六普"看中国人力资源变化：从人口红利到人力资源红利．清华大学教育研究，2011，32（04）：1-8.

[39] 黄荣清，刘琰．中国人口死亡数据集．北京：中国人口出版社，1995.

[40] 蒋云赟，任若恩．中国工业的资本收益率测算．经济学（季刊），2004（07）：877-888.

[41] 解振明．孩子的价值与家庭的规模．人口与经济，1999（2）：38-41.

[42] 赖明勇，张新，彭水军，包群．经济增长的源泉：人力资本、研究开发与技术外溢．中国社会科学，2005（2）：32-46.

[43] 李海峥，贾娜，张晓蓓等．中国人力资本的区域分布及发展动态．经济研

究，2013（7）：49-62.

[44] 李海峥，梁赟玲，Barbara Fraumeni，刘智强，王小军．中国人力资本测度与指数构建．经济研究，2010（8）：42-54.

[45] 李建民，王金营．中国生育率下降经济后果的计量分析．中国人口科学，2000（1）：8-16.

[46] 李建民．论生育控制个人成本的社会补偿：一个理论分析框架．南方人口，2000，15（4）25-29.

[47] 李建民．生育率下降与经济发展内生性要素的形成——兼论中国人力资本投资供给的制度性短缺．人口研究，1999（2）：10-17.

[48] 李建新．七、八十年代中国生育政策的演变及其思考．人口学刊，1996（1）：47-52.

[49] 李魁．人口年龄结构变动与经济增长——兼论中国人口红利：[学位论文]．武汉大学，2010.

[50] 李蕾，郑长德．中国"人口红利"问题研究综述．珠江经济，2008（4）：51-57.

[51] 李善同，侯永志．中国（大陆）区域社会经济发展特征分析．中国发展评论，2003（2）：27-39.

[52] 李善同，侯永志，刘云中，何建武．中国经济增长潜力与经济增长前景分析．管理世界，2005（9）：7-19.

[53] 李文波，韩伯棠，李伊涵．贸易促进了中国人力资本的积累吗？——来自中国省级面板的经验证据．江苏商论，2012（3）：86-88.

[54] 李小平，陈勇．劳动力流动、资本转移和生产率增长——对中国工业"结构红利假说"的实证检验．统计研究，2007，24（07）：22-28.

[55] 李秀敏．人力资本、人力资本结构与区域协调发展——来自中国省级区域的证据．华中师范大学学报，2007，46（3）：47-56.

[56] 李仲生．人口经济学．北京：清华大学出版社，2006.

[57] 梁同贵．中国人口红利和人口负债的特色与应对策略．南京人口管理干部学院学报，2009，25（2）：42-46.

[58] 梁泳梅，李钢，董敏杰．劳动力资源与经济发展的区域错配．中国人口科学，2011（5）：36-48.

[59] 梁中堂．现行生育政策研究．市场与人口分析，2006，12（5）：50-58.

[60] 林毅夫，蔡昉，胡鞍钢．延长人口红利期，破除制度性障碍——经济学家谈

我国人口问题. 中国经济导报, 2006-02-14.

[61] 刘方龙, 吴能全. "就业难"背景下的企业人力资本影响机制——基于人力资本红利的多案例研究. 管理世界, 2013 (12): 145-159.

[62] 刘家城. 我国城乡家庭生育决策的经济效应. 人口与经济, 1990 (5): 51-52.

[63] 刘家强, 唐代盛. 关于人口红利问题的几点思考. 市场与人口分析, 2007 (4): 33-35.

[64] 刘俊哲. 老年农民的供养形式与计划生育. 人口与经济, 1983 (6): 37-39.

[65] 刘永平, 陆铭. 放松计划生育政策将如何影响经济增长——基于家庭养老视角的理论分析. 经济学 (季刊), 2008 (4): 1271-1300.

[66] 刘元春, 孙立. "人口红利说"四大误区. 人口研究, 2009 (1): 81-90.

[67] 吕娜. 健康人力资本与经济增长研究文献综述. 经济评论, 2009 (6): 143-152.

[68] 吕品, 林芳. 中国"人口红利"的经济增长效应研究——基于储蓄和劳动力供给的实证分析. 中国管理科学, 2011, 19: 700-704.

[69] 吕玉华. 建立利益导向机制的探索与实践. 人口学刊, 1993 (4): 58-60.

[70] 马瀛通. 人口红利与日俱增是 21 世纪中国跨越式发展的动力. 中国人口科学, 2007 (1): 2-9.

[71] 毛新雅, 彭希哲. 城市化、对外开放与人口红利——中国 1979—2010 年经济增长的实证. 南京社会科学, 2012 (4): 31-38.

[72] 孟令国, 王清. 刘易斯转折点、二次人口红利与经济持续增长研究. 经济理论与经济管理, 2013 (6): 44-53.

[73] 穆光宗, 见李晓刚、童海华. "人口红利"之辩. 中国经济导报, 2011-3-5 (A11).

[74] 穆光宗. 中国的人口红利: 反思与展望. 浙江大学学报 (人文社会科学版), 2008 (3): 5-13.

[75] 牛泽东, 张倩肖, 王文. 中国装备制造业全要素生产率增长的分解: 1998—2009——基于省际面板数据的研究. 上海经济研究, 2012 (03): 56-73.

[76] 彭希哲. 把握机遇, 收获"人口红利". 人民论坛, 2006 (08): 16-17.

[77] 彭希哲. 我国人口红利的实现条件及路径选择. 中国人口报, 2005-3-14 (003).

[78] 漆莉莉. "人口红利"期的财政政策. 财政研究, 2004 (12): 18-19.

[79] 漆莉莉. "人口红利"与经济增长. 中国人口报, 2006-4-10 (003).

[80] 乔宁宁，王新雅．西部大开发对我国区域经济增长收敛性的影响．西部论坛，2010，20（6）：19-26.

[81] 瞿凌云．人口政策的经济效应分析——基于人口数量与质量替代效应的视角．人口与经济，2013（5）：24-32.

[82] 任福兵，郭强．后红利时代中国人口红利走势的影响因素及特征分析．中州学刊，2010（6）：104-108.

[83] 任韬，王文举．中国三次产业间劳动力资源优化配置及转移分析．统计研究，2014（12）：20-24.

[84] 沈君丽．二元经济结构下的人口红利及其实现．南方人口，2005，20（1）：41-47.

[85] 施久玉，柴艳有．灰色成分数据模型在中国产业结构分析预测中的应用．统计与信息论坛，2007（1）：32-35.

[86] 施娜柯．人口红利与广东经济增长．统计与决策，2005（5）：76-78.

[87] 石人炳．生育控制政策对人口出生性别比的影响研究．中国人口科学，2009（5）：86-94.

[88] 石智雷，徐玮．计划生育利益导向政策对家庭发展的影响效应分析．南方人口，2014，29（1）：11-20.

[89] 世界银行报告．2020年的中国：新世纪的发展挑战．国际金融研究，1997（10）：63-66.

[90] 苏振东，金景仲，王小红．中国产业结构演进中存在"结构红利"吗——基于动态偏离份额分析法的实证研究．财经科学，2012，（02）：63-70.

[91] 孙树强．资本积累、人力资本投资与生育率降低．人口与经济，2013（2）：12-20.

[92] 孙自铎．中国进入刘易斯拐点了吗？——兼论经济增长人口红利说．经济学家，2008（1）：117-119.

[93] 汤兆云．当代中国人口政策研究．北京：知识产权出版社，2005.

[94] 汤兆云．中国现行人口政策的形成与稳定——新中国人口政策的演变．中共党史资料，2008（2）：45-50.

[95] 唐代盛，邓力源．以新型人口红利破解中等收入陷阱．人民日报，2012-12-31.

[96] 唐代盛，乌拉尔·沙尔赛开，邓力源．人口红利：基于中国储蓄数据的实证研究．社会科学研究，2014（2）：108-114.

[97] 唐代盛．以新型人口红利破解中等收入陷阱．中国报道，2013（1）：26-27.

[98] 田雪原."人口盈利"与"人口亏损".市场与人口分析,2007,13(4):22-24.

[99] 田艳平,刘长秀.湖北产业结构变化与要素生产率增长——基于shift-share分析法的实证研究.中南财经政法大学学报,2012,(03):126-133.

[100] 涂舒,周宇.转型期中国经济增长的新源泉:新型人口红利.现代经济探讨,2013,(11):16-20.

[101] 万君康,梅小安.论人力资本积累的机理及方式.科技管理研究,2005,25(3):104-106.

[102] 汪伟.计划生育政策的储蓄与增长效应:理论与中国的经验分析.经济研究,2010(10):63-77.

[103] 汪小勤,汪红梅."人口红利"效应与中国经济增长.经济学家,2007,01:104-110.

[104] 王承强.山东省人口红利的过程判断及其对经济增长作用研究.西北人口,2008,29(2):50-54.

[105] 王春光.农村流动人口"半城市化"问题.社会学问题,2006(5):107-122.

[106] 王德文,蔡昉,张学辉.人口转变的储蓄效应和增长效应——论中国增长可持续性的人口因素.人口研究,2004(5):2-11.

[107] 王德文.人口低生育率阶段的劳动力供求变化与中国经济增长.中国人口科学,2007(1):44-52,96.

[108] 王丰,安德鲁·梅森.中国经济转型过程中的人口因素.中国人口科学,2006(3):2-18.

[109] 王丰.人口红利真的是取之不尽、用之不竭的吗?人口研究,2007(6):76-83.

[110] 王金营,杨磊.中国人口转变、人口红利与经济增长的实证.人口学刊,2010(5):15-24.

[111] 王金营.中国1990—2000年——乡城人口转移年龄模式及其变迁.人口研究,2004,28(5):41-47.

[112] 王俊祥.孩子的价值及对孩子数、素质和性别的选择.中国人口科学,1990(2):60-62.

[113] 王文举,范合君.我国市场化改革对经济增长贡献的实证分析.中国工业经济,2007(9):48-54.

[114] 王叶涛．新型人口红利及其对经济增长影响研究：［学位论文］．西南财经大学，2013．

[115] 王颖，佟健，蒋正华．人口红利、经济增长与人口政策．人口研究，2010（05）：28-34．

[116] 王勇军．计划生育管理的新思路——利益导向机制．人口与经济，1992（5）：46-48．

[117] 吴建新，刘德学．中国经济增长中的规模扩张与结构调整：一种生产前沿方法．暨南学报（哲学社会科学版），2014（1）：81-96．

[118] 伍艺，刘后平．"两化"互动发展中的劳动力市场分割问题探讨．农村经济，2014（2）：99-102．

[119] 夏新颜．"人口红利"向"人才红利"嬗变的保障——创新人才培养制度．江西社会科学，2012（6）：191-194．

[120] 夏业良．上海市三次产业中劳动力结构及产出效率的比较分析．管理世界，1999（3）：105-108．

[121] 向霜．我国计划生育政策的社会效应研究：［学位论文］．山东师范大学，2015．

[122] 肖文，周明海．劳动收入份额变动的结构因素——收入法 GDP 和资金流量表的比较分析．当代经济科学，2010（3）：69-76．

[123] 熊必俊．用"动态人口红利"应对老龄化挑战．中国社会科学报，2011-6-9（005）．

[124] 徐大丰．外资对人力资本积累的作用．上海经济研究，2009（08）：50-56．

[125] 杨建芳，龚六堂，张庆华．人力资本形成及其对经济增长的影响——一个包含教育和健康投入的内生增长模型及其检验．管理世界，2006（5）：10-19．

[126] 杨凌，李国平，于远光．区域生产率增长的源泉及其特征——基于结构红利假说的实证检验．财经论丛，2010（04）：1-6．

[127] 杨胜利，高向东．我国劳动力资源分布与优化配置研究．人口学刊，2014（1）：78-88．

[128] 杨旭东．农村落后地区计划生育工作探讨．中国人口科学，1989（3）：28-30．

[129] 杨云彦，向华丽，黄瑞芹．"单独二孩"政策的人口红利效应分析——以湖北省为例．中南财经政法大学学报，2014（5）：3-8，13．

[130] 杨云彦．化人口红利为建设幸福湖北的动力．政策，2012（8）：74-76．

[131] 杨云彦．九十年代以来我国人口迁移的若干新特点．南方人口，2004，19

（3）：13-20.

[132] 杨云彦 . 人口红利与新农村建设 . 市场与人口分析，2007（4）：31-33.

[133] 杨云彦 . 中国人口迁移年龄模式及其应用 . 人口学刊，1992（4）：7-11.

[134] 杨云彦 . 中国人口迁移与发展的长期战略 . 武汉：武汉出版社，1994.

[135] 姚引妹 . 中国人口年龄结构变动的经济效应研究——基于人口红利视角：
[学位论文]. 浙江大学，2010.

[136] 姚毓春，袁礼，董直庆 . 劳动力与资本错配效应：来自十九个行业的经验
证据 . 经济学动态，2014（6）：70-77.

[137] 叶文振 . 不要用人口红利误导我国人口政策 . 市场与人口分析，2007（4）：
29-31.

[138] 叶宗裕 . 全国及区域全要素生产率变动分析——兼对 C-D 生产函数模型的
探讨 . 经济经纬，2014，（01）：14-19.

[139] 尹银，周俊山 . 人口红利在中国经济增长中的作用——基于省级面板数据
的研究 . 南开经济研究，2012（2）：120-130.

[140] 于宁 . "后人口红利时代"中国的挑战与机遇——基于老龄化经济影响的
视角 . 社会科学，2013（12）：82-92.

[141] 于刃刚 . 配第——克拉克定律评述 . 经济学动态，1996（8）：63-65.

[142] 于学军 . 中国人口转变与"战略机遇期". 中国人口科学，2003（1）：11-16.

[143] 袁志刚，解栋栋 . 中国劳动力错配对 TFP 的影响分析 . 经济研究，2011
（7）：4-17.

[144] 约翰·奈特，邓曲恒，李实 . 中国的民工荒与农村剩余劳动力 . 管理世界，
2011（1）：12-27.

[145] 岳书敬，刘朝明 . 人力资本与区域全要素生产率分析 . 经济研究，2006
（4）：90-96.

[146] 张呈琮 . 人口政策与人力资源开发 . 人口学刊，2002（2）：59-62.

[147] 张广胜，王振华 . 县域经济增长中结构红利的测度及决定 . 经济理论与经
济管理，2014（06）：102-112.

[148] 张国旺，王孝松 . 计划生育政策是否促进了中国经济增长？——基于教育人
力资本视角的理论和经验研究 . 中南财经政法大学学报，2014（3）：3-11.

[149] 张军，陈诗一，Gary H. Jefferson. 结构改革与中国工业增长 . 经济研究，
2009（07）：205-240.

[150] 张乐，曹静 . 中国农业全要素生产率增长：配置效率变化的引入——基于

随机前沿生产函数法的实证分析．中国农村经济，2013（03）：4-15.

[151] 张炼钢．基于知识经济的人力资本经营理论研究：［学位论文］．武汉理工大学，2006.

[152] 张辽．人口红利、结构红利与区域经济增长．中国人口·资源与环境，2012，22（9）：97-102.

[153] 张维庆．2006年全国人口和计划生育调查数据集．中国人口出版社，2008.

[154] 张晓娣．公共教育投资与延长人口红利——基于人力资本动态投入产出模型和SAM的预测．南方经济，2013（11）：17-26.

[155] 张学辉．人口红利、养老保险改革与经济增长：［学位论文］．中国社会科学院研究生院，2005.

[156] 中山大学社会科学研究中心．中国劳动力动态调查：2013年报告．社会科学文献出版社，2013.

[157] 钟水映，李魁．人口红利与经济增长关系研究综述．人口与经济，2009（2）：55-59.

[158] 周绍东．生育率与人力资本投资的逆向关系——中国城乡差距的一个解释．山西财经大学学报，2008（4）：15-20.

[159] 周长洪．关于农村计划生育奖励扶助家庭调查分析．人口与经济，2009（4）：20-23.

[160] 周志梁．人口红利与经济增长的动态关系研究——基于内生增长模型与计量检验．金融发展研究，2014（2）：17-21.

后　记

有幸能再次参与杨云彦教授领衔的重大课题研究。

书稿付梓之时，不禁回想起 10 年前曾参与的杨云彦教授领衔的另一项国家级重大课题的研究。作为国内外知名的人口经济、区域经济问题研究专家，杨云彦教授以我国欠发达的中部地区为典型案例，多年来一直致力于欠发达地区可持续发展路径的探索。自 2005 年开始，以教育部哲学社会科学重大课题攻关项目《南水北调工程与中部地区经济社会可持续发展研究》（项目批准号：05JZD0017）为契机，对欠发达地区治理的公共政策选择做了开创性研究。从早期倡导对城乡与区域户籍、就业等制度进行干预，转向对个人和家庭能力发展的重视，强调边缘化群体的能力再造与全面发展，形成了"注重对边缘化群体人力资本的投资——促进边缘化群体的能力再造——欠发达地区内源发展"较为完善的研究体系。"外力冲击"、"内源式发展"、"介入型贫困"、"能力再造"等创新性的理论命题为后续的相关研究起到重要支撑。杨云彦教授所提出的"规范化、实证化、国际化"（即"三化"）的科学研究及人才培养理念也得到了实践的检验：产生了一系列原创性研究成果，培养了 10 余名高水平的博士和硕士，更重要的是形成了一个精干、高效的研究团队。

这次国家社会科学基金重大项目的研究，是在杨云彦教授的指导下，以三维人口红利为分析框架，基于人口红利由外生到内生机制的转变，阐释在传统人口数量红利枯竭之虞，人口质量红利和人口结构红利延续的可能，以及人口政策未来可能的导向，形成了这部研究成果。这一成果再次体现了"三化"的研究理念和研究范式，也展现了团队的合作。本书的具体分工为：田艳平撰写了前言、第一章第二至第四节、第四章、第八章；田艳平、李秋阳撰写了第二章；田汝祥、程广帅撰写了第三章；尹秀芳撰写了第一章第一节及第五章；田艳平、刘明辉撰写了第六章、第七章，最后由田艳平负责全书的统稿。另外，张斌也参与了前言与第一章的统稿工作。

本书借鉴了大量已有的相关研究成果，在文中尽可能标出。有些由于我们的疏忽未能标出。在此对于未能标出以及已标出研究成果的作者一并表示感谢！